O SEGREDO DO
SUCESSO PESSOAL

Lições de grandes mestres de Coaching, Mentoring, Programação Neurolinguística -PNL para uso pessoal e resultados imediatos

Copyright© 2015 by Editora Ser Mais Ltda.
Todos os direitos desta edição são reservados à Editora Ser Mais Ltda.

Presidente: Mauricio Sita
Capa: Estúdio Mulata
Projeto Gráfico e Diagramação: Alef Design
Revisão: Equipe da Editora Ser Mais
Gerente de Projetos: Gleide Santos
Diretora de Operações: Alessandra Ksenhuck
Diretora Executiva: Julyana Rosa
Relacionamento com o cliente: Claudia Pires
Impressão: Imprensa da Fé

Dados Internacionais de Catalogação na Publicação (CIP)
(Câmara Brasileira do Livro, SP, BRASIL)

Percia, André
O segredo do sucesso pessoal / André Percia,
Mauricio Sita. -- São Paulo :
Editora Ser Mais, 2015.

ISBN 978-85-63178-68-8

1. Carreira profissional - Administração
2. Conduta de vida 3. Empresas - Tomada de decisões
4. Executive coaching 5. Executivos - Treinamento
6. Liderança 7. Mudança (Psicologia) 8. Sucesso
I. Sita, Mauricio. II. Título.

14-12203   CDD-658.407124

Índices para catálogo sistemático:
1. Executive coaching : Treinamento de
executivos : Administração de empresas
658.407124

Editora Ser Mais Ltda
Rua Antônio Augusto Covello, 472 – Vila Mariana – São Paulo, SP
CEP 01550-060
Fone/fax: (0**11) 2659-0968
Site: www.editorasermais.com.br e-mail: contato@revistasermais.com.br

André Percia
Mauricio Sita
Coordenação Editorial

O SEGREDO DO SUCESSO PESSOAL

Lições de grandes mestres de Coaching,
Mentoring, Programação Neurolinguística - PNL
para uso pessoal e resultados imediatos

Apresentação

Reunimos neste livro profissionais que estão entre os melhores do mercado brasileiro nas áreas de Coaching, Mentoring e da Programação Neurolinguística. Eles estão contribuindo com seus conhecimentos, para que você, caro leitor, possa mudar para melhor. Diferentemente de um livro de autoajuda, aqui encontrará cases aplicados com sucesso por eles e estratégias com resultados mensurados. Aproveite todo o know-how de cada um dos escritores e coloque já em prática o que é aplicável ao seu negócio, carreira ou vida pessoal. Nosso intuito é colaborar ainda mais para o seu crescimento e temos propriedade para ajudá-lo nessa caminhada. Somos líderes na publicação de livros de Coaching no Brasil e há alguns anos mantemos a Revista Ser Mais, totalmente voltada para o desenvolvimento humano. Aliás, um dos maiores especialistas da área no Brasil assina uma coluna de Coaching em nosso periódico, o também coordenador deste livro, André Percia.

Agradeço a ele e aos escritores pela participação e excelência dos textos apresentados. Todos estão dando uma contribuição inestimável para a literatura de Coaching do Brasil.

IMPORTANTE: esta obra não termina na última página. Por meio de nosso site www.editorasermais.com.br você poderá manter contato com os autores e interagir sobre todos os itens de seu interesse. Nós, particularmente, gostamos muito dessa solução de publicar um livro aberto, que não tem fim. A atualização é constante. Aproveite.

Boa leitura!

Mauricio Sita
Coordenação Editorial
Presidente da Editora Ser Mais

Índice

1. A personalidade do sucesso
   Adriana Maria da Silva 11
2. A importância da autoestima elevada para
   o sucesso pessoal e profissional
   Adriana Palermo de Andrade 19
3. O CHA das competências e o poder da atitude
   no alcance de nossos objetivos
   Alexander Gomes 27
4. Pensamentos e crenças positivas para o sucesso
   Aline Bergami & Deiverson Tófano 35
5. Cara a cara com o espelho. Desvendando a
   mente e transformando o corpo
   Aline Veroneze 43
6. Construindo o sucesso a partir do olhar
   interior e do autoconhecimento
   Ana Laura de Queiroz & Risolene Coutinho de Sousa 51
7. Seja protagonista da sua vida
   Anelise Rebello de Sá 59
8. Vencendo a vida sem crenças limitantes -
   O poder do pensamento positivo
   Carolina Tinano Magalhães Pinto 67
9. Propósito de vida – Coaching Um caminho eficaz
   Cássia Breia 75
10. Organização e planejamento para o sucesso sustentável
    Claudia Watanabe 83

11. Metas congruentes
    Daniel Mussi 91
12. O segredo do sucesso pessoal
    Daniela Mello Ferreira.. 99
13. A inteligência emocional como forte aliada para o segredo do sucesso
    Edivan Silva 105
14. Sucesso: seus impulsores e seus opositores
    Edson Guaracy Lima Fujita 113
15. Construa o seu sucesso
    Fernanda Camilo David.. 121
16. Os quatro pilares para o sucesso pessoal
    Fernando Becker 127
17. Felicidade profissional
    Frederico Leal 133
18. A subjetividade da realidade
    Gisele Santos 141
19. Dono ou refém da própria vida?
    Inessa Franco 149
20. A jornada do herói: como dar o primeiro passo e seguir em frente
    Jana Viana... 157
21. E você? Sabe como conquistar o sucesso?
    Jacqueline Vilela Gomes Kikuti & Renata Burgo 163
22. As empresas são excelentes, os gestores é que são ineficientes
    Jô Nicodemos 171
23. O que é felicidade plena?
    Karine Fonseca... 179
24. Psicologia do esporte e PNL na promoção da qualidade da performance psicológica de atletas
    Kateusa da Cruz Rosar & Fernando Luiz Rosar 187

25. Burnout, a prova do desgaste
    Larissa Costa Rodrigues 195
26. Programe-se para o seu sucesso
    Leandro Cristo 203
27. Tempo: seu amigo ou inimigo?
    Léo Cabral 211
28. Quais são os seus projetos de vida?
    Leonardo Fabel 219
29. Estações para o sucesso
    Lisbeth Paulinelli 225
30. Motivação: mitos, mentiras e verdades que poucos conhecem
    Luiz Gaziri 233
31. A obesidade pode atrapalhar sua carreira
    Lydiane Rodrigues 241
32. Crenças, programas e superação
    Mara de Felippe 247
33. Coaching para elas: eu decidi ser uma mulher de sucesso! E você?
    Marcela Buttazzi & Thais Campos 255
34. A pessoa mais importante para o seu sucesso
    Marcos Rocha & Sandra M. Zaparoli 263
35. Vire a flecha! O foco é você!
    Mariana Lorenzetti Alves 271
36. Comunicação para interação
    Mariza Reis 279
37. Coaching — Uma rota para o sucesso
    Marlene Monteiro 287
38. Palavras mágicas do mapa do sucesso
    Mileny Matos 293
39. Alta performance na vida
    Nelson Vieira 301

40. O processo de coaching em bem-estar e saúde como forte aliado da medicina integrativa
    Neusa Léo Koberstein 309
41. Liderando equipes e encorajando corações
    Orlando Rodrigues.. 317
42. Assuma o controle da sua vida
    Osmar Trindade 325
43. Metáforas para curar e encantar crianças
    Raquel Mazera Poffo 331
44. Um pouco mais de tempo, por favor
    Rogério Cunha 339
45. Reflexões para o sucesso poderoso
    Prof. Jamisson Linhares... 347
46. Os pilares da competência para o sucesso
    Profº Pedro Carlos de Carvalho 355
47. Para você, o que é sucesso pessoal?
    Prof. Rafael Kudo.. 363
48. Sucesso sustentável /Ética/caráter + paixão + talento + atitude + interdependência
    Tais Neubern Zatz 369
49. Aprendendo a liderança por meio do autoconhecimento
    Tatiana Berta Otero 377
50. Vivendo com paixão e propósito: a alegria de viver e o prazer de realizar
    Vander Devidé 385

1. A personalidade do sucesso

> *Talvez você já tenha perseguido com afinco alguma coisa que, quando alcançada, não parecia mais ser exatamente o que você queria. Isso também pode acontecer, na vida pessoal ou na carreira, quando buscamos o sucesso. Será que, quando o tiver alcançado, você será capaz de reconhecê-lo? Pois, assim como ocorre com as pessoas, com o sucesso também podemos nos deixar enganar pelas aparências! Então, o coaching pode ser um valioso apoio para descobrir qual a verdadeira personalidade do seu sucesso e, assim, poder distingui-lo dos outros.*

Adriana Maria da Silva

Adriana Maria da Silva
Coach certificada pela SLAC – Sociedade Latino Americana de Coaching e Analista Coaching em Assessment DISC. Master coach e Líder Coaching Express CB pela Organização Internacional Condor Blanco – Chile. Graduada em Administração pela PUC, com especialização em Gestão Estratégica Empresarial pela UFMG, MBA em Gestão de Pessoas pela FGV e Auditora Líder da Qualidade ISO 9001 (Lead Auditor IRCA) certificada pela Bureau Veritas. Como gestora na área de RH em empresa de grande porte acumula longa experiência no contexto vivencial das organizações. Presta atendimento de Coaching nas especialidades de Coaching de Vida e Coaching Profissional para carreira ou negócios.

Contatos
www.adrianacoach.com.br
coaching@adrianacoach.com.br
adrianacoachbh

"Cada sonho que você deixa para trás, é um pedaço do seu futuro que deixa de existir." - Steve Jobs.

Acredito que todo sucesso, para existir, precisou surgir de um desejo ou de um sonho. Porém, antes de falarmos sobre alcançar o sucesso pessoal ou profissional, é importante entender de qual sucesso estaremos falando. Porque, como em tudo o mais que nos distingue uns dos outros e nos faz indivíduos, o sucesso que você pretende não será, por certo, igual ao de outra pessoa. Portanto, estaremos falando do sucesso pessoal: aquele que somente você poderá e saberá definir!

O seu sucesso se distingue dos outros pelo que podemos chamar de personalidade do sucesso: a aderência à sua visão pessoal, sua missão de vida, seus princípios, valores, necessidades, talentos e, enfim, no respeito a todos os seus traços individuais. E também quando vai além, ultrapassando os limites aos quais você se acostumou e o desafiam a assumir outras características, aquelas que possivelmente precisará desenvolver para poder chegar até onde o sucesso o aguarda.

É nisso que o processo de *coaching* pode apoiar, a personalizar a abordagem metodológica adaptando-a a cada indivíduo considerado na sua integralidade. O atendimento de *coaching* é, em essência, um processo de desenvolvimento humano que derivou do treinamento esportivo, tendo Timothy Gallwey como referência no tênis profissional dos anos 70. Objetivando ajudar pessoas a alcançar uma meta ou ter um determinado desempenho também na vida pessoal, passou a denominar-se *coaching de vida* e como *coaching executivo* na vida profissional, além de outras modalidades que surgiram posteriormente.

O *coaching* baseia-se na interação entre o profissional *coach* e o cliente (*coachee*) ancorada em diálogos instigantes, perguntas estratégicas e com foco definido. Utiliza-se também de ferramentas e técnicas para promover mudanças que levem a alcançar um estado futuro desejado de forma autossustentável, onde cada objetivo é trabalhado num determinado número de sessões periódicas. Mesmo nos processos voltados a grupos, não se pode prescindir de algumas sessões individuais para a necessária personalização.

No *coaching*, o agente transformador para o cliente está na construção do autoconhecimento, onde repousa seu poder pessoal. E mais do que ajudar a perseguir metas, o *coaching* apoia o cliente a extrair da vivência de descobertas e conquistas, das experimentações enriquecedoras e do aprendizado decorrente das próprias ações, o material para construir a personalidade do sucesso que pretenda alcançar.

| A sensação de falta

O início é apenas uma sensação de incômodo, indefinida e persistente. Que pode surgir como um *insight* a partir do nada ou de algo tão corriqueiro que normalmente nos passaria despercebido, como uma frase que se ouve, uma cena de TV, o trecho do filme no cinema, um livro que você pegou para ler, um artigo numa revista ou simplesmente naquele inusitado momento em que algo o fez parar de olhar para fora e voltar o pensamento para si mesmo.

O sentimento é de que falta algo ou de que alguma coisa esteja errada, embora tudo mais possa estar aparentemente bem: a família, o trabalho, a vida afetiva, os estudos e as relações sociais e de amizades. É algo semelhante a estar fisicamente em meio a muitas pessoas numa festa, num evento qualquer ou no trabalho e ainda sentir-se só. É muito pessoal e muito íntimo, algo que você sequer consegue dividir com alguém por que ainda não saberia nomear.

Essa inquietude imprecisa pode acontecer com qualquer pessoa e em qualquer fase da vida. A maioria parece optar por negar ou distrair-se disso e a sociedade oferece muitas alternativas. E muitas pessoas escolhem viver nesse estado de inconsciência, que poderá perdurar por anos ou, talvez, pela vida toda.

Porém, para outras, o retorno persistente dessa sensação de falta provoca um próximo movimento ainda muito íntimo, que brota do que se costuma chamar de 'fundo da alma' e que apenas podemos perceber como a predisposição de querer entender esse incômodo. Apenas esse querer já é suficiente para nos pegarmos, em meio à rotina, tentando identificar o que estará causando essa sensação de falta.

| O entendimento

Pouco importa como acontece, pois cada um passa pela vida de forma bastante individualizada. Para alguns, talvez seja um crescer de clareza mental e emocional, que surge depois de pouco ou muito tempo sentindo falta de algo desconhecido. Podemos nos pegar pensando que esse algo não deve estar fora, onde não o encontramos, mas que seja possível estar dentro de nós mesmos. Para outros, pode acontecer de forma súbita e até dolorosa, como uma grande perda, um golpe da vida, uma tremenda decepção ou alguma coisa significativa que acontece e faz com que o pensamento volte-se para si mesmo e questione sobre o que será tão importante que possa dar significado à própria vida.

Nesse momento talvez alguns já tenham absoluta clareza do que seja e partam resolutos em busca de alcançar. Outros apenas tomem consciência de que lhes falte algum sentido na vida e da importância de descobrir o que seja, para poder sentir-se íntegro e em paz consigo mesmo.

Nesse movimento de buscar o que sente lhe faltar é que cada um constrói o próprio caminho e, talvez, a noção individual que tenhamos de felicidade possa ser um ponto de partida para definir também o sucesso pessoal. A vida feliz que cada um sonha para si não seria uma boa referência de sucesso?

Quem se apoiar no processo de *coaching* será motivado nesse sentido para encontrar os próprios recursos internos, traçar seu caminho e obter suas conquistas de forma autônoma. Diversos atalhos poderão ajudar a abreviar o percurso. Através do diálogo franco e de constantes *feedbacks*, o processo se tornará único e o cliente se apropriará cada vez mais conscientemente da liderança de si mesmo e do exercício de seu poder pessoal, como também da responsabilidade pelos próprios resultados.

| Autoconhecimento

Dessa forma, o *coaching* se inicia pela fase de autodescoberta onde se objetiva a consciência, de forma gradual, de quem se é de verdade e não apenas do que se acreditou que fosse até então. Isso requer o desejo sincero de mergulhar fundo em buscas que poderão exigir mudanças e, portanto, a coragem de se reconhecer.

Ao se surpreender com coisas que desconhecia sobre si mesmo, poderá ser necessário confrontar-se e superar antigos limites, crenças e modelos de pensamentos. Possivelmente, será necessário abandonar alguns hábitos e substituí-los por outros mais apropriados ao novo estado que se pretenda alcançar.

O conhecer a si mesmo precisará se apoiar no compromisso da vontade, pois talvez nem tudo seja fácil e surja a tentação de permanecer na zona de conforto diante de naturais inseguranças, medos ou dúvidas. Mas nem o desistir, por si só, é algo que se deva sempre evitar. Pelo contrário, em algumas circunstâncias o melhor caminho será mesmo a desistência: de pessoas, de projetos, de compromissos, de ilusões e das situações que já não correspondam mais aos seus desejos recém-encontrados e à nova vida que está construindo. E isso, novamente, requer coragem e resolução.

A autodescoberta é também muito prazerosa ao proporcionar o feliz encontro, na sua história de vida, com o valor pessoal que, tantas vezes, passou despercebido em meio à intensa atividade inconsciente que caracteriza o estilo de vida atual. Quantos foram os desafios superados, quanta determinação foi necessária, quantas experiências já foram vividas, quanto aprendizado acumulado, quanta maturidade já adquirida? Com quantos pontos fortes cada um já pode contar para conseguir vencer? Quanto vale tudo o que já se sabe?

O *coaching* apoiará o autoconhecimento, a autoconsciência e ressaltará sua importância na construção do seu projeto pessoal. Ferramentas ajudarão a se conhecer ou a se reconhecer, a compreender suas características e tendências predominantes, padrões de comportamento, tipo de personalidade, seus anseios, valores, princípios básicos, os sonhos mais caros, sua missão de vida. Apoiará, igualmente, no reconhecimento de fragilidades que todos possuímos: os medos, traumas ou mesmo crenças e pensamentos que sempre julgamos serem nossos e que poderemos descobrir terem sido herdados de outras pessoas e de outras vivências que não as nossas.

Conhecer, aceitar e aprender a lidar de forma equilibrada com tudo o que o define física, mental, emocional e espiritualmente é conquistar a si mesmo, é estar em posição de poder ativar suas forças e potenciais a favor do próprio projeto de vida. Ao elaborar formas positivas de lidar com tudo que se é, sem limites à livre expressão do poder pessoal e suas realizações, se constrói o caminho do sucesso. E compreendendo as características que fazem de cada vida e de cada ser humano tão único, você estará delineando também a personalidade do seu sucesso, trazendo-o para mais próximo de si e mais fácil de reconhecer em meio a tantos sucessos que parecerão iguais.

| Visão, planejamento e trabalho

"Caminante, no hay camino, se hace camino al andar." – Antonio Machado

No *coaching*, o desenvolvimento pessoal é um processo dinâmico, onde a construção da visão acontece enquanto também as descobertas da nossa autenticidade e individualidade. Até porque o próprio aperfeiçoamento pessoal é um caminhar e não um destino em si mesmo.

Já nos primeiros aprendizados se estabelecem planos de ação que, ao serem cumpridos, geram novas vivências e novos aprendizados. E, a partir da compreensão do indivíduo que vai surgindo, se orienta a identificação do sonho pessoal ou da visão geral e de longo prazo que define a noção de sentido da vida para cada pessoa.

É com um razoável entendimento da posição em que se encontre atualmente em relação ao seu sonho ou visão que se poderá trabalhar na construção de um plano ou projeto de vida. Nesse plano serão estabelecidos objetivos de curto, médio ou longo prazo e ações para alcançá-los. O acompanhamento do *coach* inspira a disciplina e evita que a natural ansiedade por atingir objetivos pessoais e profissionais subestime a importância do tempo necessário para vivenciar as experiências enriquecedoras, para consolidar o aprendizado decorrente das próprias ações e para a construção do conhecimento, o que poderia gerar frustração.

Busca-se o equilíbrio na maturação do processo e do *coachee*, por meio de conquistas que começarão pequenas, seguirão crescendo e se avolumando, tornando-se mais desafiadoras, mais complexas e mais gratificantes. Durante esse aprendizado se consolidarão a autoestima, o respeito a si próprio, a autoconfiança, a capacidade de se automotivar, de reconhecer e atuar sobre seus estados mentais e emocionais, de autocontrole e autossuficiência.

| E o sucesso, afinal?

Como em qualquer relacionamento humano positivo e duradouro, também na relação de cada um com seu sucesso pessoal as personalidades devem afinar-se na forma de se expressar no mundo. O relacionamento que gera crescimento se sustenta em complementações muito sutis e os parceiros se nutrem mutuamente. O quão perto ou longe você quer estar do seu sucesso?

Possivelmente você conhece ou soube do depoimento de alguém que após anos perseguindo uma posição ou cargo descobriu, ao alcançá-lo, que não se sentia feliz ou atendido em suas mais caras necessidades. O dinheiro ou o *status* serão medida de sucesso? E quanto àquelas coisas para as quais "não existe preço"? Quantos casamentos desfeitos por que o idealizado não se verificou: incompatibilidade ou desconhecimento iludido? E quanto àqueles que largaram tudo que a sociedade prezava para viverem felizes seu próprio sucesso pessoal? O quanto você está consciente hoje do que seja sua própria medida de sucesso?

No *coaching*, o sucesso é intrínseco ao processo de autodesenvolvimento. Todos, e absolutamente todos, viverão o sucesso de se descobrirem mais perto de si mesmos! Porque, para alguns, o verdadeiro sucesso será não haver alcançado o objetivo que inicialmente se propôs. O sucesso poderá estar em descobrir que algo que julgávamos importante não nos acrescenta mais, que a satisfação de nossas verdadeiras necessidades foi encontrada em outro lugar. Que aquilo pelo qual estivemos nos esforçando tanto é incompatível com nossos valores mais caros. Que o respeito que conquistamos para conosco mesmos foi imprescindível para tomar uma decisão impactante na vida. Que a autoestima resultante do processo foi que alavancou a autonomia e independência que afinal conquistamos. Que já podemos encontrar em nós mesmos a satisfação para a necessidade de amor que costumávamos cobrar dos outros. Que ao fazermos algo de forma diferente do que faríamos anteriormente conseguimos obter um resultado superior ao que ousamos esperar ou que as tentativas anteriores de conquistar o mundo jamais trouxeram tanta satisfação quanto a conquista de nós mesmos!

Também não há tempo certo ou errado para começar, para alcançar ou para terminar alguma coisa. A relevância do tempo no autodesenvolvimento está no bom uso que fazemos dele: se ainda não começou, comece agora. Se já está a caminho, acelere. E se pensa já haver terminado, recomece. Porque tão infinita quanto o tempo é a nossa capacidade de aperfeiçoamento pessoal, de crescer, melhorar e mudar aquilo que quisermos em nós mesmos. O restante será consequência disso.

E talvez você descubra que o verdadeiro sucesso não era aquele que se atirou a buscar, mas que esteve em tudo que viveu, no que aprendeu e em quem você se tornou ao longo do caminho. Que quanto mais perto chegava da verdadeira personalidade desse parceiro, o seu sucesso, mais fácil ficava reconhecê-lo. E que ele tem a sua cara!

2. A importância da autoestima elevada para o sucesso pessoal e profissional

> *Este artigo aborda a importância da autoestima para a plenitude da vida pessoal e o sucesso nos processos de mudança, como nos trabalhos de coaching, por envolver alterações de hábitos muitas vezes arraigados e de conceitos cristalizados. Os modelos sobre autoestima utilizados para embasar o artigo foram "Os seis pilares de N. Branden" e "Os quatro pilares de W. Riso", dois autores consagrados.*

Adriana Palermo de Andrade

Adriana Palermo de Andrade

Consultora organizacional, com especialização em Administração e MBA, *Master, Executive e Personal & Professional Coaching* (SBC), *Master Practitioner* em PNL (ABPNL), cursos de formação em desenvolvimento humano e organizacional e certificação em *Assessments*.

Herdeira no segmento de alimentação, trabalhou como diretora em uma das empresas da família por 12 anos e se aprimorou em gestão de empresas familiares em programas como o Curso de Gestão de Empresa Familiar (FGV) e o Seminário de Formação para Sócios e Herdeiros (Bernhoeft).

Participou de programas de formação no Disney Institute, além de treinamentos nas áreas de liderança, formação gerencial, comportamento organizacional, relações interpessoais, entre outros. Como executiva, conduziu processos de reestruturação administrativa, implementação de área de RH e criação de estrutura permanente de T&D. Como consultora e coach, vem ajudando diversas empresas e profissionais a encontrar seu melhor desempenho.

Contatos

www.consensustd.com.br
adriana@consensustd.com.br
(11) 3254-7400
(11) 98208-7548

Redes sociais

Facebook: https://www.facebook.com/consensutd
Linkedin: http://www.linkedin.com/company/consensus-treinamento-e-desenvolvimento
Google +
https://plus.google.com/b/102961167680972039643/

No processo de *coaching*, é fundamental observar o estado atual e o objetivo dos clientes. A partir deste diagnóstico, juntamente com o uso de ferramentas, técnicas e dinâmicas, contribuímos para que atinjam o estado desejado.

Parece claro que se o indivíduo não está satisfeito com sua condição atual, há boa chance de que tenha alguma contribuição, com suas atitudes, para essa situação. Portanto, a solução de seus problemas passa por mudanças comportamentais, como pode ser observado nas palavras de Einstein, que disse: "insanidade é continuar fazendo sempre as mesmas coisas e esperar resultados diferentes". Assim, nosso papel como coach é mostrar aos clientes que devem adotar ações diferentes, já que desejam obter resultados diferentes.

A disposição de mudar é fundamental para que a autoestima, antes frágil, se torne elevada. O processo de mudança está intimamente ligado com a autoestima. Mas, afinal, o que é autoestima?

Existem muitas definições, como por exemplo, "a reputação que adquirimos diante de nós mesmos" de Nathaniel Branden, ou ainda a de Walter Riso, que se refere a "capacidade genuína de reconhecer, sem medo nem vergonha, as forças e virtudes que possuímos, de integrá-las ao desenvolvimento de nossa vida e usá-las com os outros de maneira efetiva e compassiva". Acredito que a autoestima seja o resultado de como enxergamos a nós, aos outros, as situações vividas e o meio onde vivemos. Parece importante perceber de que forma temos olhado e, também, como devemos olhar nas seguintes direções: para nós, nossas experiências, os outros e ao redor.

Portanto, precisamos perceber o que temos visto. Como? Por quê? Quando? Com que frequência? A partir daí podemos passar a nos perceber de forma mais consciente, e quem sabe mais real, do que temos observado.

Ao mesmo tempo, é importante aprender o funcionamento dos modelos mentais para melhor entendimento do tema em questão. É imprescindível ressaltar que o impacto da leitura que fazemos diante dos fatos que ocorrem em nossas vidas resulta significativamente para o aumento ou diminuição da autoestima. Mas o que são modelos mentais?

Segundo Kenneth Craik, "a mente constrói modelos em pequena escala da realidade, que usa para se antecipar a eventos, raciocinar e embasar explicações". David Hutchens também abordou este tema, afirmando que "modelos mentais são as crenças, imagens e pressupostos profundamente arraigados que temos sobre nós, nosso mundo, nossas organizações e como nos encaixamos neles".

Armazenamos em nosso modelo mental estas informações como verdades e as utilizamos sem nos dar conta disso. Como exemplo, imaginemos que um casal durma tranquilamente em sua casa e de repente, toca o celular da esposa por engano. O marido não consegue mais dormir. O que será que está se passando na cabeça dele para que perdesse o sono? Ele pode pensar que algum homem está mantendo um caso com sua mulher. Pode ainda pensar que a mulher pareceu diferente há alguns dias e alimentar estes pensamentos, "achar que" uma série de coisas pode estar acontecendo e o fato é simplesmente que o telefone tocou. Estas "pré-suposições" são situações que, de certa forma, foram armazenadas pelo marido.

Utilizamos o nosso modelo mental como filtro para "julgar" e arquivar as informações que "deduzimos" após nossas experiências, e elas geralmente cristalizam, fortalecendo as crenças pré-armazenadas. Usamos o modelo mental para "consultar" de forma consciente ou inconsciente "nosso arquivo de memória"; ele influencia como pensar, julgar, de que forma avaliar e como agir em uma situação nova. Isso é importante porque podemos ficar "reféns de nós"!

A atitude de viver conscientemente faz parte dos seis pilares fundamentais para a autoestima criados por Branden. É importante termos consciência das nossas necessidades, dos motivos dessas necessidades, dos sentimentos e emoções que cultivamos, do que realmente é importante e principalmente se isso tudo é nosso ou temos adotado e aceitado inconscientemente dos outros.

Para que tenhamos uma percepção clara do nível de autoestima e saibamos como ela está, se alta ou baixa, é necessário pensar e descobrir de que forma enxergamos as coisas ao redor. Colocamos foco em coisas positivas ou focamos as negativas? Buscamos soluções para os desafios, ou vemos dificuldade em tudo? Superar obstáculos é fundamental para conseguir o que se deseja, pois eles sempre existem. Como dizia Lao Tsé, que viveu há cerca de 3 mil anos, "o rio atinge seus objetivos porque aprendeu a contornar os obstáculos".

Então, é necessário observar como estamos nos sentindo (bem ou mal), se esse estado é momentâneo ou costumeiro na história de nossas vidas e por quê? Quando notamos porque nos sentimos de determinada maneira, podemos cultivar bons estados ou mudar os ruins, além de ampliar a possibilidade de escolha do estado que queremos desfrutar e trabalhar para que isso ocorra. Isso é fundamental para cuidar da autoestima.

É verdade que existem situações em que sentir-se triste é uma emoção autêntica, como a perda de entes queridos, mas a responsabilidade da escolha, se iremos viver permanentemente frustrados por esta ou qualquer outra perda, é opcional.

A atitude de autorresponsabilidade, segundo Branden, significa assumir a reponsabilidade pelos próprios pensamentos, sentimentos e atos, assim como das consequências deles, de modo a sentir-se competente perante a vida e merecedor de sucesso e bem-estar.

Para melhor compreensão desse conceito, voltemos nossa atenção aos resultados que temos obtido em relação a nossa atuação, ou seja, a consequência dos nossos atos. Se nós temos desejos, cabe descobrir como alcançá-los, elaborar planos de ação e concretizá-los. Basta saber se estamos dispostos a pagar o preço da disciplina, organização e priorização de atividades, abrindo mão dos prazeres imediatos.

Partindo do princípio de que existem dois tipos de pessoas, as que esperam que os outros providenciem as soluções e as que assumem a responsabilidade, podemos decidir se assumiremos a liderança de nossa vida, ou se terceirizaremos essa conduta e permaneceremos vulneráveis às decisões alheias. Se nossos resultados dependem de nós, é nossa a responsabilidade de aumentar a própria autoestima. O que queremos fazer com nossa autoestima?

Voltemos o olhar para outra importante atitude, a **autoaceitação**, que é *sine qua non*[1] para a mudança, ao crescimento e à autoestima. "Aceitarmos a nós", estarmos do *nosso lado*, nos valorizando com respeito, validando o que sentimos e entendendo os "porquês". Segundo Branden, faz parte de outro pilar para a autoestima. Aceitar é perceber conscientemente que tal situação é como é, como se resgatássemos a força e poder para transformá-la. Por exemplo:

Maria, que pensa ter o peso ideal, se veste e percebe que a roupa não ficou boa porque está fora do peso. Ela poderá alterar sua alimentação e sedentarismo para buscar o "peso ideal", ou negar os quilos a mais e mesmo se sentindo mal, continuar justificando seus excessos. Maria pode escolher o que deseja é decidir se vive de forma consciente ou inconsciente, aceitando a situação ou se enganando.

Então, o caminho é valorizar o respeito e sentir-se cada vez melhor, de forma autêntica, sem a necessidade de "fingir" algo que não é, portanto vivendo naturalmente... Pode ser que temos negado muitos talentos e competências, simplesmente pelo hábito de negar. Este é um engano que prejudica nossa autoestima.

Viver com autenticidade é fazê-lo de acordo com as próprias convicções, seguir os próprios valores, honrar os sentimentos mais íntimos.

---

1. Condição necessária

Atender as próprias expectativas faz parte da atitude de autoafirmação, de Branden. Um exemplo corriqueiro é o grande desafio dos pais ao criarem seus filhos sobre a validação das emoções e vontades deles, de forma equilibrada para que quando adultos, valorizem seus pensamentos, sentimentos, ideias, vontades e consigam sentir segurança por si. O mais comum, porém, é observar pais que impõem suas vontades, inclusive sobre as futuras profissões de seus filhos. Querem vê-los independentes e esperam atitudes maduras, mas, ao mesmo tempo, os tratam como crianças.

É importante crescer sabendo que temos o direito de ser quem quisermos, independentemente de aprovações alheias. Saber o que queremos é o primeiro passo para o estabelecimento de um propósito.

É fundamental termos objetivos claros para chegarmos onde pretendemos e elaborarmos um plano de ação coerente para alcançá-los. Para isso, é indispensável foco, disciplina e organização, além de medir os resultados. Sobre este assunto, Branden comenta a **intencionalidade**. Por fim, e não menos importante, ele cita a **integridade pessoal**, como um dos pilares para a autoestima saudável. Trata-se de ser íntegro, ser um só. Há um ditado que diz que "integridade é fazer as coisas certas mesmo quando não há ninguém olhando", o que remete à ideia de honestidade e de ser confiável. Para isso, é necessária a integração de crenças, valores e conceitos, além do entendimento sobre nossos critérios morais e da ação congruente entre a maneira como pensamos, falamos e agimos.

De forma similar, Riso afirma que para a construção de uma autoestima saudável é necessário cuidar de quatro pilares: o primeiro é o **autoconceito**, que pode nos fazer bem ou mal, dependendo do que pensamos sobre nós. Podemos nos comportar como inimigo quando nos sabotamos, por exemplo, pensando negativamente a nosso respeito, colocando rótulos ou utilizando a autocrítica excessiva. O contrário seria nos enxergar como o melhor amigo, valorizando-nos e aceitando as características, procurando melhorá-las, fazendo uma avaliação justa com observação objetiva e construtiva para funcionar como estímulo rumo ao "eu ideal".

É importante aproximar "eu real" de "eu ideal". Quanto maior a diferença entre eles, mais longa será a jornada de trabalho, a insegurança e a insatisfação.

Cabe aqui uma importante ressalva sobre visão e validação que temos em relação ao crescimento pessoal: é necessário observar "eu do passado" em relação a "eu ideal" e valorizar a maturidade adquirida, utilizando este crescimento como motivação para prosseguir.

Algumas pessoas se comparam com outras e usam modelagem (técnica da PNL) para "copiar" o que desejam. Outras utilizam a mesma comparação para se autoflagelar e se desmotivar.

O segundo pilar de **Riso** é a **autoimagem**, que vai depender de como estamos nos enxergando, de qual tem sido nosso foco de atenção e valorização. Vale ressaltar que podemos flexibilizar a mudança de nosso olhar para a autodesvalorização. Conforme afirma o consultor Sandro A. Vieira, "receber elogios dos outros é bom, mas depender deles é péssimo". Busquemos, pois, modelar as pessoas que admiramos e evoluir o estímulo positivo que temos nos dado durante o dia.

Também, utilizando como nosso aliado o **autorreforço**, o terceiro pilar, reforçaremos o que pensamos a nosso respeito, daremos novos significados e vislumbraremos novas crenças para o modelo mental. Neste ínterim, utilizando a flexibilidade das mudanças, viveremos conscientemente, refletindo como faremos para aumentar nossa autovalorização. Conforme afirmou Eleonor Roosevelt, "Ninguém pode fazê-lo sentir-se inferior sem seu consentimento", e através do trabalho, podemos adquirir excelentes resultados, percebendo nosso real valor.

A **autoeficácia** é o quarto pilar de Riso; alimentada por confiança e convicção, fragilizada por dúvidas ou inseguranças. Desta forma, é vital percebermos que somos sempre capazes de diversos feitos, desde que queiramos! Devemos adotar posturas otimistas em relação aos acontecimentos da vida, lembrar acontecimentos bons e marcantes em nossas histórias, estabelecendo metas possíveis e desafiadoras, nos comprometer e principalmente nos permitir a celebração dos resultados.

Se pensarmos que quando vamos ao médico, ele primeiro observa o que temos para depois medicar, podemos fazer de forma similar com nossa autoestima, perguntando: "como minha autoestima está?", seguindo com o planejamento das ações para que ela se torne mais "sadia", conforme abordado aqui.

Lembremos de que somos capazes de obter o que desejamos, mas para isso é necessário querer e assumir responsabilidade por ações coerentes com nossos objetivos, pois certamente podemos observar, em várias histórias de vida, que todos que acreditaram, confiaram e perseveraram, com planejamento, organização e disciplinando suas vontades, chegaram aonde quiseram.

3. O CHA das competências e o poder da atitude no alcance de nossos objetivos

> *"Vivemos na era da informação, nunca foi tão fácil adquirir novos conhecimentos, através de milhões de endereços de Internet que abrigam quase todo o conhecimento produzido pelo ser humano até hoje, com a facilidade de não precisarmos nem ao menos nos levantar de nossas poltronas. Mas será que isso é suficiente para alcançar o sucesso? Qual será o segredo para uma pessoa realizar seus sonhos?"*

Alexander Gomes

Alexander Gomes
Engenheiro Mecânico pela Universidade Federal de Pernambuco-UFPE com especialização em Engenharia de Petróleo pela Universidade Petrobras e em Gerenciamento de Instalações Offshore pelo Instituto de Ciências Náuticas. Coach com formação em Personal & Professional e Executive Coaching, Membro da Sociedade Brasileira de Coaching, Master Practitioner em PNL. Trabalhou com desenvolvimento e auditoria interna de Sistemas de Qualidade Total, Programa 5S, Manutenção Produtiva Total, Ferramentas da Qualidade e Método de Análise e Solução de Problemas-MASP. Atua como Coach Executivo, de Negócios e de Vida, gerencia plataforma offshore de produção de petróleo pela Petrobras na Bacia de Campos, realiza palestras e cursos nas áreas de Motivação, Liderança e Vendas. É autor do blog Atitude para Vencer.

Contatos
www.atitudeparavencer.com.br
alexandergomescoach@yahoo.com.br /
atitudeparavencer@yahoo.com
facebook.com/AtitudeparaVencer

A cada ano, cresce o número de pessoas em todo o mundo que investe bilhões de dólares em livros, DVDs, cursos, palestras, seminários e sessões de coaching, tudo com o objetivo de alcançar o tão sonhado sucesso pessoal. Mas, afinal de contas, qual será o segredo para alcançar o sucesso pessoal? Existe mesmo um segredo, um método infalível para que cada pessoa possa alcançar e manter esse tal sucesso, conquistando todos os seus objetivos?

E qual será o diferencial das pessoas que alcançam o sucesso em suas vidas? O que elas têm a nos revelar?

| O CHA das competências

Para atuar em qualquer tarefa ou área de nossas vidas, precisamos ter determinadas competências e o **CHA** nos mostra três aspectos básicos para tal:

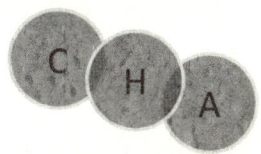

C: O conhecimento está relacionado a tudo o que sabemos sobre determinado assunto. Ele pode ser adquirido de maneira formal ou informal. Recebemos a educação informal dos pais e familiares, através da TV, internet, livros, revistas ou ainda de nossos amigos, enquanto a educação formal dá-se através das escolas e universidades;

H: Para transformar nosso conhecimento em resultados, precisamos saber a maneira correta e mais eficiente de executar cada tarefa. As habilidades são adquiridas através da prática e da experiência. É importante ressaltar que o processo de erro e acerto representa um importante aspecto no desenvolvimento de uma nova habilidade. Por isso, se hesitar nas ações por medo de errar, você pode perder uma grande oportunidade, lembrando que somente a prática leva à perfeição;

A: Atitude é ligada à ação, sempre necessária para nos tirar da inércia, executar algo e nos mover em direção ao sucesso. São conjuntos de atitudes e formas sistemáticas de agir que diferenciam grandes vencedores das pessoas medianas.

Dessa forma, podemos resumir:

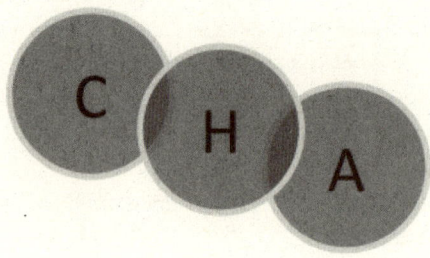

O conceito do CHA representa uma mudança de paradigma. Estamos acostumados a considerar o conhecimento de uma pessoa como fator essencial para seu sucesso, porém, o CHA nos mostra que precisamos avaliar, através das habilidades e atitudes, a maneira como alguém procede quanto a sua vida e aos desafios que surgem em seu caminho.

Quer uma prova? Pare por alguns momentos e escreva o nome de alguém que você conhece, com ótima formação universitária ou que demonstra facilidade para conversar sobre todos os assuntos, como uma verdadeira enciclopédia humana. Mesmo assim, esta pessoa não alcançou muito sucesso em sua vida pessoal e profissional. Lembrou? O que será que pode ter faltado, já que ela possui conhecimento suficiente para ter um excelente emprego ou estar à frente de um grande negócio?

| Atitude para vencer

Vimos que realmente são as habilidades e atitudes que diferenciam as pessoas de sucesso das pessoas medianas, mas você poderia me fazer duas perguntas:

O que faço se ainda não sou uma pessoa de sucesso? O que posso fazer para mudar e me tornar uma pessoa de atitude?

A resposta: desenvolvendo cada uma delas até que sejam hábitos. Já que o ser humano precisa de hábitos para viver, então que tal desenvolver aqueles que possam conduzir você ao lugar desejado, dia após dia, pouco a pouco, modificando sua forma de agir, de falar e até de pensar, transformando-se como ser humano?

Em japonês, existe uma palavra chamada *kaizen*, que pode ser traduzida como melhoria contínua e aplicada à vida, sempre elevará nosso padrão, ainda que aos poucos. Ao longo do tempo, trará um resultado extraordinário. A constante evolução gera um ser humano melhor como profissional, empreendedor, pai, filho, esposo, cidadão e certamente o conduzirá ao caminho do verdadeiro sucesso pessoal.

Atitudes que irão conduzi-lo ao sucesso pessoal

A seguir, você terá um passo a passo para alcançar o sucesso em qualquer área da vida, seja pessoal, profissional e até espiritual. Siga-o com total empenho, disciplina e começará a ter grandes surpresas.

1. Defina

> *"Pessoas com metas triunfam porque sabem para onde vão. É simples assim."*
> Earl Nightingale

Para fazer qualquer coisa na vida, precisamos de um motivo e uma palavra que sempre escutamos: motivação, que literalmente significa motivo para ação, portanto um motivo bastante forte para sair da posição na qual nos encontramos para outra pretendida, o que na maioria das vezes exigirá esforço muito grande e nos dará a força suficiente para superar dificuldades.

Temos aí o primeiro problema para a maioria das pessoas. Elas não sabem o que realmente desejam, sempre baseiam suas escolhas no que os outros decidiram por elas; sejam pais, companheiros ou ainda nas tendências da sociedade. O verdadeiro sucesso somente virá para aquelas pessoas que definirem o que realmente desejam, baseando-se no que acreditam e julgam como importante para suas vidas.

Dessa forma, para quem deseja ser feliz e ter sucesso em todos os aspectos da vida, o primeiro passo é definir o que realmente deseja. Esta é a hora de colocar para fora seus pensamentos e você irá se surpreender com o potencial que eles têm para se tornarem reais.

Infelizmente, a maior parte da população de nosso planeta vive no automático, como barcos ao sabor da correnteza e do vento, com pouco controle sobre suas vidas, sem planejamento sobre onde querem chegar e como será seu futuro.

Muita gente sabe bem o que não quer: adoecer, passar fome, rejeição de amigos e família, críticas, desemprego ou falência. O medo do que não se quer passa a ser dominante, deixando-as imóveis, agindo apenas quando as circunstâncias obrigam.

Eis uma decisão que você precisa tomar neste exato momento: prefere viver em função de seus sonhos e objetivos ou fugir de tudo que teme porque supostamente pode feri-lo?

Preparei um conjunto de perguntas poderosas para você responder (anote as respostas em um caderno ou diário, de forma que você possa acompanhar sempre que necessário):

- Qual área eu poderia escolher para colocar foco a partir deste momento? (por exemplo: profissional, financeira, relacionamento amoroso, familiar, espiritual, vida social).
- O que me incomoda em relação a esta área?
- Onde eu gostaria de estar em relação a esta área de minha vida?
- O que esta mudança trará de positivo para minha vida?
- Em quanto tempo eu acredito que possa alcançar esta nova posição?
- Isso afetará negativamente alguém importante para mim?

Respondendo a estas perguntas com toda calma, sinceridade e paciência, terá dado um importante passo para assumir de vez as rédeas de sua vida.

Este exercício poderá ser repetido em várias áreas de sua vida, uma de cada vez. Assim, você estará pronto(a) para a próxima fase.

2. Planeje

"A maioria das pessoas não planeja fracassar, fracassa por não planejar."
John L. Beckley

Definindo a área que terá foco, é hora de traçar a estratégia para o atingimento das metas pretendidas. A estratégia é como um mapa do tesouro, um guia a ser consultado sempre que necessário, por isso deve estar sempre à mão.

Traçar a estratégia é montar um plano de ação, partindo do objetivo a alcançar, sempre em termos positivos, conforme visto no item anterior, com data definida (dia, mês e ano), detalhando as ações que serão colocadas em prática e especificando os recursos necessários para executar cada ação (principalmente dinheiro e tempo de dedicação necessário por dia ou semana).

Comece agora mesmo. Traçando seu plano de ação, você perceberá o poder do simples ato de colocar as ideias no papel.

3. Atue

> *"A única diferença entre um homem que sabe e outro que tem sucesso encontra-se na prática!"*
> Heitor Durville

De nada adianta saber exatamente aonde almeja chegar, ter um plano de ação e colocá-lo na gaveta até o momento das promessas que costumamos fazer ao término do ano. O que irá garantir o alcance do seu resultado, como já vimos, são as atitudes efetivas, dia após dia, com determinação, perseverança e confiança.

Após definir aonde quer chegar, quando e como irá realizar cada tarefa, dedique-se a cada dia. O presente é o único tempo onde podemos viver. Apegar-se ao passado ou viver os problemas de um futuro que talvez nem aconteça, é somente a garantia para muito sofrimento, doenças e fracasso.

Deixar para amanhã o que você determinou para hoje, será somente motivo para resultados abaixo do esperado e ressentimentos. Não permita que o hábito de protelar faça parte de sua personalidade. A vida acontece agora e fazer o que precisa na hora certa vai conduzi-lo, cada vez mais, para perto de seus sonhos.

Lembre-se: se atitudes do passado são responsáveis por quem você é hoje, atitudes do presente determinam quem e como você estará no futuro.

4. Verifique

> *"O insucesso é apenas uma oportunidade para recomeçar com mais inteligência."*
> Henry Ford

Analise os resultados que está alcançando. É muito mais fácil corrigir a rota antes de chegar ao destino, ou melhor, ao prazo final; por isso crie o hábito de avaliá-los periodicamente.

Por este motivo, é importantíssimo montar o plano de ação, com metas claras e mensuráveis, para minimizar o risco de dúvidas e falsas interpretações, mesmo se tratando de metas pessoais.

Trate os resultados como sinais que a vida lhe dá e não como fracasso ou prova de que você foi incapaz de alcançar a meta. Esta é uma atitude importantíssima para pessoas de sucesso: utilizar os resultados para corrigir o rumo, mas nunca para se lamentar.

No momento da análise de resultados, o cuidado com a ansiedade é fundamental. Faz-se necessário tempo ao tempo, pois na maioria das vezes, para o resultado aparecer, é preciso perseverar nas ações previamente definidas. Somente quando você tiver sinais claros de que elas não estão sendo suficientes é que será preciso mudar o plano de ação, voltando para o item 2 e acrescentando ações adicionais, talvez modificando uma ou mais ações.

O seu caminho para o sucesso ficará da seguinte forma:

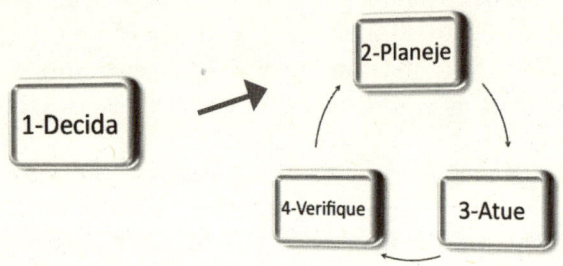

Este passo a passo precisa ser colocado em prática quantas vezes forem necessárias, para que atinja seu objetivo.

Acredite, este é um processo que quanto mais você pratica, mais desenvolve habilidades de vencedores. Sempre será mais fácil e automático.

Cada vez que alcançar o sucesso, a autoconfiança, combustível que alimenta o motor do entusiasmo, será reforçada e conduzirá seu veículo da motivação por estradas antes inimagináveis, realizando sonhos que você julgava perdidos para sempre, escondidos desde a infância sob as inúmeras camadas de medo, preconceito e crenças negativas, criadas para protegê-lo do sofrimento e do fracasso, mas que possivelmente o direcionaram exatamente através deste caminho.

Romper estas camadas e tomar o controle da vida de uma vez por todas só depende de você, que já possui em seu interior todas as ferramentas necessárias e o potencial para realizar qualquer coisa que julgue realmente importante para a vida. Tome uma atitude e permita-se agir. Estou certo de que você não precisará buscar o sucesso, ele virá ao seu alcance.

Neste momento, peço que faça um íntimo pacto: inicie os dias com a certeza de que a distância entre seus sonhos e a realização se chama atitude.

Lembre-se ainda: você sempre pode contar com profissionais de *coaching*, que irão apoiá-lo e motivá-lo na definição de seus objetivos, montagem do plano de ação e desenvolvimento das atitudes necessárias.

"Você não precisa ser incrível para começar, mas precisa começar para ser incrível."
Zig Ziglar

4. Pensamentos e crenças positivas para o sucesso

> *Pensar e acreditar são escolhas que alteram o percurso da vida e nos colocam em situações de desafios. O coaching e o comportamental-cognitivo apropriam-se das compreensões dos atos e das atitudes de transformação pessoal e profissional. Estar atento ao que crer, mas numa posição evolutiva, espontânea e criativa. O sucesso está nas conquistas das ações e nas potencialidades mentais.*

Aline Bergami &
Deiverson Tófano

Aline Bergami
Bacharel em psicologia pela Faculdade Pitágoras. Especialista em terapia cognitivo-comportamental e hipnoterapia cognitivo-comportamental pelo Centro de Estudo e Desenvolvimento de Belo Horizonte. Sócia fundadora do Projeto Terapia do Emagrecimento. Psicóloga clínica.

Contatos
alinebergami@bol.com.br
(31) 8883-8792

Deiverson Tófano
Professional Coach Certification & Professional DiSC Certification pela Sociedade Latino Americana de Coaching. Bacharel em Psicologia e Pós-Graduado em Sociopsicodrama pelo Instituto Mineiro de Psicodrama Jacob Levy Moreno. Licenciado em Teatro pela Universidade Federal de Brasília. Técnico em Gestão Empresarial pela Escola Técnica Vale do Aço. Psicólogo Clínico e Social. Sócio-Fundador do Projeto Terapia do Emagrecimento Aplicada. Produtor - Ator - Intérprete Criador do grupo artístico em Arte Contemporânea - Núcleo de Dança-Dor.

Contatos
deiversontofano@gmail.com
(31) 9249-9421 - (31) 8718-7303

O mundo em que vivemos hoje nos impõe desafios pessoais que elevam a nossa condição de existência. E pela influência das mídias, o caminho a percorrer para a chegada do sucesso por vezes se torna distante e impossível. Com isso, as possibilidades ao mesmo tempo parecem infinitas e limitadas. Mas isso provém de construções mentais sobre a meta.

Nessa perspectiva, quando não é dada a devida atenção aos pensamentos e às crenças, tornam-se mais sofríveis e frustrantes o sucesso e autorrealização. A desistência é eminente numa crença fracassada e desmotivada de energias conciliada à falta de posturas positivas em perceber as possibilidades de conquistas. Pensamentos negativos – eu não consigo; eu sou um fracasso; tem alguma coisa errada comigo; não tenho oportunidade; não tenho sorte – contribuem para o reforço e a repetição de resultados negativos, diminuindo muito as chances de aproximação das metas. E diante das situações de maior energia e contribuição mental e física, espantosamente nos sentimos fracos, estressados e o sentimento de injustiça torna-se o argumento para o abandono do sonho e o desejo de sucesso.

Os comportamentos de fuga, esquivas e sensação de fraqueza acontecem pela incompreensão dos recursos internos. Esses recursos, por vezes, não são explorados ou não foram desenvolvidos. O *coaching* potencializa a busca do sucesso pessoal e profissional, e seu processo apoia-se na identificação e criação de estados desejados e na percepção das fortalezas internas individuais. Estratégias são construídas, revelando as etapas que precisam ser cumpridas como pré-requisitos para as demais ações e avanços. E no desenvolvimento das competências internas, o foco sai do campo problemático de resolução para posturas de solução imediata. Assim, cria-se dentro da dimensão do pensamento e crença uma postura de agir mais criativa e proativa, favorecendo que se chegue aos resultados almejados.

Passando para uma discussão voltada aos estudos comportamentais e cognitivos, as evidências do enraizamento de crenças paralisadoras estão potencialmente presentes em atitudes e pensamentos que transgridam o caminho do sucesso iminente. E essas atribuições pessoais, às vezes agressivas, violentas, depressivas e em permanente estado de falta perceptiva das relações, causam restrições, limites, impedimentos e obstáculos. Esse acreditar distancia e revela uma posição passiva no dia a dia dos comportamentos e ações. Num olhar mais psicológico, amplia o acesso às demais complicações mentais e aos transtornos provenientes do crédito dado às construções pessoais do pensamento distorcido.

Estar ciente que o mundo nos envolve em sistemas de controle, mas conceber que há recursos poderosos e transformadores de maneira interna transcreve uma gama de ganhos e posições atuantes frente às dificuldades da conquista do sucesso. Para isso, retomemos a observação de Albert Einstein: o mesmo pensamento que criou o problema não o resolverá. A sua solução deve se dar por uma nova maneira de ver e pensar o problema. É como um quebra-cabeça, perceber o problema num intervalo de posição atual para o lugar desejado, desenrolar aquilo que não permite atingir as metas pessoais ou profissionais.

Para algumas atitudes mais precisas e imediatas de resolução de metas pessoais, é preciso considerar pontos importantes e estratégicos no trajeto do sucesso. Estabelecer uma programação mental adequada, planejada e repetindo ações simples promoverá novos hábitos que favorecerem as escolhas positivas. Portanto, seguem algumas dicas de atitudes transformadoras:

- **Enfrente:** o desafio de superar situações difíceis de caráter pessoal é o motivador e se torna gratificante quando se chega ao resultado conquistado positivamente.
- **Permita-se:** experimentar novas propostas, vivenciar outras condições de atuação e treinar papéis pessoais diferentes dos aplicados no dia a dia pode trazer novas possibilidades e outras percepções de trajetórias.
- **"Levanta-te e anda-te":** o poder de resiliência em momentos de desastre fortalece a capacidade de enfrentar condições mais hostis com mais leveza e sabedoria.
- Continue: muitos não o ajudarão, alguns acharão um exagero e poucos vão contribuir para a sua vitória, mas a força da conquista depende do quanto se acredita que é possível chegar aonde se quer.
- **Respire:** é preciso parar e respirar. Os momentos mais conflituosos são mal resolvidos pela falta de uma respiração carregada de avaliação, análise, planejamento, estratégia e paciência. Tenha calma.
- **Escute mais:** a virtude da escuta coloca você em condições de mais preparo e inteligência para tomar decisões, sem cair no risco das atitudes impulsivas.
- **Exponha:** expor seu posicionamento e conhecimento diante das pessoas revela a sua capacidade crítica e o potencial de argumentação. Porém, por vezes, algumas defesas de pensamento podem levar à perda do aprendizado trazido pelo outro.

- Seja acessível: a flexibilidade das ações elevam as maneiras de atuações, e prestar-se dispõe de sua capacidade criativa e proativa. Disponibilidade é um critério para se estar à frente das oportunidades.
- Capacite-se: como chegar ao sucesso sem a sabedoria prévia adquirida? São importantes não apenas os conhecimentos acadêmicos e as titulações, mas também o autodidatismo. Para tanto, a busca do aprendizado é uma maneira de encontrar informações de interesse e sair de um comportamento preguiçoso.
- **Agregue:** mesclar ciências, vivências e a bagagem individual. A mistura de linguagens e aprendizados enriquece o portfólio de métodos e olhares. Por que não criar algo que misture, por exemplo, psicologia, *coaching* e teatro? ou medicina, esporte e circo? Em algum momento, tudo se encontra.
- Invente-se: empreender é a capacidade de se recriar e tornar aquilo que é seu em algo de todos. Moldar-se, transformar-se e ser diferente. A criatividade em se construir vem das atitudes, habilidades e do quanto acredita na sua vitória iminente. Seja aquilo que queira ser.
- **Atente-se:** oportunidades aparecem e obstáculos também, mas pessoas surgem e podem ser os responsáveis pelos entraves e atrasos na corrida ao sucesso. As pessoas dão sinais das intenções, portanto perceba quem está à sua volta.
- Questione: por que não perguntar? A dúvida gera conflitos, e isso não é algo que o afasta de sua meta e sucesso. Lembre-se de que a pergunta vai levá-lo a respostas inesperadas em alguns momentos, mas direciona e norteia as suas escolhas.
- **Seja otimista:** menos é mais? Mais positividade naquilo que acredita traz menos conflitos no empenho e menos impedimentos nas determinações. Portanto, crie o ambiente de maneira intrínseca e plante nos sorrisos a sua força. Sabe-se que existem muitas outras atribuições pessoais, e nos variados recursos internos que se aplicam em cada pessoa, ainda sim, antes de qualquer posicionamento e atitude, os pensamentos e crenças são influentes. E essa influência atinge diretamente os atos e as ações, e caso seja negativa, age-se de maneira disfuncional, não permitindo racionalizar. Resultado disso é a diminuição da autoconfiança, aumento do estresse e incentivo à desistência. Para que os comportamentos resultantes de pensamentos sejam satisfatórios e aproximem-se de suas metas, é de crucial importância que bons hábitos sejam incorporados ao dia a dia. Numa rotina que cumpre os horários planejados e compromete-se com as etapas provenientes do objetivo a conquistar, na repetição dis-

ciplinar evolutiva das ações, mais valores são agregados e estímulos fortalecem a trajetória.

Estar em constante busca de recursos e condições para diminuir o caminho do sucesso traz uma preocupação na alimentação emocional. A motivação é essencial no andamento dos processos de conquistas e o otimismo é fundamental para a percepção das superações, mas o vilão aparece no vínculo emocional. No jogo do sucesso, há ganhos interessantes e geradores de grande satisfação e orgulho, mas também existem perdas, e isso, aliado às emoções de dependência, provoca um campo perigoso e delicado. Por isso, para as etapas serem vencidas, é necessário desprendimento de conquistas anteriores e assim evoluir e chegar a outro lugar.

Existem impedimentos de caráter psicológico e emocional que dificultam o passo adiante, como: depressões, estresses, orgulhos, frustrações etc. Mas é importante lembrar que o sucesso é uma geografia desnivelada, e o terreno cheio de ondulações (altos e baixos), por isso o conselho é tentar imaginar antecipadamente as consequências do apego em cada processo. Por exemplo, o estresse, uma questão emocional muito presente e comum no cotidiano, é algo necessário, mas dependendo de seu nível ele pode deixar de ser saudável e passe para o disfuncional. E quando o nível de exigências e responsabilidades se eleva, a tensão se amplifica e acomete negativamente no andamento de suas metas.

É preciso relaxar e construir períodos de lazer, e, assim, interromper os movimentos excessivos e descontrolados. Enfim, fazer com que a chegada do resultado esperado seja inteira e saboreada com um alívio conquistado pelo desejo e sonho.

Partindo agora para um aprofundamento das posturas de pensamento e crenças, e deixando de lado toda e qualquer conspiração emblemática emocional, existem considerações importantes a se fazer. E o tratamento está em ambientar o que está amparando a sua meta, e assim as potencialidades mentais que sustentam ao sucesso. Ajudando nessa compreensão, é preciso fazer algumas perguntas a respeito do objetivo final, o sucesso:

Qual é a sua meta especificamente?
Você precisa refletir sobre qual o lugar ou patamar específico que pretende alcançar ou adquirir e, assim, entender que realmente está na posição de sucesso quando atingi-lo. A formulação da meta precisa de cuidados, pois é preciso cumprir etapas. E essas etapas, sendo o processo, tornam-se mais importantes pelo aprendizado do que o final do caminho. Prioridade e hierarquia de resolução para cada segmento de superação.

Quanto é a sua meta?
Uma meta sem medida é uma tentativa muito generalista de querer. Porém, mensurar essa escolha torna mais concreto aquilo que está no subjetivo. E o maior cuidado está no quanto você está procrastinando para chegar à meta, pois há muitas situações para afastar você dela.

O que chama atenção na sua meta?
Toda meta tem o seu valor. Mas esse valor é pessoal, único e intransferível. Sendo assim, precisa ser importante pra você, e não porque outra pessoa acredita ou realizou. O significado vem de dentro, e essa positividade construída em seus pensamentos tem benefícios. Se não for algo que movimenta você, ele não vai motivá-lo e a linha da frustração é tênue e longa. Faça por si só.

Como tornar a sua meta palpável?
Pensar na sua atualidade e trazer uma reflexão do seu material individual contribui para um caminhar mais seguro e menos indeciso. No entanto, perceber as condições de recursos, apropriar-se dessas informações e pontuar o trajeto de conquistas transforma-as em oportunidades de mudanças pessoais. Portanto, alcançar uma meta muito audaciosa requer vencer outras pequenas metas. Não há vitórias sem sacrifícios.

Quando você quer chegar na sua meta?
Lutar contra a procrastinação sempre. Colocando um prazo para a sua meta, ao mesmo tempo produz um itinerário para as etapas subsequentes. E a percepção do tempo com um prazo estipulado, e somado com a minimização da distância a percorrer com uma data específica, promove a responsabilidade pessoal de cumprir com as etapas ao sucesso. Dentro do prazo também, é possível ajustar algumas estratégias para a meta. Respeite o tempo, mas cumpra as ações estabelecidas.

Compreender que os trâmites ao sucesso, além das ações e atitudes, as crenças conduzem para o envolvimento dos resultados. E contando que as crenças são influências e determinações sociais e filosóficas enrijecidas no ser, e partilhadas no decorrer da formação intelectual, é potencialmente preciso a transferência da percepção de si. Para isso, confrontando com crenças paralisantes, ainda pode-se aumentar habilidades, provocar a motivação contínua, superar obstáculos mentais, modificar dificuldades na efetividade da meta. E por fim, considerar que o conhecimento sobre o fracasso e a frustração tornasse um afronte às crenças pessoais, não criando uma relação de análise do que possa ser *feedback*.

Concretizando todo o questionamento a respeito do **sucesso**, a partir de concepções compartilhadas sobre os pensamentos e crenças, o estímulo essencial e findável está no crédito que dá a você. Resistir, superar, aprender, elogiar-se e motivar-se. Olhe no espelho, encare-se, pois só você sabe as suas fortalezas e aquilo que precisa melhorar. E diga pra você frases otimistas, não tendo receio de pensar que esteja sendo hipócrita. Dessa maneira, estará reforçando o seu pensamento e criando a crença do "Sou **capaz**!".

5. Cara a cara com o espelho. Desvendando a mente e transformando o corpo

> *A aparência fala muito sobre alguém. Um exame honesto frente ao espelho ajuda a repensar tudo, inclusive emprego, vida a dois, amizades, estilo de vida. O coaching traz ferramentas para motivar, descobrir crenças limitantes, elaborar metas e estratégias. Cuidar com carinho e respeito de si trará mais resultados do que hoje você pode imaginar. Sucesso é uma questão de atitude!*

Aline Veroneze

Aline Veroneze
"Personal and Professional Coach" certificada pela Sociedade Brasileira de Coaching, pesquisa técnicas de Programação Neuroliguística para alteração de comportamentos. Atua em coaching para emagrecimento e coaching profissional, voltado a quem tem como meta traçar novos rumos na carreira ou ingressar em mestrado ou doutorado. Jornalista, bacharelada pela Universidade Federal de Juiz de Fora, Minas Gerais e radialista. Foi trainee da TV Panorama, afiliada da Rede Globo em JF/MG e, por uma década, trabalha com roteiro e reportagem para televisão, documentários e institucionais.
Atuou na produção, reportagem e edição no Canal Futura e sempre desenvolveu atividades voluntárias ligadas a educação.
Atua como escritora e palestrante sobre "Comunicação" e "Coaching de emagrecimento".

Contatos
veronezealine@globo.com
Blog - http://www.averoneze.blogspot.com.br

O conceito de sucesso é muito pessoal, mas quem é realizado no trabalho, na vida familiar, como indivíduo, transparece isso. O contrário também é verdade. Se a pessoa se contenta em não estar minimamente apresentável, pode levar outros a questionarem que nível de exigência pode esperar dela em outras áreas da vida. E não se trata de preconceito, mas sim do que você comunica com a própria imagem.

Em geral, tenho encontrado questões emocionais não resolvidas escondidas sob a capa da negligência com a aparência, que mantém uma autoimagem distorcida do sujeito. Ou o indivíduo considera satisfatório um padrão que evidencia falta de apreço e cuidado pessoal ou não percebe claramente seu comportamento, gerando incapacidade de fazer progresso nos pontos que necessita.

Como diziam os romanos, "à mulher de César não basta ser honesta, é preciso parecer honesta". Ao profissional de sucesso não basta ser bem-sucedido. Você, inclusive, consegue mais sucesso se sua aparência pessoal for condizente com seu status atual ou com aquele que almeja. Não digo aparência por seguir determinado estilo de roupa ou cabelo. Nem em parecer o que não se é. Refiro-me aqui a ter estilo próprio e saudável, a ser alguém que tem cuidado e respeito por si.

Ter uma aparência de sucesso definitivamente não inclui alguém obeso ou com sobrepeso, um profissional que exibe diplomas e conteúdo, mas para quem a escolha de uma roupa, a participação de uma dinâmica de grupo, o correr atrás dos filhos em um parque ou o viajar de avião sejam atos constrangedores. Também não tem a ver com ser anoréxico, esquisito ou se fixar em padrões das capas de revistas. Trata-se de ser saudável, de transparecer o cuidado, que você se enxerga como alguém importante, que se leva a sério.

É por esse motivo que as pessoas me procuram: porque já tentaram de tudo - tudo mesmo! De profissionais sérios a dietas de revista, algumas até com o uso de medicamentos perigosos - para ter uma aparência que seja um sucesso pessoal. Eles até começam os processos (segunda-feira é dia mundial de dieta! Ano novo, vida nova!) mas não conseguem permanecer neles o suficiente para obter os resultados ou desistem logo após atingir a meta estipulada.

Emagrecer exige uma série de atitudes que incluem procurar endocrinologista, nutricionista, fazer exercícios físicos, alterar hábitos... Contudo, se a totalidade das pessoas já sabe essa receita de cor, por que é tão difícil emagrecer e permanecer em boa forma? Dados da Organização Mundial de Saúde mostram que o Brasil tem 136 mil adolescentes com grau elevado de obesidade e 60% dos adultos têm sobrepeso ou obesidade. Uma luta que, para a maioria, dura anos - sem nenhum êxito.

Como você pode ter sucesso em obter a imagem que deseja frente ao espelho? Para empresários(as), essa é uma necessidade. Se é pai ou mãe, tem um desafio ainda maior: como manter seu filho motivado a seguir um plano de reeducação? E como o coaching pode ajudá-lo?

Emagrecer tem um impacto que vai muito além da balança. Seja completamente honesto consigo ao responder as perguntas que coloco neste artigo e já estará dando os primeiros passos rumo a uma nova direção.

Quando alguém chega ao peso ideal e consegue permanecer nele, ganha credibilidade perante o chefe, os colegas de trabalho, os familiares e amigos. É alguém que travou uma luta difícil e saiu vencedor. Tem força de vontade. Contudo, mesmo nestes ambientes, nem todas as relações melhoram positivamente quando você obtém vitórias. Está realmente preparado para lidar de forma sábia com a reação das pessoas e a alteração nos relacionamentos? Consegue identificar e minimizar os aspectos negativos que surgirão para enfrentá-los estrategicamente e obter sucesso no seu projeto pessoal? Ou você se sabota para fazer parte do grupo com conforto?

Se o indivíduo é focado no seu sucesso pessoal e está consciente de todos os benefícios de estar saudável, além de ter boa aparência, o que faz com que continue gordo? Quais são suas reais fraquezas que acabam em sedentarismo e compulsão alimentar? Quais os gatilhos, os hábitos que as tornam tão fortes? Como substituí-los? Quem são e como agem as pessoas que o influenciam? Como alterar esses comportamentos? É importante identificar as dificuldades para encontrar os meios e as ferramentas adequadas para transpô-las com mais facilidade.

Tenho percebido que os maiores inimigos de quem tenta emagrecer é o desconhecimento e a falta de habilidade para lidar com as crenças limitantes. Há muita informação escondida sobre nós mesmos dentro de cada um. Uma frase atribuída ao Dalai Lama diz: "O que é o inimigo? Eu mesmo: minha ignorância, meus apegos e meus ódios". Mudar o reflexo no espelho exige fazer o primeiro diagnóstico: o que você acredita sobre si mesmo? É a criança fofinha e gordinha, protegida ou recriminada, até hoje? Você lida bem com o poder, a autoridade? Sente-se responsável por cada pequena escolha e como ela o leva para perto ou longe dos seus sonhos? Qual o real motivo de sabotar a dieta quando tudo vai bem? Que sentimentos aparecem sob o rótulo de fome? Como lidar com eles? O que representa de fato a comida nos seus relacionamentos?

As respostas para essas perguntas podem fazer muita diferença em como encara o projeto de emagrecimento. Tem quem acredite que sempre foi gordo, que é uma definição genética. Com essa justificativa, abre mão de seu futuro, determinando que essa é uma questão sobre a qual nada pode fazer. Outros simplesmente assumem que não têm força de vontade. Nesse caso, como diz Karim Khoury, no livro "Soltando as Amarras", "enquanto você justificar seu excesso de peso com a falta de força de vontade, estará inconscientemente aceitando isso como fato consumado". Aqui entre nós: aceitar a obesidade ou o sobrepeso não muda o fato de sua saúde e autoestima ficarem comprometidas.

Muitos clientes se surpreendem ao perceber que sabotam o processo porque têm medo de afetar relacionamentos. As irmãs, o marido, os colegas de trabalho, os filhos são gordinhos e começa a surgir um mal estar, disfarçado de piadinhas, comentários ou mesmo através de críticas explícitas. Tenho uma cliente que é jornalista e tem uma vida social muito agitada, mas também foi muito decidida no processo de perda de peso. Quando ela já estava na fase de manutenção dos dez quilos perdidos, percebi que estava tendo dificuldades. Ela disse:

Realmente me incomoda quando eu saio e as pessoas falam coisas do tipo "Ah, não quer provar? Desculpe, esqueci que você não pode!"

Nesse caso específico, a ideia trabalhada foi: Será que você não pode mesmo? Quem manda em quem – você ou a comida, a bebida? Se você tem o poder de escolher o que quer comer, ainda mais com objetivo específico de ter mais qualidade de vida e a imagem de sucesso que deseja, então você não pode consumir aquilo temporariamente ou não quer consumir aquilo até atingir sua meta? Quando a escolha é uma decisão sua e não uma imposição de um profissional, você deixa o papel de vítima e a percepção do outro o afeta com menos intensidade.

O escritor Victor Frankl afirma que "o homem deve estar consciente de que sua missão é viver uma vida plena de sentido e dar respostas transcendentes a cada situação. Pode ser despojado de tudo, menos da liberdade de decidir que atitude tomar diante das circunstâncias. E pode dizer sim à vida, independent de tudo." Consegue perceber-se dono todo poderoso de suas vontades? A sensação de poder faz muito bem para a autoestima. Se cada pequena escolha é uma forma de usar seu poder, ela acaba sendo encarada com mais compromisso e prazer.

Outra cliente tinha na figura de gorda a sensação de proteção. Primeiro com o pai e, depois, com o marido. Até quando ia relatar as escapadas do plano alimentar ela mudava o tom da voz e tornava-se infantilizada, sem perceber, como se aquilo fosse uma brincadeira inofensiva, sem grandes consequências. Quebrar isso seria um desafio que exigiria mudanças de comportamento em diversas áreas. Descobrir que a menininha gordinha do papai cresceu e que essa figura não precisa ser mantida pode ser libertador. Perceber seu poder lhe traz admiração e colabora para deixar para trás comportamentos sabotadores, além de dezenas de quilos extras, emocional e literalmente.

O segredo para alcançar sucesso no projeto de transformar o próprio corpo está em encarar que a balança é apenas uma parte do processo. O que o coaching faz é identificar as dificuldades e traçar com o cliente estratégias de ação que não fiquem remoendo o passado, mas que sejam objetivas, que tornem o processo mais ágil, menos penoso, transformando sua imagem em um projeto a ser trabalhado.

Durante o emagrecimento acompanhado por um coach, os clientes não raro têm feito descobertas maravilhosas. Provam sabores que antes rejeitavam, procuram descobertas saudáveis nos seus restaurantes preferidos e se surpreendem. Descobrem novos lugares para comer ou exercitar-se. Desenvolvem novos hábitos mais divertidos, descobrem *hobbies*, conhecem pessoas, mudam o estilo de vida e encontram conforto nisso também.

Se parar para observar um profissional de sucesso, perceberá que ele não é aquele que faz tudo, mas aquele que faz as melhores escolhas, que realiza o mais importante e do melhor modo possível. Cuidar de si tem que ser algo realmente importante na sua vida. Não apenas em palavras, mas em ações. O foco é fazer cada escolha melhor, em relação à alimentação ou ao exercício ou ao tratamento indicado pelo especialista. Isso foi muito bem definido pelo biólogo chileno Humberto Maturana, doutor em biologia pela Universidade de Harvard e referência na sua área: "A medida em que noções como: propósito, intenção ou objetivos emergem, elas já se tornam parte do que fazemos." Se você começa fazer as escolhas com intenção e não motivado pelas emoções erradas, aos poucos esse comportamento torna você uma pessoa mais consciente e seu corpo vai se transformando também.

Quem já caiu e levantou-se nesse caminho várias vezes e, por fim, alcançou o sucesso, sabe que não é uma questão de falta de caráter, de não conseguir levar as coisas até o final, mas sim de manter a motivação, identificar forças e ameaças e ter um plano para cada situação. Significa que precisa enxergar os reais objetivos das mudanças, precisa alinhar seus valores a seu comportamento. É estar envolvido de corpo e alma no processo. "Quanto mais o indivíduo estiver envolvido em identificar desafios, trabalhá-los, aplicar soluções e avaliar resultados, mais completo e duradouro será seu aprendizado" explica Bernard Redshaw. O autor aplica o conceito na área profissional, mas ele se encaixa perfeitamente em outras áreas como na construção de uma imagem de sucesso. E o coach para emagrecimento tem como objetivo final justamente que o cliente termine o processo com autoconhecimento e ferramentas que o possibilitem lidar com seu peso pelo resto da vida de um modo equilibrado e eficiente.

Muitas pessoas, apesar de terem informação e apoio de profissionais de saúde, não conseguem manter o corpo com o qual se sintam verdadeiramente confortáveis porque falta quem lhes conduza nessas descobertas, mantenha o nível de motivação, faça as perguntas certas, proponha os desafios necessários. Esse é um processo que em todas as clínicas deveria ser multidisciplinar. Para que os médicos e nutricionistas fossem servidos também por treinadores da mente, de um coach.

Desenvolver a cabeça de magro, de saudável, de sucesso, é mais que meio caminho andado rumo à transformação do corpo. O encontro com o espelho precisa se tornar maduro e consciente. Há um caminho a percorrer e a mente, com as respostas honestas e o comprometimento, é o que vai possibilitar que a imagem de sucesso seja construída, refletida e que se torne duradoura. Se você pensa como alguém saudável, faz as escolhas de sucesso, imagina-se no corpo que considera ideal, o resultado é realmente a conquista do seu projeto pessoal. O corpo é apenas um reflexo de alterações bem mais profundas pelas quais o cliente passa.

Desvende-se e descubra bem mais que sua nova silhueta!

Referências

KHOURY, Karim. *Soltando as amarras: emagrecimento e mudança comportamental.* Editora SENAC São Paulo, 2003. 3ª edição.

FRANKL, V. *Man's Search for Meaning.* Simon & Schuster, 1984.

MATURANA, Humberto; Bennell, Pille. *The Biology of Business: Love Expands Intelligence.* Society for Organizational Learning Member's Meeting, 1998. Reflections, vol.1, n. 2

www.sbccoaching.com.br/blog/saude/saiba-como-o-coaching-pode-aju dar-a-emagrecer

6. Construindo o sucesso a partir do olhar interior e do autoconhecimento

> *"Entender, observar e treinar o uso consciente de nossos talentos requer a percepção da melhora constante do que já fazemos bem. O que você desenvolveria com o que sabe fazer de melhor? Quando transmitimos conhecimento consciente a outras pessoas, aumentamos nossa capacidade e inteligência, nos tornando cada vez mais equilibrados, possibilitando uma vida mais próspera e feliz."*

Ana Laura de Queiroz &
Risolene Coutinho de Sousa

Ana Laura de Queiroz

Coach Ontológico com Pós-Graduação em *Coaching* Ontológico pelo Instituto Appana Mind. Líder *Coach* - Instituto Appana Mind. Coach Organizacional de Equipes e Liderança - *Coaching* Certificate Program e ASTD Education Program. Personal & Professional *Coach* – *Life Coach* – Sociedade Brasileira de *Coaching*. Graduada em Pedagogia Plena - União das Faculdades Francanas / Universidade Federal de São Carlos. Habilitação/Especialização. Professora de Didática, Psicologia da Educação e Sociologia da Educação.

Contatos

www.painelcoach.com.br
analaura@painelcoach.com.br
(11) 99253-8905 (vivo)

Risolene Coutinho de Sousa

Master Coach; *Coach* Ontológico, Executivo, Líder, Vida Pessoal e de Carreira; *Master Practitioner* em Programação Neurolinguística (PNL); Analista DISC®; Analista SixSeconds® (Inteligência Emocional) e Analista Assess®; Empresária; Escritora; Palestrante; Professora; Licenciada em Letras; Pós-Graduação/MBA em Gestão de Negócios pela FESP-SP; Especialização em Gestão de Pessoas, Gestão do Conhecimento, Gestão de Projetos, Emotologia, Cinesiologia, Metafísica e Eneagrama.

Contatos

www.formacoach-pnl.com.br
risolene@hotmail.com
(11) 99991-6174 (vivo) | (11) 98611-4705 (tim)

> *Sucesso e prosperidade são atributos espirituais pertencentes a todas as pessoas, mas não são necessariamente usados por todas elas."* (Science of Mind – Ernest Holmes)
> *"Só existe um sucesso – ser capaz de viver à sua própria maneira."* (Christopher Morley)

Desde a nossa concepção buscamos sucesso em nossas ações. A constante busca por fazer, por alcançar e por realizar é natural de nossa existência. Nós queremos sempre mais. Prova disso é quando terminamos algo, logo em seguida buscamos a próxima coisa a ser feita ou alcançada.

A vida é um constante movimento que nos presenteia com oportunidades diversas, a fim de que alcancemos sucesso em todos os propósitos, para estarmos sempre prontos para o próximo passo.

O que é sucesso para você? Já tem claros em sua mente quais os meios pelos quais você atinge sucesso em sua vida, negócios e trabalho de forma natural? Quais são os talentos que você faz uso, e que proporcionam ganhos e benefícios em sua vida?

O sucesso pode ser comparado a um estado de espírito, assim como a felicidade, de acordo com a situação apresentada, e da sua percepção de vida você poderá definir como sucesso ou fracasso a ação ocorrida. Isso tudo está ligado às limitações ou às aberturas que damos quando sofremos situações traumáticas. Pode iniciar-se com nossas crenças, ou seja, aquilo que acreditamos ser verdadeiro ou não, e também, de acordo com as emoções vivenciadas no momento de definir os resultados.

Por exemplo: uma pessoa faz planos para passar em um concurso público, inicia seus estudos, inscreve-se no concurso e presta a prova, recebe o resultado de reprovação apenas por alguns pontos. De acordo com a percepção que essa pessoa tem, com base em seus modelos mentais, sistemas de crenças e questão emocional, ela pode considerar que não teve sucesso, sofrer fracasso e perder a motivação. Já outras pessoas não veem assim, identificam como sucesso até o fato de ter chegado próximo e se motivam ainda mais por perceber que estão no caminho certo.

De acordo com a Programação Neurolinguística, cada um de nós tem um padrão que o nosso cérebro cria para facilitar o processamento de pensamentos e ações, assim, cada um desenvolve uma forma diferente de fazer a mesma coisa, e isso se dá porque o cérebro capta e registra informações do meio ambiente e processa de acordo com os padrões mentais e de comportamentos que temos, quer por questões de crenças, emocionais ou de relacionamentos.

A PNL compreende que a mente estrutura nossas programações a partir de um tripé composto por linguagem, fisiologia e representação interna (modelos mentais e crenças). Os cinco sentidos associados a esse tripé permitem uma expansão de consciência facilitando o uso de nossas habilidades, talentos e competências de forma muito mais assertiva.

Cada indivíduo tem uma programação e é isso que nos difere uns dos outros. Os padrões que caracterizam nossa individualidade podem ser codificados, e cada indivíduo pode compreender qual é o seu padrão. A PNL possibilita através de metaprogramas a compreensão desse processo. Fazendo uma analogia a um computador, a PNL defende que cada ser humano tem um funcionamento mental semelhante, em que captamos uma grande quantidade de informações dados, e organizamos numa configuração que faz sentido para cada pessoa. Metaprogramas seria então o "software" que fornece a estrutura que governa a programação desses padrões humanos.

Para mostrar de forma mais clara, cada ser humano tem um comportamento que tende a mover-se em direção a alguma coisa ou afastar-se dela. As pessoas tendem a viver em busca de prazer ou na fuga da dor, e entender esse princípio facilita e muito a comunicação entre os indivíduos.

Algumas pessoas são movidas pela necessidade, ou seja, aceitam o que a vida proporciona e o que aparece ou está disponível para elas. Fazem as coisas por dever e não exatamente pelo que querem. Estão interessadas em manter-se seguras no que já é conhecido. Outras são movidas por busca de novas possibilidades, novas experiências, escolhas e caminhos diferentes. São motivadas pelo que não é conhecido, pelo que pode evoluir ou desenvolver.

Compreender metaprogramas permite fazer distinções sobre como lidar melhor com as pessoas. Uma das chaves importantes para o sucesso em qualquer coisa é desenvolver essa capacidade de fazer distinções.

Basicamente, o que um metaprograma faz é comunicar ao cérebro o que aceitar ou o que cancelar, ou seja, cancelar ou aceitar ações ou emoções que o aproximem do que quer ou afaste do que não quer. Que fique bem claro, metaprograma é o comportamento que a pessoa adquire de acordo com o que tem determinado para si em relação a sua forma de ver e aceitar a vida.

O *coaching* tem uma forma bem particular de definir sucesso, a visão do *coaching* torna-se ainda mais ampla, por somar as inteligências e permitir uma expansão na compreensão de uma identidade antes não tão clara e definida.

A grande maioria das pessoas não tem total conhecimento de suas capacidades, habilidades, competências, talentos e de como usam suas inteligências emocionais, intelectuais, espirituais e de atitudes. O resultado desse conhecimento é sem dúvida o que mais pode ser considerado sucesso, numa visão completa.

Em um processo de *coaching*, as ferramentas aplicadas são norteadoras, independente de a pessoa ter uma meta, um objetivo ou uma questão a resolver, o trabalho desenvolvido nesse processo permite um grande aprendizado e uma evolução em todas as inteligências.

O processo de *coaching* traz luz a alguns pontos que não enxergamos. É reflexivo, filosófico, ontológico, sistêmico, e cada pessoa pode interpretar e compreender a sua linguagem, suas palavras, e como expressar seus sentimentos, emoções, de maneira a se tornar saudável e mais feliz.

Frente à questão do desenvolvimento de pessoas, devemos ficar atentos as nossas responsabilidades enquanto profissionais, para respeitarmos o que a pessoa apresenta, e o que ela pode realizar no processo do seu desenvolvimento e de suas escolhas.

Todas as pessoas deveriam passar por um processo de *coaching*, para conhecerem a si mesmas e passarem também por um processo de PNL e compreenderem como é que seu cérebro funciona, o que as motiva a agir, qual é o seu metaprograma. São dois pontos enriquecedores para o desenvolvimento humano.

A seguir apresentamos duas histórias reais que compartilhamos para que, a partir delas, a percepção de cada leitor seja despertada, e cada um possa analisar a sua própria história, os talentos que fizeram a diferença no alcance do sucesso, e também a percepção diferenciada de sucesso em duas situações distintas.

Vamos falar de Laura, uma mulher que aos 52 anos de idade estava com sua vida bem estruturada, com seus dois filhos finalizando cursos na universidade, residência própria, empresária, financeiramente resolvida. Vivia uma vida que é o exemplo de sucesso para os padrões normais que a sociedade reconhece.

Certo dia seu marido faleceu, os negócios despencaram, a empresa faliu, ela perdeu a casa, os filhos passaram a cursar a universidade com bolsa 100%, e Laura foi morar na casinha do zelador de um prédio em Santos, com valor de locação simbólico, cedido pelo síndico do mesmo prédio (amigo).

A vida de Laura deu um giro de 360° e recomeçar do zero aos 52 anos não é para fracos. Com a ajuda de amigos, foi trabalhar de atendente em uma Clínica Médica Dermatológica em Santos, cujos médicos são amigos até a data de hoje. Vendeu a casa e todos os bens, pagou algumas e renegociou outras dívidas da empresa.

Hoje aos 62 anos, empresária, bem-sucedida financeiramente, já aposentada, mora em um apartamento bem localizado, tem seu automóvel, uma vida tranquila, embora com muita atividade de trabalho e lazer. Os filhos já formados, casaram, vivem em suas próprias residências, e Laura faz cursos de desenvolvimento pessoal, trabalha a parte espiritual de forma muito equilibrada, viaja e se diverte com amigos. Uma super mulher, super mãe, super profissional e super amiga.

Qual foi o sucesso pessoal da vida de Laura? Ela teve como foco recuperar sua autoestima, alegria de viver e sua vida financeira.

Para isso, teve que vencer cada etapa, superar limitações, acreditar no amanhã, levantar a cabeça e seguir em frente. Não colocar a culpa no outro, mas vestir a camisa da responsabilidade e dar o próximo passo.

O mais importante é saber o que quer. Se você sabe, exatamente o que quer, fica mais fácil encontrar um caminho. No caso de Laura, ela estava muito bem. A vida disse pra ela: – Tá bom assim? E o que você quer de verdade?

Por algumas frações de segundos, de forma, muitas vezes até inconsciente, Laura pensou no que queria de verdade, e foi suficiente para a vida dizer a ela: – Seu pedido será realizado.

Quando não nos sentimos realizados, completos e felizes, a vida proporciona experiências ou situações para nos dar a oportunidade de mudarmos a nossa história e termos a chance de realizarmos nossos verdadeiros desejos. Você já percebeu isso no trajeto de sua vida?

Muito bem, agora vamos falar de Gisele, uma garota de 22 anos de idade, recém-saída da adolescência para a vida adulta, cheia de sonhos, fantasias, ilusões. Cursando o último ano da universidade, estagiando em uma das 500 melhores empresas para se trabalhar em São Paulo, top na sua área, bem requisitada, trazendo importantes resultados para empresa, de repente foi despedida. E agora?

É fácil para um adulto que já passou por essa situação algumas vezes falar que é assim mesmo, que ela está apenas começando. Quem sabe quais são os planos e sonhos de Gisele? Ela em algum momento decidiu que não estava feliz, que não era aquilo que queria de verdade.

De maneira geralmente inconsciente criamos situações em nossa vida que nos levam para lugares que não esperávamos. Quando paramos para analisar, de forma minuciosa, desprendidos das emoções, de justificativas e 100% responsáveis por nossas atitudes, percebemos que tudo o que acontece, acontece exatamente por motivos que nós mesmos criamos a favor ou contra, para exatamente cumprirmos nossos metaprogramas de nos afastarmos do que não queremos sofrer para aquilo que queremos ter prazer.

Gisele sofreu por um momento o desprazer da despedida do trabalho (atividade) e da empresa que gostava, principalmente dos amigos que fez. Depois, assumiu com tamanha maturidade que fez valer estar aqui nestas páginas a sua história. Compreendeu que a vida a presenteou com uma oportunidade de recomeçar, renovar, repaginar. Percebeu o quanto não estava feliz de verdade, e que não era aquilo exatamente que ela queria. Foi capaz de notar que por uma fração de segundo tomou a decisão de fazer algo novo, em busca de realizar o que quer. A vida colaborou com ela dizendo: – Seu pedido é uma ordem!

Ela já recebeu várias propostas de emprego e já está para ser admitida em outra empresa tão boa quanto a anterior. Mas o que fez da história da Gisele um sucesso não foi o finalizar de algo, e sim o despertar (isso é *coaching*), pois quando nos sentimos limitados não temos mais prazer, e sem prazer não há aprendizado. Consequentemente, quando não há aprendizado nos tornamos pessoas desmotivadas, desanimadas, reclamadoras, nos vitimizamos para justificar nossa falta de coragem de mudar e no final das contas, nos tornamos infelizes.

Despertar é um passo para o sucesso, agir é ir de encontro ao sucesso, realizar é um efeito do sucesso, concretizar é efetivar o sucesso, mas no fundo, no mais íntimo de nossos sentimentos, o sucesso só pode ser percebido, sentido, experimentado, quando estamos conscientes de nossa responsabilidade e compromisso 100% conosco, com nossas crenças e quando estamos a partir daí, dispostos a dar o próximo passo.

Saber dar o próximo passo, algumas vezes não é fácil. Existem momentos em que parece estar tudo tão escuro que não enxergamos a resposta. Você já pensou no que faz muito bem? Aquilo que faz como mais ninguém? Qual é a sua habilidade?

O que desperta o desejo de fazer algo, que o deixa sem noção de tempo e você esquece até de se alimentar? De posse dessas respostas, ficam claros alguns dos talentos que você usa naturalmente bem.

Busque identificar se você tem o comportamento voltado para a busca de prazer, ou seja, se você é uma pessoa que gosta de buscar novas experiências, mudanças, correr riscos, aventurar-se, e não se conforma com rotina. Ou se você é a pessoa que tem o comportamento de fugir da dor, ou seja, é uma pessoa que age em busca de suprir necessidades, que prefere agir de acordo a manter a segurança, nada que o tire do seu meio já conhecido.

Não existe o bom ou o ruim, são comportamentos que nos ajudam a nos manter vivos, em sociedade, ocupando cargos, funções nas quais nosso perfil se encaixa perfeitamente. Identificar como funcionamos é o passo mais importante para a conquista do sucesso em qualquer área que quisermos ser excelentes.

Uma excelente busca interior para você. Que você encontre as respostas necessárias para ter sucesso em todos os meios da sua vida!

7. Seja protagonista da sua vida

> *Seja protagonista da sua vida lembra ao leitor a importância de assumir as rédeas de sua vida e de viver de forma consciente, ao invés de deixar circunstâncias externas e pensamentos dos quais nem se dá conta modelarem sua vida. O texto ensina como questionar pensamentos e crenças que não nos servem mais e reitera a importância de reconhecer seu próprio valor e de se aceitar, pois essa é a matéria-prima para realizarmos as mudanças mais relevantes e decisivas em nossas vidas.*

Anelise Rebello de Sá

Anelise Rebello de Sá

É *life coach*, certificada pela Martha Beck Coach Training nos Estados Unidos. Martha Beck é autora best-seller internacional, colunista da Revista da Oprah (O! Magazine) e uma das *life coaches* mais famosas nos Estados Unidos. Anelise é membro do IFC e membro-fundador do capítulo do Rio de Janeiro do IFC. Atualmente cursa a Quantum Success Coaching Academy e tem dois anos de experiência como *coach*. Anelise é formada em Direito e é gerente no Grupo Globo, onde, entre muitos outros projetos, é uma das responsáveis pela criação do programa de ética e conduta das empresas do Grupo Globo.

Contato
aneliserebellodesa@gmail.com

A inspiração para o título deste texto veio da comédia romântica "O Amor Não Tira Férias" com Cameron Diaz, Jude Law e Kate Winslet. No filme, a personagem de Kate Winslet é uma mulher insegura, há tempos apaixonada por um cara comprometido. Ela decide então viajar de férias para Los Angeles e lá fica amiga de um velho diretor de Hollywood, que lhe diz: *"você obviamente nasceu para atuar no papel de protagonista, mas, por algum motivo, insiste no papel coadjuvante, da melhor amiga"*.

Na verdade, todos nós nascemos para ser protagonistas de nossas vidas (afinal, quem mais poderia exercer este papel?). Entretanto, a maioria de nós prefere ser coadjuvante em nossa própria vida, atribuindo o rumo das coisas às circunstâncias externas, à criação familiar, à influência da escola, dos(as) namorados(as), à crise econômica etc.

Mas a escolha é sempre nossa. Podemos inclusive escolher abrir mão do nosso poder. E culpar alguém. Ou viver reclamando do que nos cerca, sem fazer nada de eficaz a respeito. De toda forma, é sempre uma escolha, ainda que muitas vezes inconsciente. O líder espiritual Paramahansa Yogananda nos ensina que: "Se você decidir ser feliz, nada o fará infeliz. Se você decidir ser infeliz nada o fará feliz."

E são as nossas escolhas diárias que definem nosso destino. Nas palavras de Einstein: *"A decisão mais importante de nossas vidas é entre acreditar que vivemos em um mundo amigável ou em um mundo hostil"*.

Compartilho agora com você ideias que apoiaram a minha decisão de acreditar em um mundo amigável e de assumir o protagonismo em minha vida.

Assumir a responsabilidade

O passo fundamental para alcançarmos o sucesso pessoal é assumirmos plena responsabilidade por nossas vidas, aí incluídos acertos e erros. Para isso, temos que abrir mão de culpar os outros e de ficar reclamando do que acontece. Culpar e reclamar são a receita certa para permanecermos exatamente onde estamos.

E por que assumir a responsabilidade por nossas vidas é tão crucial? Porque é condição necessária para mudarmos o que queremos mudar em nossas vidas. Somente quando nos percebemos como "donos" de nossas vidas, damo-nos conta de que a forma como reagimos aos eventos que acontecem conosco, e não aos eventos em si, é que determina o nosso sucesso. Se assim não fosse, não haveria histórias de pessoas que sofrem acidentes horríveis e saem dessas experiências fortalecidas e engrandecidas, e, por outro lado, pessoas que nasceram em berço de ouro ou que têm sucesso profissional instantâneo e que acabaram mortas por overdose ou suicídio.

Defendo que não apenas somos responsáveis pelo rumo de nossas vidas em razão da forma como reagimos aos eventos externos, mas também porque somos nós mesmos que atraímos e escolhemos (muitas vezes de forma subconsciente) esses mesmos eventos. A Lei da Atração explica que nossa realidade externa é um espelho de nossa realidade interna ("o que está fora está dentro"). Por isso, se tivermos pensamentos ou crenças negativas, como a culpa, o ressentimento ou a vergonha, vamos atrair circunstâncias que vão trazer mais do mesmo, por exemplo, situações que geram culpa ou vergonha, como evidência para confirmar as nossas crenças. Por outro lado, pensamentos e sentimentos agradáveis atrairão situações favoráveis, que serão um "match" para aqueles pensamentos e sentimentos.

Muitos rejeitam essa ideia ("o quê?! Claro que eu não criei essa doença para mim!" ou "Imagina se eu ia querer falir minha empresa"). Em geral, quanto mais difíceis as circunstâncias de vida de uma pessoa, mais reluta em aceitar que contribuiu para a situação. Embora encarar a responsabilidade de frente possa parecer difícil no primeiro momento, os benefícios serão permanentes. Se aceitarmos que temos poder para criar as circunstâncias em nossas vidas, podemos usar esse poder com consciência, para criar o que queremos (e não mais o que não queremos) em nossas vidas. E a chave para isso está dentro de nós, em nossos pensamentos.

Prestar atenção aos pensamentos

As pessoas costumam prestar atenção às roupas que vestem, aos alimentos que comem, mas não prestam atenção aos pensamentos que têm. É como se nossa mente fosse um canal de notícias 24/7, que se programa sozinho e adora reprisar as notícias mais assustadoras. São pensamentos do tipo "será que o dinheiro vai dar para pagar as contas este mês?", "e se a babá estiver tratando mal meu filho?", "e se aparecer alguma coisa errada em meu exame médico?" "como eu pude ser tão estúpido de confiar naquela pessoa/cometer aquele erro/deixar passar aquela chance?" etc. Não é de se estranhar que, com pensamentos dessa qualidade, ou seja, baseados no medo e não no amor, os resultados que experimentamos em nossas vidas também deixem a desejar.

No momento em que tomamos as rédeas de nossas vidas, passamos a tomar conta de nossos pensamentos e a escolher pensamentos, crenças e ideias que possam fortalecer a visão da vida que queremos para nós. Passamos a pensar conscientemente no que queremos, e não no que não queremos. E quanto mais emoções positivas associarmos a um pensamento desejado, mais rápido ele se tornará realidade.

A melhor técnica de visualização que conheço é você se sentir <u>agora</u> da mesma forma como se sentirá quando já tiver conquistado o objeto do desejo. Experimente hoje os sentimentos de alegria ou tranquilidade, por exemplo, de ter a casa dos seus sonhos, imaginando-se feliz dentro dela, tocando seus móveis, ouvindo a música que está tocando lá e sentindo o cheiro do bolo que está no forno. Não se esqueça de agradecer antecipadamente - ao universo, a Deus, a quem você quiser – pelo presente recebido. Se a coisa já existe em sua imaginação, em breve estará no seu mundo material.

| Amar a si mesmo(a)

Praticamente todos os nossos problemas, seja com pessoas, seja com circunstâncias, têm como origem a falta de amor próprio, manifestada em crenças negativas sobre si mesmo. Isso porque, como nos ensina Ralph W. Emerson, *"I have lost confidence in myself, I have the universe against me."*

Para uma pesquisa científica, pesquisadores entrevistaram jovens de talento e sucesso. A característica comum encontrada nos entrevistados é que eles receberam apoio e confiança (i.e. amor) <u>antes</u> de mostrarem seus talentos especiais. Penso que podemos aplicar o mesmo princípio em nossas vidas: primeiro devemos mostrar amor por nós mesmos, para depois então conseguirmos sucesso em nossas vidas. Se fizermos o contrário ("Quando eu perder 10 quilos, aí sim vou gostar de mim" ou "quando eu tiver um namorado, vou me sentir bonita"), as coisas ficam muito mais difíceis. Se odiarmos nosso corpo atual fica mais difícil emagrecer. Se nos acharmos feias, velhas, desinteressantes, fica complicadíssimo encontrar um parceiro que valha a pena. E assim por diante.

Tratarmo-nos com carinho, respeito e amor é, portanto, essencial para uma vida de sucesso. E como conseguir isso? Há várias formas. Uma delas é repetir diariamente afirmações na frente do espelho, de preferência ao acordar. Tente: "Eu me amo e me aceito completamente, do jeito que sou hoje". Se essa afirmação soar como mentira para você, comece com "eu me aceito cada dia mais" ou "eu decido cuidar de mim" ou ainda outra afirmação que lhe pareça positiva e confortável.

Outra técnica essencial é identificar e questionar as crenças negativas sobre si mesmo. Quando nos livramos das crenças limitantes a nosso respeito, deixamos brilhar nosso ouro interior, aquela parte perfeita dentro de nós, que fica quase o tempo todo encoberta. Então, quando aquele pensamento do tipo "eu não faço nada certo" ou "eu não sou bom o suficiente" vier à mente, não o assuma como verdade. Também não adianta brigar com o pensamento. A saída é questioná-lo. Como? Perguntando "Isso é verdade?". Se a resposta for afirmativa, insistir: "Você tem absoluta certeza de que é verdade?" e, por último, encontrar provas do contrário daquela afirmação. Se a crença é "não faço nada certo", enumere situações em que você fez "tudo certo". Pode ser que você tenha grandes amigos e faça "tudo certo" com eles, pode ser que você tenha sido um ótimo aluno de história ou de educação física na escola, pode ser que você saiba fazer um *cupcake* maravilhoso ou ainda que dance muito bem nas festas. Tudo vale como prova e quanto mais evidências melhor, mas no mínimo três. É que nossa mente gosta de provas e de situações concretas que provem que o novo pensamento pode ser tão ou mais verdadeiro que o outro, o pensamento original perde a força em nossas mentes, até nos deixar em paz (oba!). Essa técnica é baseada no método "The Work" da Byron Katie (www.thework.com).

Defina o que é sucesso para você. Escolha seu caminho

Existe uma definição "padrão" de sucesso que muitas pessoas tomam como sua sem parar para pensar. São variações em torno de: um emprego que pague bem e seja seguro, um "bom" casamento e filhos, casa própria, dois carros na garagem, férias no exterior uma vez por ano. A questão é: claro que essas coisas podem ser boas e importantes para você, mas se passar a sua vida toda lutando tão-somente por esse sucesso-padrão, há grandes chances de, se e quando conquistá-lo, você se sentir vazio e não realizado.

Se o sucesso-padrão não é a resposta, qual seria ela? Bom, há uma parte dentro de você - que não é muito bem articulada, nem está preocupada em agradar às pessoas a sua volta - que sabe o caminho para o seu melhor destino, aquele que vai realmente fazê-lo(a) feliz. Martha Beck, minha mentora no *coach*, chama essa parte em nós de *"Essencial Self"*. Outros chamam de "Eu Maior" ou *"True Self"*. Uma forma de acessar essa nossa sabedoria interior é a meditação diária, que acalma a torrente de pensamentos barulhentos que nos impede de ouvir nosso coração. Outra é usar nossa bússola interna, que aponta sempre para nosso melhor destino. Funciona assim: sente-se de olhos fechados, pense naquilo que pretende fazer e observe como seu corpo reage. Sensações de estômago embrulhado, coração apertado, nó na garganta ou quaisquer outras sensações desagradáveis significa: pule fora, por mais tentadora que a proposta pareça para sua mente racional. Já se a sensação no corpo for boa (cada um sente de uma forma, eu sinto uma leve e agradável vibração, algumas pessoas sentem a boca sorrir, outras uma onda morna e tranquila), vá em frente, mesmo que racionalmente não pareça a coisa mais indicada a fazer.

Martha Beck faz uma analogia da busca do nosso melhor destino com a procura dos grandes animais (os Big 5) nos safáris africanos. Os "safari trackers" veem uma pegada e a partir dali procuram a próxima. Se a próxima pista for "fria", voltam para a pegada anterior e dali continuam a procura até encontrar o animal. No nosso caso, o universo é tão perfeito que pavimentou o caminho do seu melhor destino com alegria. É assim que funciona: dê um passo na direção que lhe parece certa. Se esse passo lhe trouxer alegria, continue nele e dê outro a partir daí. Se o passo lhe trouxe estresse e ansiedade, soou o alarme – pi, pi!, dê meia volta, agradecendo pelo que aprendeu com o passo errado e continue tentando até acertar o passo, usando como medida de acerto a alegria que sente.

| Conclusão

O sucesso está justamente em cada passo que damos. Certamente naqueles passos que estão alinhados com nossa sabedoria mais profunda e nos dão a certeza de estarmos no (nosso) caminho certo. Mas também nos passos "errados", aqueles que nos possibilitam aprendizados vitais, como a humildade e a persistência. Ser protagonista da sua própria vida não lhe dará o luxo de não errar, mas permitirá, ao errar, admitir o erro, aprender a lição que vem com ele, se levantar e continuar seguindo a sua sabedoria interior, que sempre o levará para o caminho do seu sucesso.

8. Vencendo a vida sem crenças limitantes - O poder do pensamento positivo

"Onde quer que você esteja, esteja lá por inteiro."

Carolina Tinano Magalhães Pinto

Carolina Tinano Magalhães Pinto
Fundadora Despertar. Consultora em Bem-Estar e Terapeuta Holística. Graduada em Professional and Self Coaching, LTC, Behavioral Analyst Coaching – Instituto Brasileiro de Coaching / ECA / GCC / IAC / BCI. Practitioner em PNL e Theta Healing. Reikiana. Bacharel em Fonoaudiologia – PUC Minas (CRFa 8206). Vasta experiência em palestras, consultorias e treinamentos em comunicação eficaz, educação e saúde vocal, Leader Coach, Equipes de Alta Performance, Vendas e Atendimento ao Cliente com base em coaching, LIfe Coaching, Despertar do Amor. Parcerias com Escolas de Canto e Teatro de BH.

Contatos
www.meudespertar.com
carolina@meudespertar.com
(31) 9334-0395

Desde crianças, fomos condicionados ao medo de arriscar, da independência, do abandono e da pobreza.

Mamãe e papai sempre diziam: – Não faz isso menina, senão o bicho papão te pega! – Se andar sozinha na rua o homem do saco vai te pegar! (não entendo até hoje o que o homem do saco, um velho tão franzino, poderia fazer).

O instinto protetor dos pais nos tornou pessoas com diversas crenças e culpas. Afinal, quem nunca ouviu esta frase:

Se você não comer, mamãe ficará muito triste!

Consideramos tais limitações como primárias, uma das categorias das crenças. Entretanto, não creditaremos nossas crenças limitantes aos pais. Temos níveis mais profundos, como o genético (pais, avós, bisavós, etc.), o histórico (algumas crenças mais profundas de algo que já vivemos em outros tempos) e as crenças de alma (nos acompanham por muito tempo).

Cientes de tantas crenças e medos que nos impedem de trilhar os caminhos para o futuro, o que faremos?

Ficaremos parados, limitados por medo, ainda que desejosos de usar nossa máxima capacidade?

Aceitar o condicionamento de limitação, pensamentos negativos, incapacidade e estado de neutralidade, não nos fará evoluir e nem ajudará a cumprir o propósito (missão) de vida.

Por falar nisso, qual é o seu propósito? Por que você está neste mundo, vivendo nesta época? Pare um pouquinho e pense em tais perguntas.

Você não tem uma resposta?

Pense agora nos seus talentos e dons. Ficou mais fácil, certo? Por que as pessoas o procuram? Quais foram os elogios mais frequentes que recebeu?

Isso mesmo! Aquela atividade que faz seu coração quase explodir é a sua missão; o seu propósito!

Se você já sabe, maravilha, temos de remover as crenças limitantes! Se não descobriu ainda, não se desespere. Você está no caminho certo. Se não estiver, vamos endireitar as coisas!

Alinhar o pensamento, equilibrando a lógica e a intuição (razão e emoção), é um passo importante para seguir, unindo propósito pessoal e profissional a favor de um bem comum: a sua missão... O objetivo mais importante de sua existência.

1º passo - Alinhando seu eixo mental e energético: tirando os bloqueios das crenças e medos.
Como fazer?
Antes de tudo, temos de identificar nossos medos mais profundos, as crenças mais enraizadas e para isso, reserve um tempo para pensar em tudo que você quis até hoje e não conseguiu ou teve muita dificuldade em conquistar. Escreva tudo em um papel e vamos desvendar o motivo. É como se fosse uma caça ao tesouro. Os obstáculos são como tampões da mente, para que você não enxergue o tesouro e tenha a oportunidade de tirá-los.

Então vá tirando estes tampões. Exemplo:
Eu sempre perco o emprego. Crença: não sou bom(a) o bastante.
Nunca me tratam com consideração. Crença: Eu não mereço ser amado(a).
Descobrindo o motivo, iremos cancelar ou substituir. Para isso, usaremos o poder do pensamento positivo. Sabemos que tudo no Universo se rege pela energia do pensamento, uma das mais poderosas que existem. Quando lhe vier um pensamento negativo, como:

A minha realidade não é tão fácil assim.
Não mereço tudo isso que eu quero.
Não sou capaz de ir atrás dos meus sonhos mais ousados. Diga imediatamente a palavra cancela. Todas estas energias inferiores se dissiparão, enunciando a abertura para o positivo, para uma energia mais leve e elevada.

Essas crenças, o conhecimento em demasia, o medo e as influências não nos deixam enxergar nossa essência e é nela que estão as curas e libertações.

Somos um diamante lindo, forte e brilhante, encoberto pela poeira do egoísmo, do medo e da insegurança. Vamos retirar esta poeira! Força!

2º passo - Liberte sua mente! Ouça sua intuição!
Agora que está se livrando de tudo que o impede de contemplar a verdadeira essência, você está ficando mais forte, por isso, libere! Liberte sua mente! Não se conecte com quem lhe diz que você não pode ou não consegue. Afaste-se de pessoas tristes e deprimidas, que reclamam da vida, das pessoas e, do mundo.

Agarre-se a pessoas que querem e fazem o bem, que sorriem sempre, se alegram pelas coisas simples da vida e aproveitam cada segundo com a intensidade de uma criança. Mais que se agarrar, seja esta pessoa, faça o que lhe faz bem, o que aquela voz lá no fundo de sua alma está exigindo. É a sua intuição... Dance, pule, sorria!

3º passo - Seja grato(a)!

As pessoas reclamam demais, falam de coisas ruins e se vestem com a máscara do mal humor.

Um dia, andando pelas ruas de minha cidade, fiquei observando algumas pessoas que conversavam num ponto de ônibus, de mal com a vida. Elas reclamavam do emprego, criticando alguém conhecido, queixando-se do cansaço de ser mãe, do mundo estar tão cruel e dos políticos, que não fazem nada pela cidade e pela população.

As pessoas reclamam dos relacionamentos amorosos: quem tem parceiro(a) reclama dele(a). Quem não tem, reclama da solidão. Não vi nenhum sorriso, nenhuma celebração à vida, nenhuma gratidão pelo emprego, tampouco pela dádiva de cuidar de alguém e ter a oportunidade, através dos filhos, de colocar um ser humano melhor no mundo.

Então, pensei sobre isso: quantos ouviram falar sobre correntes do bem? Será que esta corrente se fixa na vida das pessoas por muito tempo ou só por aquele momento? Como fazer para fixar esta positiva corrente energética por toda a vida?

Li certa frase um dia, do Mestre Buda: "A lei da mente é implacável. O que você pensa, você cria; o que você sente, você atrai; o que você acredita, torna-se realidade."

Já a afirmação "diga-me com quem andas, que direi quem tu és", insiste em perpetuar uma a crença na sociedade. É importante que ela seja eliminada com este pensamento: "Não são teus amigos e inimigos que te levam a praticar o mal. É tua própria mente".

Assim, me lembrei das pessoas que vi na rua, no ponto de ônibus. Quantos desejos, sentimentos ruins atraídos e quanto mal estar elas criaram e proferiram em uma conversa! Por isso, o ciclo da reclamação é tão forte entre nós. Tudo que elas recebem da vida é mal visto e assim a vida se traça; com insegurança, crenças, medos e negatividade.

Os pensamentos partem de nós, a corrente parte de nós, a criação de tudo em nossa existência é fruto dos sentimentos, ações e palavras.

Por que não agradecemos, ao invés de reclamar?

Agradeça por estar vivo(a), pela oportunidade de conseguir ler e interpretar essas palavras, por respirar, por acreditar em algo maior.

Agradeça e acredite no amor. Promova e seja amor. E o mais importante: livre-se de pessoas "reclamonas". Quer um conselho? Corte o laço entre vocês com um sorriso ou apenas dizendo como é bom viver e começar tudo de novo todos os dias. Quebre o padrão!

É assim que essas tão famosas correntes se fixam na alma e se tornam hábitos, irradiando positividade ao planeta e ao Universo.

4º passo - Desgrude-se do passado.

Honre e respeite seu passado, muito importante na vida de uma pessoa, pois é através dele que formamos a pessoa que somos. No entanto, estamos aqui e agora para dar um jeitinho neste passado, para "ressignificar" o que não foi tão bom, curar as dores e o que nos atrapalha caminhar para a evolução.

Conhecer o passado é essencial, mas ficar preso é o que nos deixa estagnados, com medo, dores e carmas.

O fato é que nós vivemos conforme aquilo que acreditamos, então cabe mencionar as crenças históricas e genéticas.

Crenças se enraízam em nós e talvez nem tenhamos consciência disso. O que fazer? Se conheça. Mergulhe profundamente dentro de si todos os dias. Não tenha medo de descobrir a sua luz e a sua sombra. Isso o livrará de muitos pesos que vem carregando há muito tempo.

Muitas pessoas reclamam de doenças e saem do seu natural estado de contentamento, bombardeadas pelo mundo, pelas circunstâncias e medos do mundo.

Desprenda-se de conceitos antigos e se respeite cada vez mais. Não se ligue em quem você já foi. Seja a pessoa que é agora e aquela que você almeja se tornar. Faça somente o que o deixa feliz e empolga. Pense em quem você se tornou vivenciando isso...

5º passo – Planeje!

Planeje! Trace metas possíveis e se projete para o futuro, com a certeza de que sua projeção será manifestada e agradeça.

Não se prenda a pensamentos doentes de culpa, raiva e recôndita decepção. Tais perspectivas são péssimas conselheiras e companheiras.

Faça seu planejamento de curto, médio e longo prazo com muito cuidado e carinho. Desenvolva crenças positivas e motivadoras. Acompanhe seu planejamento e não perca o foco!

6º passo – Acredite em você!

Muitas vezes, vivemos a vida que não queremos para nos adequar aos padrões estabelecidos. São crenças limitantes que trazem falsa segurança e alimentam um amor condicionado à energia do medo e controle.

Ficamos cumprindo o papel que outros escreveram para nossa vida e isso nos gera conforto.

Nós somos seres de infinitas capacidades e enorme habilidade de manifestar sonhos. Para isso, cancele em sua vida todo padrão de pensamento negativo e todas as amarras com o passado. Perdoe as pessoas que por algum motivo lhe fizeram mal, que de alguma forma o ofenderam. Perdoe especialmente quem o provocou até que perdesse a paciência e absolva todas as pessoas que lhe rejeitaram amor e carinho. Peça perdão para todos que, consciente ou inconscientemente você ofendeu ou prejudicou. Finalmente, perdoe-se pelas queixas, ressentimentos e falta de fé.

O perdão cura e desfazem laços que aprisionam, cegam e impossibilitam a projeção para o futuro. Perdoe suas fraquezas e seja verdadeiro(a) consigo, com sua essência e convicções.

Quantas vezes esquecemos de pensar em nós, de tão voltados que estamos para o mundo exterior e para a opinião das pessoas?

Olhando profundamente para dentro de si à procura dos pensamentos, você verá como faz sentido falar e viver a verdade, assim como ser quem você é e acreditar no que lhe faz sentido.

Acreditar em si é o passo fundamental para conquistar o sucesso pessoal e a plenitude. Afinal, o que é essa tal plenitude? Você se orgulha dos seus atos? Já atingiu a plenitude ou já se sentiu pleno(a) alguma vez na vida?

Cada pessoa tem um conceito de plenitude, assim como a felicidade. Descubra este conceito na sua vida, que normalmente está ligado à sua missão. Lembra que a gente já falou sobre isso?

Acredite nos seus talentos e na sua força interior. Ninguém é melhor ou maior e nenhuma pessoa tem o direito de dizer quem você é ou deveria ser.

Ame muito, acredite em você e na sua essência, para que conquiste a felicidade e a plenitude que tanto almeja.

É um exercício diário e muito compensador.

7º passo – Seja responsável pela sua vida, seja feliz!
"Seja a mudança que você quer ver no mundo" - Ghandi

Você é capaz de mudar, mas não de mudar alguém. Porém, assim que alguém muda a conduta e a maneira de enfrentar os muitos desafios da vida, automaticamente muda tudo a sua volta, inclusive a relação com as outras pessoas.

O que você cria sobre si emana para o mundo. Se pensar que não merece, você está certo(a) e inversamente é idêntico.

Você cria a imagem que os outros veem, emanando o que tem em mente.

Muitas pessoas, desejosas de resolver os relacionamentos, sentem-se vítimas do destino infeliz, dos pais, da pessoa amada, dos filhos e das dificuldades financeiras; mas dificilmente encaram sua participação neste mundo que as cerca.

Temos responsabilidade sobre tudo a nossa volta. Mesmo sem consciência dos fatos, estamos constantemente fazendo novas escolhas. Até mesmo não agir é uma escolha, pois outra pessoa fará a escolha em seu lugar. Para mudar radicalmente algum ponto que não vai bem, é preciso ter a coragem de abrir mão, se julgar necessário, deixando fluir.

Sejam profundos e verdadeiros com vocês, com os seus anseios, ímpetos e sentimentos. Não se obriguem a nada. Vocês não devem se culpar, julgar, maltratar e muito menos se esconder dentro de sua essência.

Existem muitas situações limitantes na vida de um ser humano: final de relacionamento, o começo de um novo trabalho, a perda de alguém... Mas, o pior de todos os abismos acontece quando a pessoa se ausenta de si, quando deixa de acreditar nas suas capacidades e quando coloca a sua felicidade na mão do outro.

Cuidem de ser verdadeiros nas suas intenções, de permitir que o mundo de cada um seja melhor, para que a sua estrela brilhe.

Você é aquilo que pode se tornar! Você é o seu amanhã! Seja feliz! Não para outro, mas para você.

9. Propósito de vida – Coaching Um caminho eficaz

> *Nesse artigo, iremos conversar sobre nossa missão de vida, nossos sonhos, os entraves para realizá-los e como podemos vencer nossas próprias limitações e atingir um estado de felicidade e realização. A felicidade está na realização, diária, dos nossos sonhos. O prazer da conquista está na caminhada!*

Cássia Breia

Cássia Breia

Psicóloga graduada pela UERJ, Pós-Graduada em Desenvolvimento de Consultores Empresariais, com ênfase em Recursos Humanos pela UNESA e Mestre em Educação Profissional pela UNESA. Coach Practitioner, Master Practitioner e Hipnoterapeuta pelo INEXH. Trainer em PNL pelo INAP. Personal e Professional Coaching pela Sociedade Brasileira de Coaching. Pós-Graduanda em Análise Transacional pelo Instituto Pharos. Consultora organizacional com 24 anos de experiência na área de Gestão de Pessoas, Desenvolvimento Humano e Organizacional. Professora Universitária há 13 anos atuando nos cursos de Graduação de Administração, Pedagogia, Marketing e Recursos Humanos e na Pós-Graduação em Gestão de Recursos Humanos e Gestão Empresarial.

Contatos

www.sbcoaching.com.br/ocoach/cassiabreia
cassiabreia@gmail.com
https://www.facebook.com/cassiacristina.breia
http://www.linkedin.com/profile/edit?trk=nav_responsive_sub_nav_edit_profile
(21) 99159-7338

Gostaria de começar a nossa conversa com algumas reflexões sobre a sua razão de existir e o que o faz feliz: Você já se perguntou o que veio fazer neste mundo? Por que e para que você vive?

Em geral, passamos a vida toda buscando a **felicidade**, tão cogitada por todos. E o que é felicidade para você? O que você precisa para ser feliz? O que faz feliz? Quais são os valores que permeiam sua vida em relação à carreira, família, saúde e espiritualidade? Você já havia refletido sobre estas questões?

Nossa discussão começa a partir de um processo de autoconhecimento. Existe algo que lhe impeça de ser feliz? O que lhe falta para ser plenamente feliz? Onde está o problema? Na sua família, no trabalho, nos amigos, nos seus pensamentos, comportamentos e sonhos não realizados?

Vou ajudar na identificação de recursos para responder a estas questões. Primeiramente, o encontro com a **felicidade** é experiência individual e, portanto, destinada a cada ser. Tenha em mente que seja qual for o seu projeto de felicidade, deve apresentar elementos mínimos de congruência. Determinado o objetivo, se alcançado, estará compatível com as suas crenças e valores pessoais? Há congruência com as estratégias adotadas para alcançá-lo e os recursos disponíveis? Os reflexos dessa conquista repercutem nas vidas de outras pessoas, sem ferir os compromissos estabelecidos em sua missão de vida? Você tem uma missão de vida definida? Para levantarmos as evidências de que tudo está "ok", é necessário aprofundar-se no autoconhecimento.

Com a evolução das ciências psicológicas e maior busca pelas ciências orientais, amplia-se a visão holística do ser humano, a partir do que mergulhamos cada vez mais nessa viagem interior, descobrindo nossas próprias respostas e encontrando novos caminhos. Entretanto, a pessoa precisa ter coragem de olhar para dentro de si, enfrentar fantasmas e crenças limitantes, construídos ao longo da vida. São pensamentos, sentimentos e comportamentos resultantes de nossa criação e experiências na vida, os quais vão se consolidando em crenças, que refletem em nossa autoestima, no conceito de merecimento, na relação com outras pessoas e em todas as expressões de relação social.

A partir dos estudos da neurociência, da psicologia positiva e da física quântica, já sabemos que pensamentos levam a sentimentos, que geram comportamentos. Tudo no universo é energia, incluindo o nosso pensamento. Tudo que emanamos para o universo retorna de forma positiva ou negativa, influenciando nossas ações e refletindo na saúde. Antes de tudo, se buscamos uma vida equilibrada e feliz, devemos compreender que somos um sistema composto de corpo, mente e espírito, cujas partes requerem harmonia. É preciso cuidar destas três áreas para assegurar o equilíbrio físico e emocional, assim como o bem-estar e a alegria de viver.

Um dos principais recursos para o alcance da felicidade e bem-estar é o domínio dos pensamentos que modelam nossos sentimentos, acarretando a produção e dispersão de diversos elementos químicos e neurotransmissores, na corrente sanguínea, tais como a serotonina e a adrenalina, que afetam a comunicação dos neurônios. Quando temos pensamentos negativos e alimentamos sentimentos de raiva, frustração, desânimo ou ansiedade; bloqueamos a energia criativa. Em contrapartida, quando estamos felizes, temos pensamentos alegres e harmoniosos, criamos uma atmosfera de bem-estar e equilíbrio emocional, favorecendo a saúde física, mental e a consequente disposição energética para realização de nossos sonhos.

O que nos conduz à **felicidade** é a realização congruente dos nossos **sonhos**. O ser humano deve sonhar para ter energia e prazer de viver, mas precisa transformá-los em realidade.

É bastante comum encontrar pessoas que passaram uma vida inteira frustradas, por não concretizarem seus projetos. Já parou para pensar quantas coisas você deseja realizar e ainda não fez? Muitas pessoas têm dificuldades em solucionar essas questões sozinhas. É neste momento que se faz necessário o apoio de profissionais especializados, com o propósito de auxílio na concretização desses objetivos. *Coaches* são profissionais indicados para apoiar o alcance dos seus objetivos, pois têm conhecimentos e ferramentas para que você se supere e amplie a capacidade de realização.

| O papel dos coaches

Os *coaches* são profissionais que se comprometem a ajudar você na concretização dos sonhos, proporcionando foco nos resultados e no processo de evolução, inclusive emocional. Auxiliam os clientes a transformar suas intenções em ações e, consequentemente, em resultados, passando, com celeridade, do estado atual ao estado desejado.

"Coaching é a arte de ajudar as pessoas a fazer aquilo que querem para que possam alcançar o que almejam e tornar-se aquilo que desejam ser." (Andrea Lages & Joseph O`Connor, 2004).

Estes profissionais são catalisadores do potencial dos clientes e, para isso, o processo de *coaching* está focado em alguns alicerces:

- O estabelecimento de *"rapport"* entre *coach* e cliente é o primeiro pilar de uma relação bem-sucedida;
- Os clientes não têm consciência do seu potencial e de que são capazes de responder às suas próprias questões, bastando apenas refletir e lançar mão de algumas técnicas;
- Os clientes, em geral, não sabem aproveitar os recursos que possuem ou os utilizam de forma inadequada;
- Por meio de perguntas que levem à reflexão, *coaches* contribuem para o crescimento dos clientes, muito mais do que se ensinasse como proceder;
- Estes especialistas contribuem para que os clientes tomem conhecimento de suas crenças limitantes e, através de técnicas e muito *feedback*, favoreçam a superação, fortalecendo suas crenças possibilitadoras;
- Os *coaches* encorajam clientes a conhecer-se, resgatar e tomar ciência de seus recursos e valores, auxiliando na descoberta do que efetivamente é importante e incentivando nos momentos de desânimo;
- Toda tentativa de mudança é válida, mesmo que os clientes cometam erros, pois são momentos de aprendizagem que se transformam em experiências, as quais serão aproveitadas em outros momentos da vida;
- O foco do processo de *coaching* é fornecer ferramentas, técnicas e estratégias, para que os clientes atinjam seus objetivos, levando-os ao encontro da melhor forma de fazê-lo;
- As metas devem ser desafiantes, baseadas em valores significativos e alcançáveis, o que evita frustrações e desistência;
- É preciso que os clientes estejam comprometidos com a meta, para obter bons resultados e alcançar o objetivo.

Tipos de coaching

De acordo com a necessidade do cliente, existem diversos tipos de *coaching*. Vamos abordar, rapidamente, alguns deles, segundo a classificação de Eliana Dutra (2010), Andrea Lages e Joseph O'Connor (2004):

1. *Coaching* de vida ou *Life coaching* – lida com a vida do cliente em todas as suas dimensões. Alguns profissionais se especializam em determinadas áreas,

eventualmente criando subdivisões como: *coaching* pessoal, carreira ou profissional, emagrecimento, qualidade de vida, relacionamento, etc.

2. *Coaching* executivo – especializam-se em orientar a carreira de executivos que ocupam posições de poder e liderança nas empresas. Este tipo de trabalho pode ser realizado a pedido do cliente ou da empresa.

3. *Coaching* empresarial ou de carreira – quando solicitado pela empresa e realizado em suas próprias instalações, é conhecido como *coaching* empresarial. Quando solicitado pelo cliente e em geral é feito fora da organização, é conhecido como *coaching* de carreira e tem foco na evolução profissional do cliente.

4. *Coaching* de grupo – pode ser utilizado em dois grupos distintos: formado por pessoas independentes ou equipes de empresas. O primeiro é o de pessoas que geralmente não se conhecem e querem resolver questões semelhantes. No caso de grupos independentes, é preciso que tenham objetivos comuns, por exemplo: evolução de carreira, emagrecimento, preparação desportista e outros. O segundo grupo envolve pessoas que se conhecem e querem desenvolver o mesmo tipo de competência dentro de uma empresa. Também pode ser aplicado para equipes de trabalho, grupos de líderes organizacionais ou até mesmo para donos de empresas que querem alavancar o negócio. No caso de grupos em empresas, as pessoas precisam fazer parte de um mesmo departamento, ou estarem interligadas por uma meta organizacional.

| O processo de coaching

O primeiro passo para um processo eficaz é a relação de confiança, através da sustentação do contrato de trabalho, que deve ser fechado, preferencialmente, na primeira ou no máximo na segunda sessão.

Existem alguns modelos de *coaching* e cada profissional coloca um "toque" pessoal. No entanto, existem algumas etapas que permeiam quase todos os processos, gradativamente inseridas de acordo com a necessidade específica do cliente e com a fase em que está o processo. Vamos pontuar as fases mais comuns:

1. Avaliação do momento atual dos clientes – nesta fase, levantamos como o cliente está se sentindo, como se percebe, quais são suas angústias, o que deseja

modificar, qual é a sua demanda, os seus valores e critérios de vida. Este momento é crucial para que clientes comecem a clarificar suas ideias, facilitando a construção do seu objetivo de trabalho. Nesta etapa, lançamos mão de perguntas que levam à reflexão e, em geral, também utilizamos: a "Roda da Vida", a "Janela de Johari" ou "Questionário de Perguntas" e instrumentos para auto-avaliação. Podemos utilizar também algumas ferramentas de *"assessment"*, que mapeiam a personalidade, tais como: DISC, MBTI, PEAKS e Eneagrama. A utilização dependerá da inclinação dos *coaches* e da necessidade dos clientes.

2. Definindo a meta com os clientes – neste segundo momento, após uma profunda reflexão sobre o perfil do(a) cliente e seus sonhos, ele(a) definirá o que deseja realizar, qual sonho efetivamente concretizar. É uma etapa longa, pois antes de fechar a meta, precisamos avaliar alguns aspectos, tais como:

- A "bagagem de mão" dos clientes, ou seja, sua experiência pessoal e profissional;
- Os recursos que possuem para realizar seu sonho, tais como as competências, habilidades, tempo, parceiros, verba, motivação interior, etc.;
- Se o objetivo está congruente com seus valores, se é positivo para eles e as pessoas que estão a sua volta;
- Levantamento de opções e escolha das alternativas.

Após responder a todas essas questões, o(a) cliente construirá sua meta. Há dois tipos de metas: a) meta de resultado, meta final, ou ainda o sonho a ser realizado, e b) meta de processo ou meta de jornada; neste caso são metas "menores", que precisam ser concretizadas nas etapas anteriores ao atingimento da meta final. Outros aspectos fundamentais são os critérios de construção de uma meta, que deve ser específica, mensurável, alcançável, realista, com prazo e redigida de forma positiva. Acrescenta-se ainda a necessidade de motivação e comprometimento dos clientes.

3. Construção do plano de ação – Agora que já se sabe aonde deseja chegar, precisamos construir o caminho com os clientes, estabelecendo o que, como, com quem e quando fazer. Em seguida, parte-se para a etapa de execução e acompanhamento. Os clientes executarão as ações definidas, passo a passo, determinados ao cumprimento do que foi planejado a partir do cronograma de execução previamente definido com o(a) *coach*, para quem apresentará evidências de conclusão das ações.

Alguns entraves do processo

Quando não se consegue atingir os objetivos, significa que é exigível mudar a forma de condução. Se mantivermos o mesmo comportamento, obteremos sempre os mesmos resultados. É preciso agir de maneira diferente e os *coaches* são os profissionais ideais para ajudá-lo. Como já falamos, o comportamento é resultante de pensamentos e emoções, oriundos de crenças que construímos durante toda a vida e que, em sua maioria, foram incutidas pelos familiares, pela escola, pelos grupos sociais e fortificadas por nossa própria experiência.

O grande entrave é que acreditamos em muitas ideias que nos limitam e impedem de avançar. Os *coaches* que sabem trabalhar com mudança de crenças carregam uma vantagem muito grande, pois transformarão uma crença limitante em possibilitadora e auxiliarão na resolução do problema.

A PNL – Programação Neurolinguística – possui diversas técnicas para maximizar as crenças positivas, especialmente aquelas ligadas ao conceito de merecimento, que afetam a autoestima. A ponte ao futuro, visualização mental, reestruturação em seis passos, linha do tempo, ressignificação, metamodelo, são algumas das técnicas que podemos usar para que os clientes se libertem dos entraves emocionais e consigam seguir, alcançando o merecido êxito.

Tenho certeza de que você deseja aprofundar essas ideias e podemos conversar por e-mail, nas redes sociais ou através de meu site. Será um prazer. Espero você lá!

10. Organização e planejamento para o sucesso sustentável

> *Geralmente não nos organizamos e planejamos para que o sucesso seja 'eterno'. Alcançá-lo muitas vezes não é difícil, mas manter ou saber como lidar com as adversidades que podem colocar em risco tudo que conquistamos é um grande desafio. Apresento alguns passos simples, mas muito importantes que podem ajudar a oferecer mais segurança e confiança em lidar com o sucesso!*

Claudia Watanabe

Claudia Watanabe

Formação acadêmica em Biomedicina com trajetória profissional focada em Gestão de Pessoas. MBA em Liderança e Gestão Organizacional pela Franklin Covey Business School. MBA em Gestão Empresarial pela Fundação Getulio Vargas e Certified Master Coach pelo Behavioral Coaching Institute. Atuação e experiência profissional em desenvolvimento humano e organizacional nas áreas da saúde, comunicação, tecnologia de Informação, aviação, hotelaria, financeira, logística, telemarketing, varejo, hospitalidade, engenharia civil. Experiência em desenvolvimento pessoal e profissional com foco em competências de liderança, equipes e carreira. Formação de líderes de equipe e Team Building. Treinamentos motivacionais em cenários de mudança de cultura organizacional. Mais de 3.000 horas como líder coach e coach executivo. Mapeamento de processos e atividades para levantamento de necessidades em recursos humanos.

O recomeço de uma carreira profissional não é uma tarefa muito fácil. Muitos fatores devem ser considerados antes de se tomar a decisão do que fazer sem arrependimentos.

Quando defini uma nova trajetória profissional, tinha em mente apenas uma coisa: trabalhar mais com pessoas e se pudesse, contribuir para o bem-estar e o sucesso delas. Um pouco ousado, mas era isso que queria, era isso que o coração me guiava a fazer. Por isso, busquei formações que pudessem ampliar a minha visão e percepções sobre o ser humano, sua mente, corpo e sentimentos. Em minhas buscas pelo conhecimento, acabei me identificando com o propósito e a filosofia do processo de *coaching*.

Ao iniciar os meus estudos e pesquisas sobre *coaching*, percebi que claramente as palavras "felicidade e sucesso" estavam fortemente presentes na maioria das literaturas sobre o assunto e em conversas com *coaches* que estavam no mercado há mais tempo. Eu questionava o que afinal é felicidade e sucesso para as pessoas, já que a minha futura carreira estaria intimamente conectada com a responsabilidade de ajudar pessoas a alcançar estes dois objetivos. Ao longo do tempo, percebi que o sucesso é fruto de uma construção de bases sólidas e conscientes sobre o que realmente se pretende conquistar. Os atendimentos de *coaching* comprovam que a percepção de sucesso é algo absolutamente individual.

Apesar de muitas vezes nos depararmos com outras pessoas dotadas de intenções, propósitos e necessidades semelhantes, ainda somos indivíduos, com diferentes histórias de vida, necessidades e principalmente diferentes sonhos. É muito importante ter a consciência de que o sucesso não aparece como um passe de mágica; é uma construção e a primeira etapa começa em você.

Portanto, é crucial saber quem você é e o que realmente quer conquistar. Desta forma, será possível compreender se verdadeiramente o sucesso desejado foi alcançado.

| Tudo começa com você

O autoconhecimento é a fase de maior relevância do "caminho para o sucesso", pois constrói de forma consciente quem a pessoa verdadeiramente é e define com mais segurança e confiança o que, por que e aonde quer chegar (objetivos).

Em função da alta velocidade dos acontecimentos, "não temos muito tempo" a fim de parar e refletir sobre as próprias vontades, desejos, sonhos e necessidades individuais, mas conhecemos as demandas da empresa, dos nossos amigos, até mesmo da sociedade e do mundo. E como está o "seu próprio mundo"?

Faço o convite para que respondam a estas perguntas:
• Defina a sua pessoa em três palavras.
• Por que você escolheu essas palavras? O que elas significam para você?
• O que é realmente importante para você?
• Qual é o seu objetivo de vida?

Eis o momento de reconhecer mais claramente suas competências (conhecimentos e habilidades), os pontos fortes; para reforçá-los ainda mais e os pontos "fracos", para melhorar o desempenho e minimizar os impactos que possam impedir o alcance do sucesso. Quanto mais sinceridade, melhores serão os resultados futuros.

Pontos fortes	Pontos fracos
1.	1.
2.	2.
3.	3.

Estamos na a fase de preparação para lidar com os desafios e as possíveis adversidades que surgem ao longo do caminho e impedem o alcance do sucesso. É importante ter a consciência de como podemos superar os obstáculos.

Por isso, nesta fase é essencial que haja plena participação da pessoa na construção do desenvolvimento de competências, buscando recursos que possam melhorar o desempenho; como aperfeiçoar o conhecimento, no intuito de ampliar a visão sobre a situação. Pode ser feito por meio de contatos, informações *online* ou presenciais (cursos e palestras).

Também é possível ampliar ainda mais o autoconhecimento, ter mais domínio sobre as ações e atitudes, além de gerar mais segurança para as tomadas de decisão e encontrar meios criativos para solucionar os problemas.

Tudo continua com seu real desejo de conquistar

Existe um fator de extrema relevância que existe em todas as pessoas de sucesso no mundo: a disciplina. A primeira impressão sugere que seja difícil mantê-la, algo quase militar, mas se houver comprometimento e foco, tudo se torna mais fácil e a disciplina surge naturalmente.

Para ter foco, é preciso que se saiba o que, como e para que fazê-lo. Por isso, a melhor ferramenta de direcionamento e medição de desempenho para o sucesso é o planejamento.

"Se você não sabe para aonde vai, qualquer caminho serve."

Podemos evitar alguns desvios de foco do real objetivo. E para planejar de forma eficiente, é importante estabelecer metas e ações relacionadas com o objetivo a ser alcançado, além de indicadores de sucesso, que possam monitorar o nível de desempenho de suas ações e certificar que a sua meta foi atingida. Para um mesmo objetivo, várias metas podem ser definidas.

Exemplo de planejamento pessoal:

Planejamento pessoal	
Objetivo final:	
Meta 1:	
Ação 1:	Datas início / Término:
Ação 2:	Datas início / Término:
Ação 3:	Datas início/ Término:
Indicador de sucesso:	

O caminho para o sucesso significa, muitas vezes, sair da nossa zona de conforto, nos permitindo experimentar outras oportunidades. Não somente tentar, mas realmente arriscar na realização de algo que nem se imaginaria fazer.

Ter a possibilidade de quebrar paradigmas, ressignificar algumas crenças e até mesmo mudar pensamentos. Adotar novos comportamentos que possam contribuir a nos levar adiante. Pensar e agir diferente para obter resultados inovadores e melhores. São passos muito importantes para alcançar o desejado. Afinal, para que os resultados sejam sustentáveis, é importante que a mudança aconteça de dentro para fora.

Algo somente é impossível até que você torne possível em sua vida!

Observe e explore os recursos disponíveis e as oportunidades que podem surgir. Organize e planeje a sua trajetória e permita-se a ousar! Ousadia é essencial, mas mesmo assim é importante ser calculada. Confie no seu talento e até mesmo nos instintos; tudo de positivo é válido para alcançar o sucesso, principalmente quando fazemos com amor. Apaixone-se pelo que faz!

Eu me lembro de uma pessoa dizer que seu maior indicador de felicidade era acordar todas as manhãs com uma grande vontade de cantar, pensando como poderia fazer ainda mais e melhor o que já fazia brilhantemente.

O maior indicador de alcance do sucesso desejado é o nível de felicidade com que abraçamos e realizamos as nossas atividades. O valor do sucesso é definido individualmente, pelo nível de importância com o qual avaliamos, segundo as conquistas. Para alguns, sucesso é sinônimo de ter uma boa condição financeira, a segurança de possuir uma casa própria ou até mesmo construir uma família. Não há certo ou errado, mais ou menos sucesso. O segredo é seu e somente você sabe por que o faz feliz!

O sucesso é alcançado por meio de pequenas ações e atitudes que realizamos ao longo da vida, de certa forma em busca da felicidade. Ao longo de nossa jornada neste capítulo, percebemos que não há mesmo fórmulas fáceis, secretas e mágicas para o sucesso. Tudo começa com um primeiro, pequeno e importante passo para conhecer, criar, construir, desenvolver, amadurecer e sustentar. O sucesso nada mais é que o fruto de um grande caminho percorrido, alcançado e sustentado por poucos, mas com esforço, confiança, determinação e coragem, se torna uma grande e maravilhosa aventura!

Posso dizer que sou uma pessoa de sucesso! Tenho verdadeira paixão pelo meu trabalho e tenho conseguido inspirar muitas pessoas a buscar e alcançar o próprio sucesso, principalmente quando começam a perceber e buscar as oportunidades com o coração!

Não desista diante do primeiro obstáculo. O caminho pode parecer longo, algumas vezes tortuoso, mas no final valerá muito!

Tenha fé em quem você é e ainda pode ser, porque você é capaz de fazer tudo para alcançar o que sonha, basta acreditar e agir!

Sucesso para todos!

11. Metas congruentes

> *Afinal, o queremos para nossas vidas? Quando decidimos sair em busca dos sonhos, eles se tornam uma possibilidade de realização, uma meta a ser alcançada. Para atingir uma meta é necessário planejamento e uma dose de coragem para agir apesar das incertezas e assumir a responsabilidade pelos resultados. A conquista dos seus objetivos está em suas mãos. E de mais ninguém!*

Daniel Mussi

Daniel Mussi

Graduado em Educação Física (UMC). Pós-Graduado em Fisiologia do Exercício (UNIFESP), Treinamento Personalizado (FMU) e Gerência e Gestão de Negócios com ênfase em Marketing (ESPM). MBA em Gestão de Recursos Humanos (Escola Paulista de Negócios). Practitioner em PNL Sistêmica. Life & Executive Coach, certificado pelo Integrated Coaching Institute (ICI) e pela International Coaching Comunity (ICC). Palestrante nas áreas de saúde, carreira e comportamento.

Contatos

www.danielmussi.com.br
contato@danielmussi.com.br

Qual é o seu grande sonho? Ter dinheiro ou bens materiais? Paz e tranquilidade? Resolver um problema que o importuna? Ser alguém importante ou fazer algo que cause grande impacto na sociedade? Viajar o mundo? Escrever um livro? Ter um filho? Enfim, o que realmente quer para a sua vida?

Quando sonhamos, projetamos mentalmente um futuro desejado, livre de problemas e trazemos à tona aquilo que gostaríamos de ser, onde gostaríamos de estar e o que adoraríamos fazer. Ao sonhar, atingimos o ponto mais alto da satisfação pessoal, nos sentimos realizados, vemos o sentido de nossa existência e experimentamos imenso sentimento de gratificação. Esta sensação está relacionada com os valores mais importantes, indispensáveis para nossa felicidade.

Os sonhos podem ser modestos, ousados ou extremamente exagerados; o que importa é apenas a vontade que se tem de realizá-los e quanto dependem de você.

Quanto mais os sonhos dependerem do acaso, mais difícil será a concretização. Quanto mais dependerem de seu próprio esforço, maior será a chance de realizar. A questão é: quanto você se dispõe aos esforços?

É comum ouvir as pessoas reclamando da vida financeira, do ambiente de trabalho, dos relacionamentos e da baixa qualidade de vida. Em contrapartida, não vemos quase ninguém pensando sobre quanto eles próprios têm contribuído para a situação em que se encontram. Existe uma ausência de autoanálise no julgamento, como se todas as coisas que acontecem conosco fossem obra do destino e nossa participação fosse isenta de responsabilidade.

As pessoas não percebem que somente estão naquele lugar, momento e daquela forma porque fizeram, anteriormente, uma sucessão de escolhas. Pensam que controlam suas vidas, quando na verdade são controladas por ela. É muito mais fácil culpar o mundo pelas consequências que sofremos. As pessoas, as empresas, a mídia e a política nos induzem a acreditar que as coisas são "assim mesmo", que não temos escolha e nada que fizermos vai adiantar. Assumimos a posição de vítimas das circunstâncias, e este é o maior erro que podemos cometer.

Quando decidimos realmente sair em busca dos sonhos, eles deixam de ser ficção e passam a se tornar um objetivo real. Podem até ser nebulosos no início, sem uma forma definida, mas conforme avançamos em nosso destino, este objetivo passa a ser muito específico, tornando-se uma meta a ser alcançada. Uma meta só é alcançada porque ações foram tomadas para tal, porque houve tempo e esforço investido na conquista. As metas direcionam nosso futuro para a forma que desejamos, na tentativa de evitar incertezas que possam trazer insatisfação.

Elas determinam o objetivo principal, que dá sentido a uma tarefa pela qual dedicaremos nosso tempo e energia. Sem as metas, ficamos a mercê das circunstâncias, sem expectativas e acomodados. Ficamos como um bote à deriva, levado pela maré do acaso.

Todo mundo possui uma meta, mesmo que signifique permanecer estático(a), para que nada mude. Nenhuma meta é aleatória ou despretensiosa.

Definimos nossas metas de acordo com o que convém. Muitas pessoas preferem permanecer em uma situação garantida, a se esforçar na busca por algo incerto. O medo do fracasso também as impede de agir. Para atingir metas e objetivos é preciso tomar decisões, realizar ações e enfrentar obstáculos, mas nem todas as pessoas estão dispostas a fazer isso.

Alguns indivíduos acreditam possuir metas pessoais estipuladas e alinhadas com seus objetivos de vida, mas estão totalmente perdidos. Apesar de inteligentes, articulados e bastante convincentes, não possuem metas próprias; se deslocam apenas porque os outros estão fazendo o mesmo. Precisam acompanhar a maioria para se sentirem parte importante de um grupo, dando uma falsa sensação de realização. Falsa porque é imediatista, momentânea e inespecífica. Fazem o que todos fazem, compram o que todos compram, agem como todos agem e até competem entre si, apenas para não se sentirem fora do contexto. Mudam de objetivo no mesmo instante em que outros mudam. Acham que estão no caminho certo, mas não têm ideia de onde vão parar. Por não planejarem as próprias vidas, acabam se apropriando das metas dos outros.

Se desejar alguma mudança em sua vida, a primeira lição é: pare de reclamar. Se as coisas até agora não aconteceram do jeito que gostaria, dificilmente acontecerão se você continuar fazendo as mesmas coisas que sempre fez.

Cada um é responsável pela própria vida. Se a situação não o satisfaz, a responsabilidade é sua, de mais ninguém. Só você pode tomar as decisões que afetarão sua realidade. Esta conscientização é imprescindível para que possa assumir o comando de sua vida, pensando e agindo de acordo com o que deseja, pois a partir desta decisão, os sonhos ficarão cada vez mais próximos da sua realidade. A decisão é o primeiro passo na concretização dos objetivos, levam a ações que direcionam o pensamento e as atitudes em direção à meta. Quando a pessoa está realmente disposta a tornar seu sonho realidade, passará então a *agir* no sentido da conquista. Costumo dizer que ninguém entra na faculdade pensando nas provas, nos trabalhos em grupo, nas noites em claro estudando, na dificuldade de locomoção, na falta de tempo para a família, amigos e lazer. As pessoas que ingressam na faculdade, supostamente, pretendem se tornar grandes profissionais e estão dispostas a enfrentar os obstáculos da jornada de vários anos de estudo, com alguma dose de sacrifício. Quando a vontade de se tornar um(a) bom profissional não for grande, qualquer obstáculo será desculpa para a desistência. Conheço pessoas excelentes apenas em arranjar desculpas para não cumprir suas metas e alcançar os objetivos.

Para atingir uma meta é preciso planejamento. Seja qual for o objetivo estipulado, você deverá estruturar os passos e agir de acordo com suas condições. O planejamento de uma meta começa com a elaboração. A primeira ação é distinguir meta e desejo. Os desejos são abstratos, inespecíficos e não dependem somente de você para se tornarem realidade. A meta, por sua vez, deve ser formulada em uma linguagem clara, simples e objetiva, de forma que qualquer pessoa entenda o que você realmente quer.

Um modelo de elaboração de metas bastante utilizado como parâmetro para verificar se correspondem à realidade da pessoa e ao contexto em que serão inseridas, é o SMART. Funciona como um protocolo de validação das metas, garantindo assim que existem reais possibilidades de serem atingidas. As letras da sigla SMART simbolizam as expressões *Specific*, *Measurable*, *Achievable*, *Relevant*, *Time-Bound*. Significa, respectivamente, que as metas devem ser:

- Específicas: claras, concretas e diretas, sem generalizações ou palavras que possuam mais de um significado;
- Mensuráveis: que possam ser medidas em seu progresso e não deixem dúvidas quanto a sua conclusão;
- Alcançáveis: que representem um desafio possível de ser superado com seu próprio empenho, esforço e dedicação;
- Relevantes: precisam fazer sentido, que representem a conquista de algo muito importante e tenham valor real;
- Temporais: possuem um prazo para sua conclusão.

A meta deve estar descrita sempre na forma positiva. A palavra "não" é ausente em sua formulação. Metas como "não perder o emprego", "não ficar nervoso" ou "não ser sedentário" estão fora de questão, por sua incompatibilidade com o direcionamento positivo. Para não cair na armadilha de elaborar metas negativas, pergunte-se: se eu sei o que eu não quero, o que eu quero de verdade? Se eu não quero fazer isso, o que realmente quero fazer? Se eu não quero ficar assim, como exatamente quero ficar?

Direcione suas metas sempre à ação. Desta forma, você evita que suas ações sejam focadas no problema e direciona o foco para as possíveis soluções.

Além disso, a meta deve possuir prazos definidos e motivadores. Convivo diariamente com pessoas que a cada início de ano fazem promessas mirabolantes e estipulam metas que jamais alcançarão. Metas como perder 20 quilos em três meses, sendo que a pessoa não se exercita e come excessivamente; ou trocar de carro por outro que custa o dobro do valor, sendo que a pessoa não consegue fechar as contas no fim de cada mês.

Os prazos precisam representar um desafio, sim, mas que você possa superar com planejamento e disciplina. Prazos muito curtos e sacrifícios muito grandes geralmente não proporcionam acerto.

A conclusão da meta deve depender somente de você, como já foi descrito anteriormente. Mas será que a sua meta é realmente relevante? Vai trazer uma grande satisfação à sua vida? Para identificar estes fatores, investigue o quanto esta meta será importante para você. Qual é o impacto positivo que representará na sua vida? O que você irá ganhar? Que diferença ela fará? Analise também quais as possíveis consequências para si e às pessoas ao redor, quando essa meta for concluída.

Pode ser que sua meta seja bastante ambiciosa, com prazos longos e enormes conquistas. E que, apesar de ter a meta clara e definida, você não tenha ideia de como, nem por onde começar. Quando pensamos no resultado final, no nosso "troféu", na conquista daquilo que queremos, denominamos esse ponto como meta estratégica, mas para atingi-la, precisamos fazer um caminho de trás para frente, analisando quais são as ações necessárias e as competências que devemos desenvolver para chegar ao resultado final. Fazemos uma linha do tempo com as etapas entre o ponto onde estamos e o ponto que queremos alcançar.

Por exemplo, se você é um estagiário e possui a meta estratégica de ser um diretor da empresa na qual trabalha, você sabe que antes disso, precisa ser um gerente bem-sucedido. E para chegar à gerência, você precisa ser um funcionário de destaque. Mas só terá a chance de mostrar seu trabalho se for efetivado após o período do estágio. Conhecendo cada uma destas fases, quais competências técnicas e comportamentais você terá de desenvolver?

Ao conhecer cada etapa da jornada, você planeja as ações de acordo com a situação atual, sempre em direção ao objetivo final, que é ser diretor da empresa. Você alinha sua formação acadêmica, estudos complementares, conhecimento de línguas, desenvolve relacionamentos e liderança, sempre mostrando resultados para a empresa.

Pode ser que durante a jornada você precise desenvolver uma habilidade específica para determinada situação, e essa habilidade também se tornará uma meta. Mas, neste caso, ela será uma meta relacionada ao seu desempenho, portanto denominada meta de performance. Para atingir uma meta estratégica, você pode precisar do alcance várias metas de performance, assim como metas de competência, atribuídas ao fator comportamental. Ambas são importantes, porque sem o comportamento adequado e boa performance em tarefas, o resultado final fica comprometido.

Portanto, as metas jamais são atingidas sem um plano de ação, essencial para que você alinhe as ações na direção desejada e não desperdice tempo e energia com aquilo que não trará nenhum benefício.

Analise cada passo, detalhadamente. As decisões a se tomar, comportamentos que não geram resultados, competências necessárias, pequenas conquistas, o foco e a determinação para chegar à sua meta final.

Tudo é planejamento. Faça uma linha do tempo até sua meta estratégica. Quanto tempo vai levar? O que precisa acontecer até lá? O que depende somente de você? O que pode fazer para influenciar aquilo que não depende de você? O que você terá de abrir mão? Quais habilidades precisam ser desenvolvidas? Qual o custo financeiro? Qual o impacto da mudança na sua vida e na vida dos outros? E, finalmente, o que você irá ganhar atingindo essa meta? Espera-se que a recompensa seja um valor real e importante para você. Algo que o energize, que traga imensa alegria e satisfação. Avalie bastante as consequências da sua conquista e certifique-se de que sua meta fará de você uma pessoa melhor.

Lembre-se que somos o resultado de nossas escolhas. Você pode decidir agir ou não fazer nada. Mas, se nada fizer hoje, qual será o impacto na sua vida em 25 anos? O seu sucesso vem até a sua direção na mesma proporção em que vai à direção dele. Nunca é tarde para agir. Se você quer alguma mudança, faça algo. Faça agora. A decisão é sua!

12. O segredo do sucesso pessoal

> *"O segredo, para continuar como tal, deve ser mantido, ou deixa de ser. Certo? Para que esta leitura seja interessante e fiel ao título do livro, vou contar minha história de sucesso pessoal e o segredo, vocês leitores irão desvendar!"*

Daniela Mello Ferreira

Daniela Mello Ferreira
Professional Master *Coach*, palestrante, escritora e treinadora, formada em Administração de Empresas, Pós-Graduada em Marketing pela Fundação Armando Álvares Penteado, *Coach* certificada pela ICC (Internacional *Coaching* Comunnity), ICI (Internacional Association of Coaching Institutes e Master Coach Certificada pela SLAC e IAC (International Association of *Coaching*), Leader *Coach* certificada pela Corporate CoachU (USA), Professional SixSeconds Certification, Professional DiSC Certification e Professional Assess Certification e MBA em *Coaching* e Gestão Empresarial, pela SLAC e FESPSP. Practitioner em PNL certificada pela MSI – Master Solution Institute. Experiência de mais de 15 anos no mercado de varejo, varejo de luxo e serviços. Coautora dos livros Team & *Leader Coach*, A Arte da Guerra e *Coaching* – Aceleração de Resultados pela Editora Ser Mais.

Contatos
www.unitasconsultoria.com.br
dmello@unitasconsultoria.com.br
Twitter: @unitasrh
Linkedin: Daniela Ferreira- Grupo Falar de Negócios
(11) 3528-4557

Quando penso em sucesso pessoal, logo imagino o resultado deste sucesso: quem é a pessoa que terei de ser e qual pessoa gostaria de me tornar. Acredito que esta seja a primeira medida a se adotar, além de uma longa reflexão sobre quão estou realmente decidida a trilhar tal caminho.

O desejo por sucesso teve origem na vontade de conquistar, portanto foi algo além de minha pessoa, o que mostra a importância de reconhecer quando o sucesso pessoal chegar e como será esse momento.

Momento de reflexão para o sucesso pessoal

O que vou sentir?
Quem serão as pessoas ao meu lado?
Quais serão as minhas palavras?
Que lugar que ocuparei no mundo?
Quais pessoas serão afetadas com o meu sucesso?
Com o que terei contribuído?
O que construí para conquistar o sucesso pessoal?
Quem eu era e quem eu sou agora?
O que eu decido fazer a partir de agora?
Qual é o segredo de meu sucesso?

Minha história

Com o tempo, descobri: em tudo o que faço, busco reconhecimento e através disso, me sinto realizada.

Esta busca impulsiona meus esforços para que faça sempre o melhor. Eu me dedico à carreira, estudo o aprimoramento de técnicas, procuro novos conhecimentos, faço todo o dever de casa de uma pessoa que busca reconhecimento e sucesso pessoal. Nada disso, entretanto, é tão simples quanto parece!

Experimentei momentos de grandes confusões, conflitos e obstáculos. Já enfrentei e ainda encaro momentos de muita tormenta. São "chicotadas" cuja intensidade até me assusta e as negativas acontecem de variadas formas.

Gente, este é o mundo real, o caminho de uma pessoa que encara obstáculos como degraus para subir, que investe energia e combustível para lidar com as negativas que recebo, pois são oportunidades para ver o que deu errado e fazer com que aconteça de forma diferente. A força interior e a vontade de "acontecer" são as minhas principais aliadas.

Eu pude vivenciar, há pouco tempo, meu sucesso pessoal. Ele veio após meses de grande tormenta. Participei de um cenário de quase falência em uma das nossas empresas. Foram momentos muito difíceis, financeira, emocional e pessoalmente. A autoestima ficou assustadoramente abalada, pois da noite para o dia viramos as piores pessoas na visão de algumas pessoas.

Neste momento de crise precisei tomar uma decisão e tinha duas opções: entrar no problema e ir fundo para averiguar o que estava acontecendo ou focar na solução.

Eu escolhi a segunda. Meus valores falaram mais alto, minhas filhas ainda pequenas, sem saber, deram a força que eu precisava. Meus pais, sempre presentes e muito afetuosos, estenderam os braços, deram o ombro que eu e meu marido precisávamos diante de tanto julgamento e cobranças que vinham de todos os lados. Pude contar com amigos e com um único funcionário, que entendeu o problema e nos poupou de mais um processo trabalhista. Tive também o apoio de grandes amigos e bons aliados nesta fase, inclusive de pessoas que nunca imaginara.

Eu e meu marido conseguimos reconstruir o caminho, "lado a lado". A empresa que quase faliu, estava voltada para um grande cliente, este que nos causou tantos problemas. Tínhamos de manter os demais clientes longe da crise e saudáveis.

Como empresária, usei minha experiência e conhecimentos. Como coach, pude desenhar um plano de ação imediato, com metas claras, definidas e quebrar crenças que estavam se instalando em minha vida.

Usei todos os meus recursos externos e com muito mais intensidade eliciei os recursos internos. Deixei claro que a meta era minha e dependia de mim que a roda girasse novamente.

Os anos de experiência e extrema dedicação em busca de reconhecimento estavam sendo utilizados com toda força. O que eu mais queria era resolver tudo, mas no fundo eu estava buscando novamente o reconhecimento, agora de maneira mais intensa. Desta fase tão difícil, retirei grandes aprendizados. Como benefício, conquistei o sucesso pessoal na carreira. Recebi o reconhecimento do trabalho em várias frentes, como coach, empresária e palestrante. A sensação deste sucesso Pessoal é tão reconfortante e animadora que a vivencio sempre, a cada cliente atendido, em cada trabalho a que me dedico e a cada pessoa com quem divido meu tempo para escutar, aprender e ensinar.

Nesta caminhada, pude conhecer e descobrir aptidões adormecidas dentro de mim. Fiquei mais forte, racional, visionária e muito imediatista, o que pode soar como ponto fraco, porém tenho realizado bem mais agora.

Meu cérebro, que já tinha muitas ideias, se tornou uma verdadeira fábrica de ideias. É evidente que apenas algumas são realmente aproveitáveis, mas o importante é que a ginástica mental gerou mais foco ao que realmente importa.

O sucesso pessoal fez de mim uma pessoa mais feliz e realizada, em busca de algo maior que vai além de minha pessoa, como afirmei no início. Percebi que o autoconhecimento é um forte aliado do desenvolvimento e ambos formam uma grande parceria.

Considerando o que aconteceu neste período, tive a oportunidade de melhorar como pessoa e profissional. Os valores ficaram mais fortes e muito valiosos, relevantes para minha energia e motivação.

Em busca deste reconhecimento, valorizei questões que antes eram de pouca importância para mim. Consegui enxergar que o reconhecimento primeiro vem de mim, depois dos outros, que o sucesso pessoal é algo conquistado aos poucos, que mexe com emoções, com pessoas que estão ao nosso redor, com aqueles que participam de maneira direta ou indireta.

O sucesso pessoal desperta sentimentos e isso pode se tornar perigoso, como se fosse uma ameaça. Desta maneira, mantendo respeito, equilíbrio, integridade e foco no que realmente é importante, ele passa a ser grandioso, algo conquistado que vai muito além de você.

As pessoas afetadas com seu sucesso vivenciam esse momento, ele irradia por todos os lados e o efeito é bastante intenso. Lanço uma pergunta:

Qual o impacto que você quer causar com o seu sucesso pessoal?

É importante dizer que o sucesso pessoal é "pessoal e intransferível"; pode acontecer diversas vezes ao longo da vida. Seu segredo é descoberto sempre que alguém tem a oportunidade de vivenciá-lo.

O segredo do sucesso pessoal é igual a um bom perfume: deve ser usado na medida certa para agradar você e as pessoas que estão a sua volta.

Agora conte você suas experiências com o sucesso pessoal!

Hum....qual é o seu segredo?

Deixo uma ideia para você:
Desenhe sua árvore e coloque os frutos que ela dará com a conquista do sucesso pessoal.

| A "imprescindível legenda" desta árvore:

Adubo= Segredo
Tronco= Você
Raízes= Experiências
Copa = Plano de ação
Frutos= Conquistas
Árvore= Sucesso pessoal

13. A inteligência emocional como forte aliada para o segredo do sucesso

> *Você sabe o que os profissionais da era moderna precisam fazer para preservar a motivação? Devem sentir-se ainda mais responsáveis pela sinergia entre o seu grupo de trabalho e amar cada uma das pessoas com quem convive. Com a inteligência emocional, profissionais aprendem a ser maiores que os problemas. Valorize as pessoas ao redor, interaja com a comunidade em que está inserido(a) e tenha disposição para mudanças!*

Edivan Silva

Edivan Silva
Professor, Palestrante e Conferencista. Formado em Economia e Marketing. MBA em Gestão de Pessoas. É um dos mais requisitados conferencistas em Jornadas e Semanas Pedagógicas. Suas palestras abordam temas como: Motivação, Atitude, Atendimento, Vendas, Marketing, Liderança e Área Educacional.
Autor dos livros: "O poder da iniciativa; Editora CJA-RN; "Motivação – A mais forte aliada para enfrentar desafios"; Editora Threec-RJ; "Vida, em todos os sentidos da vida", Editora CJA-RN; "O poder do marketing de atitude" em parceria com o renomado escritor Eugênio Sales Queiroz; Editora CJA-RN; autor participante de várias obras de renome nacional: "Gigantes da motivação - Editora Landscape-SP"; "Os 30 + em atendimento e vendas, Editora Threec-RJ"; "Os 30 + em motivação", Editora Threec-RJ; "Ser+ com motivação", Editora Ser Mais-SP; "A arte de se tornar um profissional cobiçado"; Editora Interagir-RJ e "A arte de se tornar um profissional cobiçado em vendas", Editora Interagir-RJ.

Contatos
www.edivansilva.com.br
edivanpalestras@gmail.com
(84) 9988-0523 / (84) 8893-6570
www.facebook.com/edivansilva

Neste mundo corporativo em que a pressão é cada vez maior, para manter a motivação, os profissionais modernos necessitam deixar de lado a supervalorização dos problemas e das dificuldades. Expandir a consciência do significado de seu trabalho, acreditar que pode e deve contribuir para renovar a face da Terra e sentir-se ainda mais responsável pela sinergia do seu grupo de trabalho. Amar as pessoas com quem convive, mantendo-se atualizado(a) e comprometido(a) com a felicidade de seus clientes internos e externos. Para manter a motivação é preciso mais dedicação, além do desejo de ir sempre além, fazer o diferencial em suas ações e quebrar rotinas.

Para encontrar um equilíbrio emocional e relacionar-se melhor com os colegas de trabalho, patrão e clientes é preciso obter autoridade técnica, isto é, ter pleno domínio de suas atividades, desenvolver as habilidades de lidar com o contraditório, reconhecer as próprias forças e fraquezas, tendo como princípio o respeito aos outros. Para alcançar o equilíbrio entre colegas de trabalho, gestores e clientes, é importante rever os próprios valores, ser coerente com o plano profissional e a realização pessoal, criar um ambiente agradável à sua volta, cultivar ótimas relações humanas na comunidade e esquecer o individualismo.

A inteligência emocional pode ajudar os profissionais, tornando-os mais seguros sobre as novas exigências do mercado globalizado. Para isso, é essencial considerar que somos seres emocionais, com forte inclinação para ceder aos ditames dos sentimentos. Qualquer pessoa que desenvolva a inteligência emocional terá melhores condições de sucesso interagindo localmente ou em ambiente globalizado. É necessário elevar a autoestima, reavaliar as crenças e valores, aprender a amar-se para poder amar aos outros e à vida.

Para que possam trabalhar com mais equilíbrio e determinação, superando os obstáculos do dia a dia, sem permitir que tristezas contaminem toda a sua vida, cultivem a motivação, tenham foco e vontade de vencer!

Identifique o que lhes faz feliz e se for algo que realmente entusiasma e anima, então não desista, não abandone seus objetivos. Planeje-se e não adie as coisas difíceis, tome a iniciativa e aja agora mesmo. Vá em frente e assuma as consequências dos seus atos, encare a realidade e supere os obstáculos. Desenvolva competências como habilidade de negociação e faça uso da acabativa, concluindo o que iniciou, sem deixar as coisas pela metade.

Tenha pleno controle das emoções e aplique a inteligência emocional para obter êxito nos relacionamentos afetivos, sociais e profissionais. Desenvolva o amor próprio, acredite em seu potencial. Seja capaz de gerenciar as emoções, produzindo um equilíbrio apto para lidar com situações adversas e solução de problemas.

| Adote uma postura profissional

Os tipos de motivação que a pessoa pode desenvolver para ser mais feliz em sua profissão são: buscar o autoconhecimento, investir no desenvolvimento da autoestima e optar por desafios que lhe rendam crescimento afinado com a respectiva área de atuação. Todos nós somos movidos por dois tipos de motivação: a pessoal e a profissional. O ideal é encontrar o equilíbrio. Pergunte-se: qual é o meu motor? O que é que me move? O que é que me faz seguir adiante e lutar pelas conquistas? O ideal é transformar o trabalho em mola propulsora, energia, dinamismo e entusiasmo.

Defina o objetivo em sua carreira e estabeleça metas para alcançá-lo. Faça disso um desafio, aliado ao sentimento de empreendedorismo. Foi-se o tempo em que apenas um título acadêmico era suficiente para turbinar a carreira e o desempenho no trabalho. Por isso, invista no seu melhor negócio: você!

Domine os recursos, as ferramentas tecnológicas, aprenda outro idioma, seja criativo(a), trabalhe em equipe, valorize as pessoas ao seu redor e interaja com a comunidade em que está inserido(a). Trabalhe a sua marca. Primeiro valorize-se! Adote uma postura profissional e pergunte-se:

- Como tenho trabalhado o marketing pessoal?
- Será que crio as oportunidades?
- O que faço está bom ou pode ser melhorado?
- Como anda a minha marca?

Corra atrás das competências e experiências que ainda não possui. Experimente e ouse desafiar-se! Falar em público é o seu maior medo? Que tal elaborar uma "minipalestra" para os colegas, na área que domina? Que tal a ousadia de escrever o seu primeiro livro? Dê um passo fundamental para isso: coloque suas ideias num papel, faça um rascunho da obra e apresente-se ao mundo!

Para um bom desenvolvimento pessoal e profissional, saiba que você é o (a) maior responsável. Por isso, fortaleça seu lado emocional e busque equilíbrio nas suas atividades. Procure conhecer a visão estratégica da empresa e do seu negócio.

Oriente-se para o resultado e mobilize as pessoas ao seu redor para o trabalho em equipe, mas atenção! Se o melhor negócio é você, tenha disposição para a mudança, pois de nada adiantará muito conhecimento teórico, se na prática você não quer mudar e ser um(a) profissional de sucesso. Como anda a sua capacidade de elogiar? O elogio e o reconhecimento são fáceis de fazer, desde que expressados da maneira correta.

As dicas de Kurt Hanks para tornar o elogio mais eficaz:
1 - Ligue-o ao desempenho, não à programação;
2 - Faça-o com frequência;
3 - Quando for merecido, faça-o imediatamente;
4 - Faça-o com sinceridade. Se não puder elogiar de maneira sincera, não diga nada;
5 - Elogie constantemente.

Elogie-se e também aos outros. Comece a elogiar e isso se tornará um hábito. Experimente iniciar elogiando três pessoas por dia. Comemore, cumprimente e parabenize as conquistas daqueles que estão ao seu redor. Normalmente, as pessoas querem agradar ao chefe, mas muitos chefes não fazem esforço algum para dizer quão satisfeitos estão com os seus funcionários.

O mercado necessita de pessoas criativas, empolgadas e motivadas. Reflita sobre o que você já leu e pergunte-se: como praticarei o elogio e as correntes motivacionais em minha vida?

Então, experimente responder para si as seguintes perguntas:
Quantos elogios eu dei no último dia de trabalho?
O que eu posso fazer para merecer um elogio?
Qual é a sensação que tenho ao receber um elogio?
Qual é o elogio sincero que eu faria para mim?

Dicas práticas para o sucesso pessoal

Confiram algumas dicas práticas para influenciar positivamente as pessoas e almejar o tão sonhado sucesso; sabendo usar intencionalmente as emoções a seu favor, de modo a produzir resultados positivos, ou ainda, desenvolver habilidades de manipular as emoções, tornando-as coadjuvantes no processo de seu crescimento.

Verdadeiro(a)
1 – Será que você consegue inspirar pessoas a fazerem mais por elas próprias, pois sozinhas essas pessoas não despertariam para tais necessidades?
Manipulação
2 - Neste mundo de altíssima velocidade, da era do conhecimento e de muita informação, será que você consegue avaliar a autenticidade de uma expressão emocional, identificar sua veracidade, falsidade ou tentativa de manipulação?
Orientar
3 - Saber orientar, conduzir, direcionar, apontar caminhos e o mais importante: dar exemplos, tomar para si o leme da empresa; é assim que você dará sentido à liderança.
Acabativa
4 - Para assegurar o seu sucesso, é fundamental conhecer os objetivos a se alcançar. É preciso iniciativa e acabativa.
Perguntas
5 - O grande responsável por nossos sucessos ou fracassos é o Quociente Emocional (Q.E.). Pergunte-se: o que é que me norteia?
Presente
6 - Não confunda liderança com chefia ou comando. Se você tem carisma, pode influenciar positivamente as pessoas, visando atingir seus objetivos.
Expectativas
7 - Você deve preencher as suas expectativas e não as dos outros.
Sonhar
8 - O sonho é o começo de tudo. Grandes empreendedores e vitoriosos têm um ponto em comum: a capacidade de sonhar.
Planejar
9 - Sem planejar as ações, não se chega a nenhum lugar. Tenha um mapa aberto para seguir a viagem do seu negócio.
Base
10 - Seja um exemplo. A inteligência emocional é a base propícia para a conquista da excelência, aprimorada a partir de uma associação favorável entre a razão e a emoção.

> O sabor da vitória é algo compensador

O sabor da vitória é algo que compensa o esforço, a dedicação e a determinação que se aplica na vida, para atingir os objetivos. O sucesso depende da postura proativa frente ao mundo. Se você não lutar por você, ninguém o fará. A sua persistência é a alavanca que remove o impossível.

Tenha a convicção de que é uma pessoa vitoriosa. Se outros conseguiram, você também consegue! Os vitoriosos deixam marcas e o sucesso tem leis, que se forem seguidas, transformam alunos em mestres. O segredo é seguir estas pistas e deixar brotar a sua semente interior. O resultado é uma linda história de iniciativa.

O diferencial das pessoas vitoriosas é que não fugiram dos desafios e nem da situação, decidiram enfrentar as dificuldades, arregaçar as mangas e ousar. Por isso, você deve escolher desafiar-se o mais breve possível, enfrentando as coisas difíceis que tem de fazer, cada vez melhor. Uma pessoa com grau desenvolvido de inteligência emocional caracteriza-se pela habilidade e capacidade de perceber, controlar suas emoções e das pessoas que a cercam.

Faça da motivação a mais forte aliada para enfrentar os desafios. O entusiasmo, aliado a uma inteligência emocional bem desenvolvida, é o grande diferencial competitivo de todos os tempos. Eleve sua autoestima e aprenda com as experiências passadas, ouça a sua intuição e faça todo dia algo que o deixe feliz.

O grande segredo é persistir para alcançar os objetivos e superar todos os desafios que a vida lhe impõe. Não desistir é o lema! Há uma citação de Goethe que resume bem o sabor da vitória: "até o momento em que chegamos a nos comprometer com alguma coisa, prevalece a dúvida e a chance de desistir gera ineficiência. A respeito de todas as ações de iniciativa e criação há uma verdade elementar, que se for ignorada, poderá sacrificar inúmeras ideias e planos, no momento em que nos entregamos irrevogavelmente, a providência também se movimenta. Toda a sorte de eventos acontecem para ajudar-nos, porque de outra forma, jamais teriam ocorrido".

Aprenda as cinco chaves da iniciativa

Você conhece as chaves da iniciativa? Este é um ponto alto em minhas palestras, onde ensino as cinco chaves, fornecendo sempre um exemplo, pois acredito que é fundamental expressar o que temos de melhor e aplicar as chaves é garantia de sucesso na vida pessoal e profissional.

Chave 1 – Eu faço acontecer – Você já percebeu o quanto gostamos de pessoas vencedoras? Vejam o que podemos aprender com o Jesse Owens, corredor norte-americano e ganhador de quatro medalhas de ouro nas Olimpíadas de Berlim, em 1936, na Alemanha. Por ser um atleta negro, deixou seu nome registrado para sempre como símbolo de resistência contra ideias contrárias.

Chave 2 – Eu assumo responsabilidade – Não satisfeito com a sua ótima performance em impedir o time de tomar gols, Rogério Ceni, goleiro do São Paulo Futebol Clube, assumiu a responsabilidade por seus atos e tornou-se um artilheiro. Especializou-se em cobranças de falta próximas da área e também é o cobrador oficial de pênaltis do time; além disso, é hoje o maior goleiro artilheiro do mundo.

Chave 3 – Eu vejo as coisas sob várias perspectivas – Um dia chegaram para Thomas Edison, o grande inventor e lhe disseram que uma de suas fábricas tinha acabado de pegar fogo. As pessoas lhe perguntaram como estava se sentindo, e ele falou que o acidente representava uma oportunidade para construir outra fábrica ainda melhor. Um exemplo de quem viu as coisas sob um diferente ângulo e concluiu que a maior fraqueza do ser humano é desistir.

Chave 4 – Tudo o que acontece me beneficia – Imagine o que é ficar preso, isolado em uma cela, com apenas 1,5 m por 2,2 m., Nelson Mandela saiu de uma prisão desse tamanho, onde esteve por quase 28 anos e foi direto para a presidência da África do Sul. Que capacidade de lutar contra o desânimo e a acomodação... Eis uma prova de que até mesmo as dificuldades podem proporcionar crescimento pessoal e profissional.

Chave 5 – Para mim não existe fracasso, apenas resultado – Um acidente para muitos poderia ser o fim de uma vida e carreira, mas não para Lars Grael. Após um terrível acidente, teve uma de suas pernas amputadas, mas o esportista mostrou toda a sua força de superação, aprendeu a conviver com a deficiência física e não enxergou nisso um fracasso, mas sim um recomeço.

Agora pare e reflita, pois é hora de cultivar a ousadia, preparar-se para as mudanças com a autoestima elevada e com sua capacidade de perceber, avaliar e expressar emoções. Avalie também sua capacidade de gerar sentimentos que facilitem o pensamento; sua capacidade de compreender as emoções e, ainda, a capacidade de controlar as emoções, de forma a promover o crescimento emocional e intelectual. Até agora as coisas aconteceram para ou com você. A partir de hoje, faça com que você aconteça às coisas.

14. Sucesso: seus impulsores e seus opositores

> "*O sucesso é motivador. Traz bem-estar e prazer e nos impulsiona a buscar mais sucesso para que tenhamos uma vida plena e feliz. Precisamos conhecer e maximizar o uso das forças que podem nos impulsionar a ele, assim como identificar, eliminar ou minimizar os opositores ao sucesso.*"

Edson Guaracy Lima Fujita

Edson Guaracy Lima Fujita
Personal & Professional e Executive Coach pela Sociedade Brasileira de Coaching. Formado em Engenharia Química e em Processamento de Dados pela Universidade Federal do Paraná, com Especialização em Processamento de Petróleo, trabalhou na PETROBRAS por mais de vinte e três anos onde atuou nas áreas operacional, ambiental, projetos, desenvolvimento tecnológico e automação industrial. É Mestre pela UNICAMP onde ministrou o Curso de Especialização em Engenharia Ambiental por onze anos. Foi empresário, Diretor Técnico da Optimacia Comércio e Automação por mais de seis anos e Diretor Executivo da AGEVAP - Agência de Bacia do Rio Paraíba do Sul por quatro anos. Além de trabalhar com coaching pessoal e profissional, atua na área de business coaching, é consultor e ministra cursos e palestras.

Contatos
www.edsonfujita.com.br
edson@edsonfujita.com.br
www.facebook.com/edsonfujitacoaching
twitter.com/edsonfujita
(12) 99153-7670

Ter sucesso é realizar algo com êxito, que traga bem-estar, prazer, satisfação, faz os olhos brilharem e impulsiona a fazer de novo. É por isso que sucesso gera sucesso, pois se automotiva. Quanto mais áreas de nossa vida receberem os benefícios decorrentes do sucesso, melhor nos sentiremos e nossa vida tornar-se-á mais plena.

O surpreendente é que está registrado em nosso DNA, somos programados para o sucesso. Fomos gerados por que um espermatozoide, entre milhões, conseguiu vencer a corrida e fecundou o óvulo. Apenas uma chance entre milhões e nos tornamos os vencedores e o próprio prêmio dessa conquista.

"O sucesso gera mais sucesso!"

Aprender a comer, sorrir, falar ou andar são alguns dos desafios que desde bebê se busca superar, apesar das inúmeras tentativas sem êxito. Ser bem-sucedido, para muitas pessoas, é um desafio insuperável. As dificuldades se ampliaram, ou foi a maneira de encará-las?

Aprendemos observando e modelando pessoas à nossa volta. As brincadeiras desenvolvem raciocínio, sociabilidade e capacidade física e mental. O segredo em se obter maior número de tentativas bem-sucedidas está na forma como se reage a cada insucesso. Quanto mais se consegue ser bem-sucedido, mais o cérebro aprenderá como repetir aquele modo de se conseguir o êxito. É fazer e fazer novamente. Sempre!

Estabelecendo o sucesso desejado

Em que você quer ser bem-sucedido? Qual o seu objetivo? O que quer mudar em sua vida?

"Ter objetivo bem definido é o grande impulsor para o sucesso!"

Muitas pessoas não conseguem o sucesso por que nem sabem em que, ou para que o querem. O primeiro degrau para ser bem-sucedido é saber seu objetivo, aquele que vai lhe trazer o maior bem-estar em sua realização.

Definindo seu objetivo - "O que eu quero?"
Criatividade e análise são necessárias para a definição do objetivo:
- Para um bom momento de criatividade, escolha um local reservado. Ouça uma música inspiradora, fique em silêncio. Respire pausadamente. Coloque as mãos para trás e olhe para cima. Visualize o futuro que você deseja ter, com suas emoções, suas realizações. Pense no que deseja ter, ou substituir, em sua vida atual. Escute e sinta seu coração.
- Anote tudo o que quer ter, ser ou modificar em sua vida. Não priorize, nem analise ou censure. Este é um momento de ouvir o coração, de deixar fluir as ideias, as visões e as sensações. Use como base: "o que eu quero no lugar do que tenho hoje?".

Depois vem a etapa de **priorização**
- Faça uma lista com os bens materiais desejados e as mudanças pretendidas. Identifique o estilo de vida (ser) que é mais compatível com os bens materiais desejados (ter). Lembre-se sempre que ter (bens materiais) é consequência do seu estilo de vida (ser). Construa o ser e o ter será o resultado.
- Depois, **transformar os esboços** de objetivo em algo concreto. Imagine-se descrevendo detalhadamente seu objetivo, seu futuro, para 'um gênio imaginário' capaz de realizá-lo para você. Seja muito bem específico. O quê, para quê, por quê e como o quer, onde acontecerá e quem irá participar. Estes serão seus motivadores pelo prazer. Identifique o que poderá acontecer e o que sentirá caso não o alcance. Estes serão os motivadores para evitar a dor.
- O próximo passo é analisar e priorizar os possíveis estilos de vida desejada, criticando cada proposta. Para isso, cruzar os braços e manter os olhos para os lados identificando a real possibilidade de atingir cada objetivo (profissão, promoção, qualidade de vida) num prazo razoável e os necessários recursos.

Escolher o objetivo que promoverá o maior ganho em bem-estar para sua vida e **determinar prazo** para atingi-lo.
- Meça fisicamente o seu progresso. Exemplo: o valor poupado a cada mês.

Planejando o caminho para o sucesso - "Onde e como estou?"
Sabendo-se o que se quer há que se definir as etapas necessárias para a sua consecução.
Identificar características **pessoais** (conhecimento, capacidades, habilidades, competências) necessárias à construção do objetivo:
- Os atuais pontos fortes;

- Os pontos que necessitam ser aprimorados, e os que necessitarão ser aprendidos ou desenvolvidos.

Fazer uma **análise do ambiente:**
- Recursos necessários (financeiros, pessoas, equipamentos ou materiais) à consecução do objetivo pretendido;
- Oportunidades para alavancar e maximizar a conquista do seu objetivo, incluindo-as no processo;
- Possíveis ameaças que possam retardar ou até inviabilizar o objetivo pretendido. Analisar como minimizá-las e, se possível, eliminá-las.

Planejando a estratégia de execução - "Como eu consigo?"
Saber o que se deseja direciona passos e ações. É o começo.

As etapas devem ser bem definidas para não serem fáceis demais, nem muito desafiadoras, ou terem prazo muito longo de execução, evitando perda de motivação.

Planejar para cada habilidade, competência, comportamento ou recurso requerido, identificados na análise das características pessoais:
- Estratégias possíveis, entre elas treinamentos e mudanças de comportamento, que gerarão as condições necessárias à execução das etapas requeridas para a consecução do objetivo;
- Necessidade de recursos e de tempo, assim como os prazos para cada estratégia possível;
- Análise comparativa entre as estratégias possíveis.

Comparar vantagens e ganhos com as desvantagens e perdas, para cada estratégia identificada, por necessidade requerida. Para isso, listar:
- Vantagens específicas, ou desvantagens em adotar aquela estratégia;
- Ganhos ou perdas decorrentes em não adotá-la.

Ganho se fizer Motivação pelo prazer	**Perco se fizer** Sabotagem pela dor
Ganho se não fizer Sabotagem pelo prazer	**Perco se não fizer** Motivação pela dor

Fig. 1 - Análise comparativa de ganhos e perdas

Escolher aquela que menos consome recursos e tempo, gerando o resultado pretendido num prazo adequado, identificando, também, como:

- Minimizar as perdas por utilizá-la;
- Maximizar os ganhos da estratégia.

Os prazos devem ser condizentes com o objetivo. Caso haja discordância é necessário replanejar o prazo de cada etapa, ajustando-se também o prazo final.

Colocando em prática - "Qual o próximo passo?"

Muitas pessoas conseguem chegar até o passo anterior, mas não colocam em prática. Friso que a prática é que leva à perfeição. O próprio sucesso gera a motivação para a busca de mais sucesso. É sempre o próximo passo realizado que permitirá a realização dos passos seguintes.

"Primeiro ser e fazer: o ter é consequência!"

Elaborar um mapa indicando o prazo requerido para a execução das etapas entre o momento atual e a data definida para a consecução do objetivo é de fundamental importância para visualização e entendimento da urgência na execução de cada etapa, permitindo a gestão de eventuais folgas e evitando o comprometimento do prazo final. Anotar no topo de uma folha em branco a data definida para a conquista do objetivo;

- Anote, logo abaixo, aquela que será a última etapa, imediatamente antes da realização do objetivo. A sua duração determinará a sua data de início. Exemplificando: se uma etapa demorar duas semanas para ser executada, sua data de início será duas semanas antes da data definida para o objetivo ser alcançado;
- Anotar sucessivamente cada etapa imediatamente anterior, até a data de início do processo. Quando terminar estarão definidas todas as etapas com suas respectivas datas requeridas para início e fim, a partir de agora.
- Sabendo os próximos passos, execute-os.

Mantendo o processo

Inúmeros fatores influenciam o processo de construção do sucesso.

Há agentes externos e internos à pessoa que facilitam e impulsionam ao sucesso, denominados de impulsores, ou que podem retardar e até mesmo impedir o processo, chamados de opositores ao sucesso.

Entre os agentes externos estão os recursos materiais e financeiros. A falta deles pode ser mais um desafio à consecução do objetivo. Em contrapartida, sua abundância não significa garantia de sucesso.

Um objetivo bem definido é o principal impulsor ao sucesso. Outro grande impulsor à consecução do sucesso é o uso da capacidade emocional de forma inteligente:

- **Automotivação e autoconfiança:** forças internas que impedem que o desânimo, companhia constante de quem busca o sucesso, prejudique a execução das ações necessárias à construção do sucesso. São exuberantes quando a meta realmente vale a pena e crescem muito quanto mais se percebe caminhando em direção à meta proposta;
- **Estabilidade emocional:** mantendo o estado saudável das emoções, reduzindo o estresse, minimizando as reações explosivas, os atritos e desgastes;
- **Criatividade:** necessária à identificação de estratégias para suplantar o inesperado;
- **Proatividade:** antecipação aos fatos, prever e não deixar escapar as oportunidades que aparecerem;
- **Liderança:** construir relacionamentos (*network*), saber encontrar ou reconhecer quem poderá ajudar na construção do seu objetivo;
- **Comunicação eficaz:** competência fundamental para construção do sucesso, pois reduz possibilidades de erros, melhora relacionamentos, desenvolve confiança;
- **Capacidade de decisão:** é melhor uma decisão não tão boa do que não decidir. A procrastinação é extremamente perniciosa, pois retarda ou paralisa o processo.

Agentes opositores

Os principais agentes opositores ao sucesso são internos. Vigiar com muita perspicácia e inteligência as conversas e pensamentos internos, especialmente se forem negativos.

A palavra que mais ouvimos em nossa infância é NÃO. Nossas conversas internas tendem a reproduzir esse aprendizado. A intenção é nos proteger do insucesso ou de uma frustração, repetindo aqueles que nos criaram, geralmente querendo nos convencer a desistir do nosso objetivo. São nossos sabotadores internos.

É como se tivéssemos duas partes dentro nós - o bem e o mal, o Ying e o Yang, anjos e demônios - lutando. Uma parte agindo em busca de melhorias de longo prazo enquanto a outra cria barreiras, geralmente expressadas por pensamentos e atitudes que nos limitam e nos direcionam para o oposto, pois buscam uma satisfação imediata, como o prazer, ou o não sentir dor.

Vencendo o sabotador interno

Lidar com situações novas é desafiador. Avaliar como está a vida atual e como ficará após a mudança pretendida. Se sua vida é relativamente boa, razoavelmente equilibrada, o cérebro, vai analisar se vale a pena mudar, sair da zona de conforto, para uma outra, com as ameaças de novas preocupações, de mais responsabilidades, com necessidade de aprender novas atividades, mudança de atitudes e comportamentos, novos relacionamentos, enfim, um quadro impactante para quem não gosta de mudanças. A mudança requer consumo de energia e o cérebro não está disposto a gastar energia criando novas conexões e sinapses para poder aprender, e assumir essas mudanças decorrentes da nova situação gerada. Como resultado, de forma inconsciente, poderemos ser induzidos a erros, distrações, perdas de foco, atraso, desinteresse, preguiça, etc. Em casos graves há necessidade de ajuda profissional para se aprender a minimizar esses efeitos. Muita gente nem se dá conta dessa oposição perdendo o horário de concurso, ou vestibular, por razões muitas vezes "explicáveis", ou deixando de colocar a resposta certa. E, surpreendentemente, muitas vezes se percebe com medo do sucesso.

É preciso tranquilizar o "eu interior". Dizer-lhe que "agradecemos a preocupação com nosso bem-estar, mas que desejamos criar novas oportunidades para uma vida melhor, precisando do seu fundamental apoio para isso".

Assim se reduz a ansiedade e se cria uma conjugação de forças internas para novas possibilidades, novas oportunidades e alternativas frente às situações ou imprevistos que ocorrerem.

Ao invés de pensar: "quero uma casa, mas não tenho dinheiro", estruturar o pensamento de forma positiva: "eu não tenho dinheiro, mas quero uma casa com três quartos", induzindo o cérebro a conseguir o dinheiro para comprá-la.

Resumindo
1. Defina o que você quer de sua vida. Decida-se com urgência. Você só tem uma vida para ser vivida.
2. Analise suas condições atuais e as transformações necessárias para conseguir seu objetivo. Identifique capacidades, habilidades e a estratégia para conseguir novas ou melhorar as existentes.
3. Planeje como superar cada objeção à consecução do seu objetivo usando criatividade e a análise comparativa.
4. Execute o planejado. Não procrastine. Dê um passo de cada vez. O sucesso é consequência do aprendizado em como fazer.
5. Aplique sua inteligência emocional.
6. Gerencie seu sabotador interno.
7. A cada etapa avalie os resultados obtidos. Se necessário refaça o planejamento definindo novas etapas e prazos.
8. Viva feliz, pois você está construindo o futuro sonhado. Dele participarão todas as pessoas que lhe são importantes.

15. Construa o seu sucesso

"O meu significado de sucesso não é igual ao seu, eu não sou igual a você. Somos seres únicos."

Fernanda Camilo David

Fernanda Camilo David

Personal e Professional Coaching pela Sociedade Brasileira de Coaching (Graduate School of Master Coaches e Institute Coaching Council). Profissional Membro da Sociedade Brasileira de Coaching. Formada em Gestão de Recursos Humanos pela Univali e pós-graduanda em Psicologia Transpessoal. Hoje atua contribuindo no desenvolvimento pessoal e profissional de pessoas, empresas e grupos com cases de sucesso em trabalhos de coaching voltado para desenvolvimento de habilidades. Além de Coach, Fernanda ministra palestras com foco em qualidade de vida e alinhamento de objetivos profissionais x pessoais, um dos grandes desafios de todos nós. Traz em suas palestras uma série de informações práticas sobre o fascinante e desejado mundo da felicidade e sucesso com base nos fundamentos do Coaching e sua experiência de mudança comportamental. Proprietária da empresa Fernanda Camilo Coaching e Assessoria em Bem-Estar. Pioneira em Coaching voltado para Emagrecimento no sul do país.

Contatos
coach@fernandacamilo.com
FanPage: FernandaCoaching
Skype: Fernanda.coach1
(48) 96461762 / (48) 88057476

E para começar a falar em sucesso, acho pertinente sabermos a origem e significado literal desta palavra tão desejada por todos. sucesso vem do latim, *SUCESSUS* – avanço, seguimento, mover-se, deslocar-se. Somente no século XV é que sucesso passou a ser utilizado no sentido de *"resultado favorável"*, diante disso podemos entender que sucesso em sua origem significa avanço, um movimento, apenas um fato acontecido, qualquer fato. Porém, hoje encontramos outro significado muito difundido social e culturalmente, o sucesso atrelado a reconhecimento, crescimento, riqueza, prestígio, popularidade, todos esses aspectos geralmente ligados a questões profissionais. Pergunto a vocês: quantos comentários ouviram ou disseram relacionados ao sucesso pessoal especificamente? Por exemplo: "considero Cláudia uma pessoa de sucesso, tem uma família linda, cuida de sua saúde física e mental, está sempre disposta a ajudar, além de ser uma grande amiga". E então, respondo a vocês: não lembro a última vez que ouvi algum comentário como este, e vocês? Quero ilustrar aqui como o significado de sucesso está enraizado a questões estritamente profissionais e que esta interpretação acaba por influenciar a "nossa" interpretação real do que é o sucesso. É quase utopia pensarmos em sucesso sem relacionar os aspectos citados e, por isso, acredito que inconscientemente tais percepções acabam povoando e atuando em nossos pensamentos como padrões a seguir, afinal o conceito nos é apresentado assim, diariamente, em doses homeopáticas ou até mesmo em radicais dosagens. E lá estamos nós envoltos por sonhos de ter, ser e fazer, baseados em todos esses padrões que contribuem muito para nossa formação como seres humanos, e também no modo que vamos interpretar a vida, porém sabemos que não somos só meio e sim também os valores pessoais que construímos em nosso contexto pessoal e familiar. Como não querer buscar esse conceito de sucesso socialmente estabelecido? Como pensar em sucesso de forma diferente, quando tudo ao redor apresenta até agora um conceito "pronto" de sucesso?

Não quero julgar ou defender conceitos de sucesso. A intenção não é dizer qual deles cada um deve seguir. Quero a partir dessas questões proporcionar algumas reflexões, somente. Defendo a ideia de que todos nós devemos buscar o sucesso, acreditar em algo e lutar por este objetivo com todas as forças, pois tal busca é uma das grandes motivações humanas. Apresentei no começo do capítulo a palavra sucesso em sua origem, cujo conceito pouco tem a ver com resultados positivos e conquistas. Podemos então concluir que, esse conceito de sucesso tão conhecido foi interpretado e propagado por algumas pessoas, ou seja, o significado de sucesso é individual. Você pode enxergá-lo e defini-lo da maneira que quiser, de forma livre, sem ficar preso ao significado já conhecido da palavra, é um conceito a ser construído por cada pessoa. Considero libertador e inspirador o fato de nos permitirmos construir o nosso próprio conceito de sucesso, pois somos convidados a pensar no que realmente queremos para as nossas vidas e para as pessoas que nos cercam, definindo os passos que nos levarão até lá.

Convido você agora a construir o SEU conceito de sucesso, significá-lo ou até resgatá-lo, alinhado com a sua essência e valores pessoais. Vocês podem pensar: "Fernanda, não é algo simples, como vou agora construir o meu conceito de sucesso, se até aqui não havia pensado nisso?", ou "Já tenho o meu conceito de sucesso" ou ainda, "Sucesso é ter dinheiro para fazer o que quiser, é só ver na mídia essas pessoas de sucesso".

Aqueles que já possuem seu conceito de sucesso podem aproveitar este momento para reavaliá-lo. Fácil? Não disse que seria, porém não é impossível!

Não fique imaginando se o seu conceito está correto, fantasioso ou diferente das coisas que leu e viu sobre o assunto. Permita-se apenas ficar atento(a).

Nessa construção, seu conceito deve estar alinhado à pessoa que você é, aos seus valores pessoais, às coisas mais importantes em sua vida.

Formulou o seu conceito de sucesso, apenas iniciou a construção ou até aqui somente pensou sobre isso? Qualquer uma das alternativas já movimentou você, fez com que desse o primeiro passo.

Ter o seu conceito, saber o que é sucesso de forma individual, alinhado com seus valores, é importantíssimo. Agora você sabe o que deseja buscar ou já vem buscando, de acordo com o que entende que é importante para sua vida. Um conceito apenas não nos movimenta, porém nos faz pensar se estamos no caminho certo.

Para buscarmos esse sucesso almejado devemos iniciar uma caminhada, sair do mundo dos pensamentos e ideias, ir para a ação literalmente. O que tem feito para buscar o seu sucesso? Confesso que por muito tempo meu conceito de sucesso foi movido por desejos e não por ações, não definia foco e energia suficientes e não assumia a responsabilidade pela busca. Penso que esta inércia se dava diante de todas as expectativas definidas por outras pessoas, que erroneamente em algum momento todos nós pensamos que devemos atender. Eu me assustava um pouco com "ser bem-sucedido(a) custe o que custar": ter sucesso profissional, financeiro, em família, enfim, buscar o sucesso em todos os aspectos da vida

Hoje entendo que o movimento não acontecia porque não havia definido o sucesso de acordo com as minhas expectativas e valores, e sim de acordo com o que a sociedade me mostrava como certo e esperado. Sei que não é fácil assumir a responsabilidade por nosso sucesso e tomar as rédeas dessa caminhada das mãos do que é mais aceito e "normal". Acredite: conquistar, por exemplo, sucesso financeiro, para a sociedade um sucesso comprovado, se não for para você, não o fará feliz.

Fernanda, você está dizendo que sucesso não tem ligação com dinheiro? Não quero apresentar definições. Muitas vezes acreditamos que o que definimos para nós como sucesso nos fará feliz, porém quando chegamos lá, não nos sentimos assim. Provavelmente nossa definição não estava alinhada com os nossos valores pessoais, independente do significado que o sucesso tenha para você. Por isso, insisto sobre a importância de saber exatamente o que queremos e não apenas nos submeter às expectativas alheias sobre o que devemos querer. Seu conceito de sucesso deve responder as seguintes perguntas:

    a. Está alinhado com seus valores?
    b. É importante para você?
    c. Depende apenas de você para acontecer?
    d. A caminhada em busca do sucesso é desafiadora e motivadora?
    e. Imaginar a conquista do seu sucesso desperta emoções de felicidade?
    f. Outras pessoas além de você serão beneficiadas com seu sucesso?

Se a resposta para todas as perguntas for sim, você construiu o seu conceito de sucesso com propriedade e aspectos que lhe levarão a manter a caminhada na busca do objetivo, mesmo diante de todas as dificuldades. Caso uma das respostas tenha sido não, você tem a oportunidade de reavaliar seu conceito e alinhá-lo, acredite que este passo será muito comum, constantemente você poderá reavaliar se a caminhada está trazendo os resultados que o levarão ao sucesso.

A busca do seu sucesso deve ser feliz. Imagine se você definir que apenas terá felicidade plena quando alcançar o sucesso? Penso ser bastante cruel e limitador, pois nessa caminhada encontraremos muitas dificuldades e podemos sim fracassar. Geralmente, pensamos no sucesso como a chegada em algum lugar ou a conquista de algo específico. Cada passo em busca do sucesso deve ser encarado como uma conquista e deve ser reconhecido por você.

Transformar o sucesso em divisor de águas ou em condição não nos motivará diante de todos os percalços que enfrentaremos, a caminhada deve ser feliz, até por que acredito que não queremos ser felizes APENAS quando alcançarmos o sucesso, por isso encare as pequenas conquistas como degraus que o aproximam cada vez mais de onde quer chegar e reconheça, celebre esse sucesso-meio.

Conhecemos muitas histórias de pessoas de sucesso que iniciaram sua caminhada diante de muitas dificuldades: financeiras, de saúde física e mental, de poucas oportunidades, que fracassaram algumas vezes e conseguiram chegar ao sucesso que haviam definido para si, aprendendo com os fracassos, as dificuldades e reavaliando sempre alguns passos. Jamais desistiram, pois haviam construído o SEU conceito de sucesso e tinham certeza do caminho que deveriam trilhar. Essas pessoas são referências de sucesso hoje, e inspiração para muitos nos momentos mais difíceis.

Estratégias e dicas para a busca do sucesso você irá encontrar em uma série de livros, artigos, vídeos, palestras e treinamentos. Especificamente deste capítulo, eu gostaria que você levasse:

- Somos seres individuais, únicos, não existe outro de você neste universo;
- Leve destas palavras apenas as que atendam o SEU conceito de sucesso;
- Não faça a sua caminhada de forma solitária. Convide outros para estarem com você, assim será possível manter o equilíbrio pessoal e social e a cada conquista, muitos celebrarão;
- Esteja sempre aberto(a) ao aprendizado, modele comportamentos que considere importantes;
- E finalmente, algo que somente você pode fazer: colocar ou não em prática tudo o que conversamos até aqui... É uma decisão sua!

Gratidão pelo compartilhamento. Muito SEU sucesso!!!

16. Os quatro pilares para o sucesso pessoal

> *O segredo do sucesso pessoal começa pela consciência de ter uma base sólida, fundamentada em quatro pilares que o sustentam. Similares aos da construção de um prédio, de uma casa ou até mesmo de um castelo, eles são o alicerce que sustenta toda a construção. Cada um dos pilares tem sua força de sustentação e, utilizados de maneira adequada, permeiam, penetram e preenchem os espaços necessários para o sucesso em qualquer construção.*

Fernando Becker

Fernando Becker

Personal & Professional e Executive Coach pela Sociedade Brasileira de Coaching, Master Practitioner em PNL, Palestrante e Trainer em Vendas desde 1999, Presidente do Grupo FBX, Coach de terapia de Alto impacto, Trainer em treinamentos de Motivação e Automotivação, "Vendas com Comunicação Avançada" e Desenvolvedor de sistemas de treinamento personalizado para empresas.

Contatos
grupofbx@gmail.com
(51) 8127-7604

Como estamos tratando de uma responsabilidade tão vital como o sucesso pessoal, começarei com o principal elemento para qualquer construção, caminho ou decisão; estou falando do **foco**.

Em geral, as pessoas pensam que foco é deixar tudo de lado e realizar somente uma tarefa, seja o que for. Isso pode levá-las a não aceitar o sentido da palavra.

O **foco** é precursor do sucesso e da vitória. Com ele, você e eu abriremos a primeira porta para o caminho de alcançar o objetivo traçado. É um dos pilares para o sucesso pessoal porque se transforma em pré-requisito, para que você e eu continuemos no caminho escolhido. Para tê-lo, se faz importante utilizar toda a energia disponível em prol da decisão certa sobre qual caminho seguir, qual porta abrir, qual negócio fazer e assim, com tal decisão, você e eu teremos um norte. Após esta escolha, o **foco** é o primeiro orientador, a primeira bússola, ou melhor; a primeira ferramenta para construir seu castelo.

Vamos usar esta metáfora e construir um castelo baseado nos quatro pilares do sucesso pessoal. Nós o chamaremos de castelo da vitória (seu objetivo).

Você está preparado(a) para construir o castelo da vitória? Então vamos em frente!

Responda a seguinte pergunta para seguirmos com a construção:

Você tem um objetivo definido?

Caso ainda não tenha, pare agora mesmo. Pegue papel, caneta e escreva de forma legível, para que possa ler todos os dias até realizar o seu propósito. A nossa mente entende como verdade aquilo que acreditarmos como tal. Então, ler o seu propósito todos os dias, o trará para mais próximo de você.

Como criar um propósito definido:

Ao pensar em um propósito, ele deve ter o imprescindível pré-requisito de ser definido positivamente. Se nós desejamos algo, precisamos considerar de forma positiva, evitando a menção sobre o que não queremos. Por exemplo: Meu propósito é parar de..................

Ao invés de dizer "eu não quero mais fazer isso", diga o que pretende. Por exemplo: Eu quero fazer..................

Lembrando: utilize sempre as palavras no positivo. Para definir o propósito com exatidão, 4 perguntas são essenciais:

1. Eu realmente quero *isso*?
2. Eu mereço *isso*?
3. Depende de mim conseguir *isso*?
4. Alguém vai se prejudicar, quando eu conseguir *isso*?

Se as três primeiras respostas forem sim e a última não, este pode ser um propósito ecológico. Ou seja, pode ser realizado porque não trará consequências negativas para outras pessoas. Você merece ter isso, quer de verdade e depende apenas de você. Basta, portanto, seguir em frente com **foco**, o primeiro passo está quase pronto.

Temos um propósito definido, que se torna resultado de sua decisão. O nosso **foco** é construir o castelo da vitória, e de forma alguma seguir outro caminho, construindo uma casa ou um apartamento.

Uma pergunta, antes de prosseguir:

O que você se dispõe a fazer e sacrificar para a realização dos sonhos e a construção do castelo da vitória?

Vamos montar um plano para desenvolver nosso projeto, que exige a construção do segundo pilar, muito importante por sua característica de sustentação do castelo da vitória. Este pode ser o maior desafio para a maioria das pessoas, mas será facilmente alcançado com **foco**, desde que saiba o que quer e tenha disposição necessária para alcançar o sucesso em sua vida. Estamos falando da **disciplina.** Neste momento, rotinas precisam ser criadas e seguidas à risca, além da criação de um hábito novo que substituirá algum antigo, afinal uma nova rotina há de ser encaixada na agenda, exigindo tempo para a construção do castelo.

A **disciplina** reúne um conjunto de regras e deveres que serão mantidos rigorosamente para seguir um plano estipulado. Muito mais que apenas acordar cedo, representa uma parte fundamental do sucesso e por isso eu a classifiquei como pilar, pois sem ela o castelo, que será construído com muita dificuldade, em pouco tempo desmorona.

Esta qualidade pode ser considerada estratégica para o sucesso. Com ela, cria-se um novo futuro e uma nova vida, desde que em troca, se dê o equivalente em esforço.

Quero aproveitar este momento para fazer duas perguntas (se me permitir, é claro):

O que se dispõe a abrir mão, para alcançar seus objetivos?

Digamos que realize o seu maior sonho. Qual é a sensação que você terá, quando acontecer?

Talvez após respondê-las, a importância da **disciplina** se torne mais evidente, e assim poderemos seguir para o terceiro pilar de nosso castelo.

Chegou o momento de colocar os planos e o **foco** em prática. O terceiro pilar chama-se **ação**.

Sem ação, planos, **foco** e **disciplina** se tornam inúteis. Existe uma frase muito interessante que diz: "Planos sem ação são apenas planos, e ações sem planos são apenas perda de tempo". Isso faz sentido para você?

Agora é a hora de carregar os tijolos, colocar os planos em prática, praticar o que foi pensado e planejado. Será necessária certa preparação.

Imagine que alguém quer ser um jogador de futebol. Esta pessoa responde as quatro perguntas e não acredita que vá prejudicar ninguém. O jogador vai ao teste sem ter treinado uma vez sequer. Ele tinha um propósito definido, mas falhou em **disciplina**. A **ação** deve trazer consigo a **disciplina** como um ponto forte e não apenas um ponto qualquer. Embora o exemplo mencione um jogador de futebol, o mesmo vale para todas as profissões em que se pretende destaque.

Se tiver a **ação** necessária para o que tiver de ser feito, assumir sacrifícios e novos hábitos, sempre em direção ao alvo com **foco** e **disciplina**, digamos que 100.000 tijolos sejam necessários para a construção de seu castelo: você terá cada um deles a sua disposição.

Agora que estamos com três pilares fortes, determinados, com um propósito definido e a nossa obra está a todo vapor, vamos contar com o quarto pilar, para não correr o risco de desistir da construção do castelo diante de qualquer dificuldade. As dificuldades aparecerão, mas quando queremos de verdade, estamos cientes do merecimento e não vamos prejudicar ninguém, a vitória depende apenas da continuidade de esforços. Logo, só resta um pilar a ser construído para formar a base sólida deste castelo, chama-se **persistência**.

A **persistência** fará com que seu castelo da vitória fique de pé. O quarto pilar também vai assegurar que a edificação siga até o fim da obra. Percebe a importância deste pré-requisito para a entrega do sonho de sua vida?

As lutas e dificuldades do caminho são desafios que devem ser combatidos com os quatro pilares juntos, **foco** para não sair do caminho, **disciplina** para seguir com os planos, **ação** para colocá-los em prática, fazendo o que for necessário e **persistência** para permanecer na batalha, sabendo que o objetivo será conquistado, não há outra alternativa, não há outra saída a não ser seguir com fé.

A **fé** é o combustível da **persistência** e desconhece incerteza ou medo. Se a decisão foi tomada com **fé** verdadeira, vai dar certo. Ainda que o início não aponte para a vitória, pode persistir e ela virá.

Quem não tem fé ignora a **persistência** e não realiza nada. Desenvolva o combustível da **vitória** e do **sucesso** na vida pessoal.

Quero deixar uma frase para reflexão:

A vitória está um passo adiante do lugar em que as pessoas comuns desistem. Seja feliz em seu castelo da vitória!

Os quatro pilares do sucesso na sua vida pessoal.

Foco | Disciplina | Ação | Persistência

17. Felicidade profissional

> *"A nossa busca pela felicidade é bem mais que a obtenção de bens ou de uma independência financeira, trata-se da própria plenitude como ser humano. Porém, é inquestionável que a área profissional contribui para essa busca através de sucesso individual na área profissional e realização na empresa onde trabalhamos. E quando conseguimos atingir ambos, a isso nós chamaremos de felicidade profissional."*

Frederico Leal

Frederico Leal

Master coach pelo BCI - Behavioral Coaching Institute. Business, executive & leader as a coach pelo BCI/SBC e Personal & professional coach pela SBC - Sociedade Brasileira de Coaching. Executive coach pelo ICI – Integrated Coaching Institute. Especialização em Coaching cognitivo pelo ITC - Instituto de Terapia Cognitiva e Coaching de gestão de talentos pelo Instituto Maksuri. Membro do ICC – International Coaching Council. Associado à SBC. Master em Programação Neurolinguística. MBA em Liderança pela FranklinCovey. Técnico em Hipnose e Psicocibernética. Analista Quântico e Alpha-Coach pelo Worth Ethic/SBC. Atua como business coach no desenvolvimento do planejamento estratégico e reorganização estrutural, estabelecimento e/ou realinhamento de: missão, visão e valores de empresas. Especialização nas áreas de negociação & vendas, comunicação, liderança e administração do tempo. Atua nas áreas motivacional, atitudinal & comportamental, andragogia, terapia cognitiva, estudos do pensamento humano. Engenheiro químico, pós-graduado em Pedagogia Profissionalizante pela UNIP, atua como Coach de segurança com foco em SSMA-Segurança Saúde e Meio Ambiente Industrial, na Implantação de sistemas de gestão, programas, treinamentos e palestras com foco na redução de acidentes.

Contatos
frederico.leal@ehvus.com.br
www.facebook.com/EHVUS
(12) 3622-4488 / (12) 99735-2663

Sucesso x felicidade

Primeiramente precisamos partir de algumas hipóteses, e para defini-las, faço duas perguntas sobre o sucesso e a felicidade:

- Pode uma pessoa bem-sucedida não ser feliz?
- Pode uma pessoa ser feliz e não ter sucesso no que definiu?

Tenho certeza de que a maioria das pessoas vai responder: "Depende", e embora tenha certeza de que alguns vão dizer sim ou mesmo não para uma ou duas possibilidades acima, ambas as posições merecem uma análise um pouco mais profunda.

Para que possamos avaliar melhor essas questões, analisemos dois pressupostos bem aceitos como verdade para a maioria dos teóricos a respeito da felicidade:

1. Todos buscam ser felizes.
2. A felicidade é algo individual.

De acordo com a filosofia e a psicologia, existem algumas extrapolações interessantes sobre a felicidade. Uma delas nos diz que a felicidade tem uma relação paralela com o sucesso, pois este também é individual e não padronizado. Assim, podemos concluir que o que é felicidade ou sucesso para um pode não ser para outro, já que partimos de necessidades individuais distintas.

Todavia, não podemos confundir esse conceito com uma "definição estereotipada" de felicidade, em que se procura incutir no ser humano, e no profissional também, o que ele deve querer ou achar que seja felicidade, principalmente em uma sociedade extremamente racionalizadora para as questões de obtenção de eficiência e produtividade, que não leva em conta as diferenças de formação, de foco, crenças, necessidades e uma visão holística do profissional ou do indivíduo.

Existem evidências, que encontramos aos montes, em clínicas de terapias e psiquiátricas, que nos dizem, com uma grande margem de certeza, que uma pessoa que não consegue atingir o sucesso que ela estabeleceu para si dificilmente poderá dizer que esteja feliz.

Entretanto, o mais curioso é que encontramos as mesmas evidências, nas mesmas clínicas, para aqueles que estão muito bem situados, mas que não podem dizer que estão em um estágio de felicidade plena.

Portanto, notamos que a relação entre esses dois focos da busca humana é direta e não acontece em estados distintos e independentes, uma vez que o sucesso é somente uma das peças nesse quebra-cabeça que chamamos felicidade.

Na realidade, sucesso e felicidade estão inter-relacionados, e se considerarmos que o pressuposto da PNL diz que a busca do ser humano é pela sua felicidade, podemos afirmar que o sucesso compõe a felicidade, e não o contrário. A partir disso é possível dizer, portanto, que o sucesso profissional é apenas um estágio de felicidade profissional que todos estão buscando.

| Escolha profissional

Estudos comprovam que a felicidade é um estado de êxtase do indivíduo, no qual toda a necessidade intrínseca ao ser é atendida, bem como suas necessidades profissionais almejadas, ou seja, holisticamente. Podemos ver que trata-se, portanto, de uma estrutura pessoal", tal como explicitado anteriormente.

Para termos a dimensão de uma felicidade profissional, precisamos analisar o conjunto: estar empregado, exercer a profissão graduada, e se a profissão escolhida realmente tem a ver com a pessoa, pois muitas vezes a formação não é exercida ou ainda, na pior das hipóteses, descobre-se que não era bem isso que se estava querendo.

Nestas circunstâncias, pela quantidade de incertezas, fica bem claro que dificilmente a felicidade profissional será atingida, de maneira que será necessário planejar um recomeço, ou então sujeitar-se a permanecer na eterna "insatisfação" profissional, que poderá trazer muitos dissabores futuros, até que se tenha coragem para solucioná-la.

Este é o primeiro ponto relativo à felicidade profissional, a escolha, o exercer e o identificar-se com a profissão que você definiu para ser feliz. A sua escolha não foi um acaso, você se identificou com algo nela que o levou a essa opção.

A escolha de uma profissão deve ser feita diligente e conscientemente, e, se necessário, com o auxílio de um profissional que possa ajudar a identificá-la. Disso depende o conhecimento da missão de vida, pois sem conhecê-la, será mais difícil encontrar aquilo a que se dedicar.

Missão

É por ela que se desenvolvem todos os esforços, aplicam-se todos os conhecimentos, habilidades e ações, para que a missão seja vivida. Ela nunca será atingida, vive-se por ela, e mesmo que não haja consciência da missão, por desconhecê-la, seremos como que impulsionados a seguir esse caminho, pois está intrinsecamente ligado ao ser, e assim o fazendo, sentiremos um enorme prazer no que se faz, não medindo esforços para permanecer no contexto que se encontra.

Diante disso, é correto afirmar que a escolha profissional passa necessariamente pela missão de vida. É por isso que vemos tantas pessoas descontentes profissionalmente, justo por não terem claro para elas sua missão e sem entender o porquê de sua insatisfação, na maioria das vezes extrapola para a vida pessoal, já que é inquestionável que o pessoal e o profissional são indissociáveis e existem em uma forma una, e por mais que se negue, ao final elas acabarão se revelando.

A missão pode mudar com o passar do tempo, com suas experiências de vida, com novas habilidades, novos conhecimentos adquiridos e necessidades, e poderá até mesmo fazê-lo repensar a direção da sua vida, tanto pessoal quanto profissional. E isso não tem nada de errado, apenas é uma consequência do amadurecimento pessoal ou profissional do indivíduo.

Portanto, o passo um para sua felicidade profissional é:

Encontre a sua missão de vida, foque-se nela e passe a vivê-la incessantemente, e se não está claro para você qual seja essa missão, busque auxílio profissional que com certeza será mais fácil, existem excelentes profissionais vocacionais, de *coaching* ou *mentoring*, que poderão auxiliá-lo nessa procura.

Local de trabalho

Este é outro ponto que precisa ser estudado, já que se pode estar muito feliz com a profissão escolhida, mas o local onde ela é exercida pode não trazer tranquilidade, paz de espírito e consequentemente a alegria, e isso pode ocorrer em função de vários aspectos, desde um chefe "mala", "ditador", desorganizado, ou ainda por ser um lugar onde você não consegue explorar todo seu potencial tanto pessoal quanto profissional.

Da mesma forma, é possível que você trabalhe em uma empresa bacana, mas que não atende a sua demanda pessoal ou profissional, já que ali você não exerce sua profissão, o que pode causar profunda frustração, e portanto uma não alegria.

Outro aspecto importante é não deixar as emoções se sobreporem à racionalidade no trabalho, pois do contrário a felicidade profissional fica ainda mais difícil de atingir.

Muitos profissionais acreditam que sua felicidade deve ser proporcionada pela empresa em que trabalham e permanecem a vida inteira reclamando de tudo e de todos, na mesma empresa, dia após dia, sem compreenderem que a felicidade é uma procura constante e sistemática individual e não algo que é entregue pronto.

Existem empresas que se preocupam com qualidade de vida de seus profissionais, e proporcionam meios para que eles se sintam motivados a buscar sua própria realização, estabelecem um plano de carreira com incentivos e gestão por competências que influenciam positivamente na melhoria contínua da competência individual, pois os profissionais entendem que maiores responsabilidades estarão atreladas a ganhos financeiros maiores e/ou melhores benefícios à sua função, influenciando para o sucesso profissional a ser considerado.

Por outro lado, ser feliz profissionalmente não significa executar apenas as tarefas fáceis simples ou agradáveis, em um ambiente livre de cobranças, sem estresse ou pressões comuns um ambiente produtivo e de alta performance, isso seria uma forma infantil de se pensar.

Profissionais engajados sabem que não é possível sair desse contexto, que aliás é altamente salutar, pois por meio dele você sempre será levado a obter o máximo de suas competências e trabalhará em um contínuo "professional stretch", o que permite maiores e melhores resultados, influenciando diretamente na recompensa profissional que certamente estará alinhado a seu sucesso profissional.

Entretanto, pode acontecer de a ecologia da empresa ser ou estar totalmente fora dos seus valores. Essa "corrupção" de seus valores pode causar forte agonia caso permaneça na empresa. Anote, isso acontece, e muitos já se demitiram por isso.

| Valores

Valores são os limites éticos assumidos em função da experiência de vida, crenças, criação, educação. São padrões, que dizem se podemos ou não assumir ou fazer algo. Vivemos por valores e passaremos a viver mal se eles forem corrompidos, sentimo-nos culpados quando agimos contra eles e muitas vezes passamos o resto da vida infelizes, por isso é importante conhecer por quais valores se vive, pois eles poderão influenciar também sua permanência em uma empresa.

Empresas têm missão, visão e valores, e faz-se necessário que estes passem pelo mesmo caminho que você quer trilhar. Veja se eles são compatíveis aos seus requerimentos de crescimento e a suas metas profissionais e pessoais, mesmo que sejam para servirem de um degrau ou um passo a mais na direção de sua missão, visão e valores pessoais. Deixe claro e transparente para sua chefia e trabalhe decidido para suas metas e objetivos.

Não há nada de errado em você se estabelecer em uma empresa, que muitas vezes não é o seu projeto de vida, mas cuja missão, visão e valores estejam no mesmo sentido e direção que os seus; se assim o for, ambos podem ganhar com um trabalho de qualidade, responsabilidade e compromisso mútuo, com transparência, lealdade e foco nos resultados comum e individual, desenvolvendo o máximo do seu potencial.

Profissionais de alta performance trabalham sem subterfúgios, trabalham sem querer levar vantagem, não querem fazer uma trabalho medíocre, pois sabem que esse tipo de relação certamente os levará a um rompimento irreversível.

- *Você sabe qual é sua missão, visão e valores pessoais e profissionais para contrapô-los aos da empresa que você trabalha ou pretende trabalhar?*
- *Você tem um projeto de vida a desenvolver e focar para gerar resultados para o seu futuro?*

Para atingir o seu sucesso, a sua felicidade profissional, você tem que ter isso bem claro, sob pena de ficar trabalhando ao sabor do que lhe for oferecido, sem saber o que realmente faz seus olhos brilharem e seus pensamentos vibrarem de prazer.

Sem essas informações, o profissional corre o sério risco de ficar navegando de barco em barco, à deriva, sem direção até que um belo dia descubra que acabou chegando a um porto distante daquele que pretendia chegar.

Outro ponto a ser considerado é que algumas vezes precisamos sair do nosso modo de conforto e ousar, arriscar novos caminhos que não os atuais já seguros e tão felizes (aparentemente). Isso quer dizer que caso apareça uma nova oportunidade para você, avalie efetivamente o que ela pode oferecer, estude-a com muito carinho, obtenha mais informações do cargo, das funções necessárias, faça uma pesquisa no mercado, pergunte às pessoas de seu convívio, pergunte a atuais e a ex-funcionários, faça um levantamento da história da empresa. Avalie cuidadosamente a missão, a visão e principalmente os valores da empresa, veja se batem com os seus, analise se essa empresa poderá levar você em direção à sua missão, visão de vida, e aí sim tome a sua decisão.

Certeza de acerto? Bem, isso nunca teremos, mas agindo dessa maneira, com clareza, podemos minimizar alguns dos acidentes de percurso. Lembrem-se:

"Hoje sabemos o que queremos para nós amanhã, mas não sabemos hoje, o que amanhã iremos querer para nós amanhã".

Essa é uma possibilidade real de aumentar suas chances de acertar, não é somente salário que deve contar para sua tomada de decisão, são muitos os fatores, todos importantes e inter-relacionados entre si.

O importante é que em sua próxima tomada de decisão para seu atual ou próximo emprego, com o exposto acima, você se sinta muito mais bem preparado para decidir com qualidade pelo seu futuro profissional.

Esteja sempre insatisfeito, busque por mais, mais conhecimento, mais competência, mais foco, mais desafios, saiba que uma insatisfação positiva sempre nos levará para adiante e poderá ser a cada dia o marco inicial de uma nova história de sucesso, uma nova fase para o seu sucesso profissional e pessoal, que certamente vai levá-lo à sua tão almejada felicidade profissional.

18. A subjetividade da realidade

"A realidade é mental e quando a relatividade dos fatos é trazida para a mente, a vida ganha o seu sabor. Quem pode deter uma alma que ousa? Quem pode mensurar os resultados daquele que sonha?"

Gisele Santos

Gisele Santos

Fundadora da VipNine – Corporação Inteligente de Desenvolvimento, Coach de Desenvolvimento, Personal & Professional Coach pela Sociedade Brasileira de Coaching (SBCoaching), Professional & Self Coach formada pelo Instituto Brasileiro de Coaching (IBC), certificada internacionalmente pela Global Coaching Community, European Coaching Association, Behavorial Coaching Institute, International Association of Coaching. Terapeuta Holística habilitada em Balanceamento Muscular e Reiki Método Tradicional Mikao Usui, facilitadora de formações em Terapias Holísticas e workshops. Idealizadora dos projetos Coaching Evolutivo – o Caminho do Desenvolvimento e LOV Coaching.

Contatos
vipnine.com.br
gisele@vipnine.com.br
(11) 98663 7453
(11) 94211 7196

Minúcia científica

Há tempos, a busca por soluções práticas e únicas passou a ser o principal objetivo daqueles que desejam uma colocação diferenciada. Sonhos, desejos e planos não são mais suficientes para garantir a realização daquilo que foi idealizado.

As radicais mudanças da visão mecanicista para a visão moderna fizeram vários pilares que sustentavam as antigas verdades arruinarem. Nem todo resultado pode ser previsto por coordenadas cartesianas, o universo não é como um relógio mecânico, entre causas e efeitos há um enorme e misterioso caminho a decifrar. A vida é muito mais que uma mera combinação de aminoácidos, doenças podem ser geradas pelo pensamento, o que se observa no céu nem mesmo pode existir e dentro de uma suposta realidade, o que se pode detectar são somente ondas de probabilidade. Durante a invasão da visão holística do universo e de tudo que o contém, o complexo e aparente comportamento esquisito da natureza tem nos provocado a procurar respostas simples e claras. Ligações entre corpo, mente e espírito ganharam espaço em discussões filosóficas e os supersticiosos poderes de poucos homens foram postos em xeque pela nova ciência.

Dentre tantas mudanças drásticas e difíceis de assimilar rapidamente, como podemos definir o que é real? Qual é o segredo por trás do segredo do sucesso, do amor, da felicidade e dos relacionamentos? Se lhe fosse concedido o poder, o que você faria?

| Acerca da realidade

Durante a vida, somos expostos a diversos tipos de informações. Som, luminosidade, movimento, calor, frio, tensão, stress, alívio são exemplos diversificados daquilo que nos rodeia. Estamos inseridos em um mundo que possui todo e qualquer tipo de situação.

Muitas informações recebidas diariamente não podem ser detectadas e processadas conscientemente, restando ao homem moderno inventar mecanismos para interpretar o que está acontecendo longe do alcance de seus sentidos. Desta forma, criam-se modelos explicativos e para validá-los, testa-os sob a luz da ciência.

Mesmo realizando testes e criando modelos tão próximos da realidade que nos cerca, os resultados são somente interpretações sujeitas a filtros que ajudam a construir a nossa visão de mundo. Entre tantos filtros existentes, podemos citar três tipos básicos:

1. Filtros neurológicos: compostos pelas informações que o sistema nervoso leva até o cérebro para acionar outros sistemas do corpo, produzindo sensações ou emoções diferenciadas;

2. Filtros sociais: formados pela cultura em que a pessoa está inserida. Pode ser manifestada através de hábitos ou crendices populares;

3. Filtros individuais: concebidos pelas experiências do dia a dia, do aprendizado individual, das crenças e valores construídos durante a vida.

Como exemplo, temos a definição da palavra átomo. Pense no átomo. Que imagem veio à sua mente? Uma bolinha? Algo parecido com uma bola grande no centro e outras, menores, girando ao redor dela? Uma nuvem de cargas negativas em volta de um ponto de massa positiva? Um esquema da aula de física ou química? Independente da imagem que você criou, só foi possível concebê-la por causa dos filtros mencionados anteriormente. Estas imagens são formadas pelas limitações do seu sistema sensorial, pela influência de seus professores, pais, amigos, da mídia, por seu envolvimento e identificação com a ciência. Agora, imagine alguém lhe contando, após uma descoberta anunciada, que os átomos são parecidos com pirâmides. Se você fosse um pesquisador ou estudante assíduo, talvez consideraria engraçada a suposição e teria dezenas de argumentos para contestá-la; se fosse uma pessoa de pouca interação com o mundo científico, provavelmente desconfiaria desta suposição, principalmente se houvesse pouca informação disponível na mídia; se você morasse em algum lugar isolado, com restrições na divulgação de informações e esta fosse a única que houvesse chegado até você, quem sabe poderia aceitá-la como verdade e imaginaria tudo ao seu redor constituído por pequenas pirâmides agrupadas perfeitamente. Cada suposição foi suficiente para exemplificar a verdade que cada pessoa forma. Durante séculos a ciência vem modificando os seus modelos de mundo conforme os novos comportamentos que são observados e interpretados. Acerca da realidade, pode-se afirmar somente que ela é **relativa** e por conta desta característica, pode ser substituída conforme as novas interpretações que se faz.

Transpondo a ciência para o cotidiano

As diferentes interpretações que a ciência oferece para os fenômenos naturais são análogas às que nós damos para a própria existência. Criamos um mundo interno e um externo que interagem constantemente. Os mesmos filtros que nos impedem de ver a natureza como ela é, agem através de nossas crenças e valores. "Não consigo fazer isso", "Minha vida é inútil", "O amor não existe" e tantas outras frases revelam crenças que limitam a nossa evolução.

Na prática há verdades que são úteis de serem adotadas porque potencializam o nosso mundo interior, modificando o exterior. Muitas crenças são adquiridas através daquilo que aceitamos como verdade de outras pessoas e, por isso, diversas vezes reduzimos a atuação de nossos talentos e habilidades sem ao menos questionarmos o porquê. O estilo de vida que você escolheu para viver será decisivo para o sucesso dos objetivos; resultados são atingidos através da superação de metas e do fortalecimento interior ante as adversidades.

O segredo do sucesso está em questionar as crenças que criam a sua atual realidade e confrontá-las com as que conduzem ao resultado desejado. É trazer à consciência o que de fato o sabota, considerando que em todas as escolhas está implícito o prazer que se ganha com elas.

Quando se compreende o motivo de um determinado comportamento, a crença que o fortalece e o prazer gerado por este conjunto, o modelo daquela realidade se desfaz, deixando o solo fértil para plantar sementes que geram frutos novos e de boa qualidade.

Reprograme-se

Há uma técnica muito simples de se aplicar para que possamos avaliar as crenças que nos limitam e fortalecem diariamente. Ela é fundamentada na psicologia positiva e, como consequência, fortalece a memória, traz relaxamento, autoconhecimento e um profundo comprometimento com os resultados que criamos. São oito passos simples que podem ser adotados diariamente, antes de dormir. Cada etapa deve ter no mínimo um minuto de duração.

1° Passo: respire

Respire profundamente durante alguns minutos, concentrando-se no movimento do tórax e do abdômen. Sinta o ar entrar e sair. Preste atenção no seu corpo, em como a respiração vai modificando o ritmo dele;

2º Passo: concentre-se

Concentre-se no número "um", o exercício consiste em ficar pensando somente nele. Caso a sua mente seja invadida por outro pensamento, imediatamente você deve mudar para o número "dois" e assim sucessivamente. Depois de um minuto, você saberá quantos pensamentos vieram a sua mente. O propósito deste exercício é manter a mente concentrada somente no número "um".

3º Passo: mude

Concentre-se nos pontos negativos das últimas 24 horas. Lembre-se de cada um, perguntando-se "o que eu poderia ter feito no lugar disso?", "O que farei em seguida?", "Como posso adaptar meus pensamentos, atitudes e emoções, para que sejam melhores da próxima vez?".

4º Passo: fortaleça

Análogo ao 3º passo, neste você se concentrará nos pontos positivos que obteve durante o dia. Coloque cor e brilho nas suas lembranças, intensifique os sons e reproduza as sensações. Traga à mente o quanto é bom viver!

5º Passo: analise-se

Este é o momento em que você deve se concentrar na totalidade do seu ser. Respire devagar e profundamente e pergunte:
"O que meu corpo está sentindo agora?"
"Quais emoções estou sentindo agora?"
"Quais atitudes estou tendo agora?"
"Quais pensamentos estou tendo agora?"
Durante esta etapa, você aumentará a autoconsciência, vivendo a plenitude do seu ser.

6º Passo: adapte-se

Após a avaliação do seu corpo, emoções, atitudes e pensamentos; questione-se qual deve ser adaptado. Escolha o que deseja no lugar daquilo que você sentiu e diga sempre afirmativamente, de forma gentil, o que deveria ser.
"O meu corpo está..."
"Sinto-me ..."
"Sou proativo. Sou dinâmico. Sou..."
"Isso é a minha prioridade. Sou bom o suficiente. Sinto que posso"

7° Passo: tela mental

Visualize como você deseja as suas próximas 24 horas. "Quais serão as sensações no seu corpo?" "Quais serão as suas emoções?" "Quais atitudes você terá" e "Quais pensamentos o fortalecerão?". É aconselhável que esta etapa seja feita como se fosse um filme. Feche os olhos e se permita criar.

8° Passo: agradeça

Agradeça por tudo aquilo que considera importante naquele momento. Imagine o seu coração pulsando forte e lhe conte os motivos pelos quais você é grato(a).

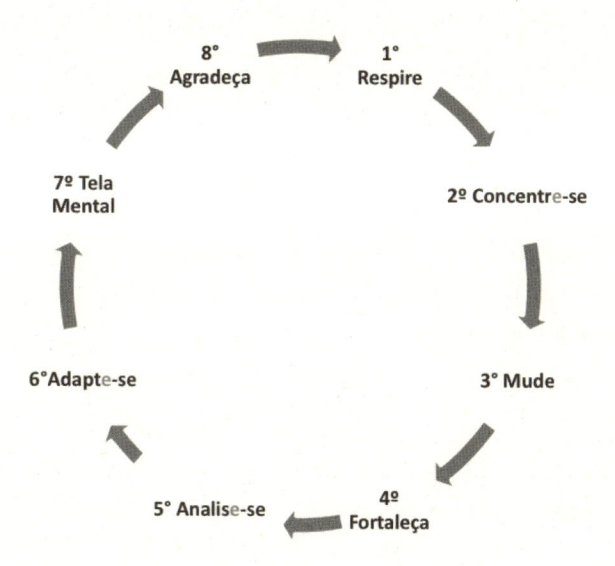

Programe-se: 8 etapas para avaliar e recriar crenças e valores

Quando os desafios aparentarem ser insuperáveis e as forças ineficientes, desejo que você ouse questioná-los. Quanto mais conscientes dos modelos que estamos criando e recriando, maior será o poder de modificar as sensações e emoções negativas. Para isso, basta dar o primeiro passo, respirar profundamente e viver a aventura de conhecer-se. Que seu caminho seja repleto de Paz, Luz e Harmonia!

Referências
BANDLER, Richard & GRINDER, John. *A Estrutura da Magia*, Rio de Janeiro LTC, 2013.
ISRAEL, Richard & NORTH, Vanda. *Chi Mental - Reprograme seu cérebro diariamente em apenas 8 minutos*, São Paulo DVS Editora, 2012.
INICIADOS, Três. *O Caibalion*, São Paulo, Pensamento, 1978.

19. Dono ou refém da própria vida?

> *"Não existe uma fórmula secreta a ser revelada para o sucesso, ou para felicidade, ou para a realização, simplesmente porque se existisse não haveria liberdade e o valor fundamental para se atingir qualquer desses resultados é a liberdade de agir, de pensar, de escolher, de ser quem você é na sua mais pura essência. Aliás, esse é um dos princípios básicos do coaching, só você sabe o que é melhor para você."*

Inessa Franco

Inessa Franco

Autora do Programa: Direcione Seu Dia, 7 etapas para um dia mais produtivo e feliz; e do E-book: Desperte Seu Poder. Trabalho como coach de propósito de vida. Tenho três formações em Coaching, sendo uma em Coaching Ericksoniano e outras duas formações clássicas (Instituto Brasileiro de Coaching (IBC) e pelo Humanity - optei por duas escolas tradicionais que seguem linhas diferentes. Possuo seis certificações internacionais como Coach, sendo as três principais: Behavioral Coaching Institute (BCI) e European Coaching Association (ECA); International Society of Coaching (ISC). Sou também certificada pela ICF - (ID ICF: 9042914). Professora de direito civil da Escola da Magistratura do Estado do Rio de Janeiro (EMERJ). Possuo experiência de dez anos no trato direto com as pessoas em diversas vertentes que me dão flexibilidade e visão diversificada, pois já atuei: projetando sonhos, como conciliadora, como conselheira, como juíza leiga, como professora, como coach e analista comportamental.

Contatos

www.inessafranco.com.br
inessa@inessafranco.com.br
www.facebook.com/inessafranco
www.youtube.com/inessafranco
@inessafranco
(21) 2143-1218

O que é sucesso pessoal? Em entrevista com várias pessoas de diversas idades e classes sociais cada uma tinha uma ideia sobre o tema: ser feliz, ter dinheiro, ter status, ser reconhecido pelo o que se faz,...

O dicionário Aurélio define sucesso como: "2. Resultado, conclusão; 4. Bom êxito; resultado feliz".

Sucesso é uma visão pessoal, inobstante possa fazer parte do pensamento coletivo. Significa que uma pessoa pode se considerar de sucesso, enquanto a maioria entende que ela não o tem, por outro lado, muitas vezes a pessoa pode se ver sem sucesso, enquanto muitos a consideram como um sucesso.

Entendo que sucesso pessoal é a obtenção de um resultado pretendido.

Para se ter sucesso pessoal primeiro é necessário saber o que se pretende, qual o sonho, onde se quer chegar. A famosa frase do filme Alice no País das Maravilhas "Quem não sabe para que lado vai, qualquer caminho serve" reflete bem o sentido de quem está perdido. Normalmente, quem assim se encontra anda em círculos, segue sem objetivos e na maioria das vezes sente que falta algo em sua vida, como se houvesse um vazio, um buraco, cada um expressa e sente essa falta de objetivo de uma maneira.

É preciso saber onde a pessoa está. Onde você está? Como está sua vida? O que você quer para você hoje? E daqui a dois, cinco e dez anos? Com o que pretende estar trabalhando? Com quem? Como estará sua vida pessoal? Como estará sua vida familiar? Como estará sua carreira? Como será seu cotidiano, sua alimentação, sua casa, seus amigos, seu lazer?

Isso é simples e...Esse é um dos principais motivos pelos quais as pessoas não atingem o sucesso pessoal. As pessoas não param para pensar em como estão, em o que querem e como vão atingir o que querem. Muitos até param para refletir, mas não dão seguimento, ficam envolvidos com as pequenas coisas do dia a dia e permitem que a vida facilmente passe, sem que possam projetar e construir os seus objetivos.

A sua vida pode ser exatamente do jeito que você quer. Você acredita nisso? Só depende de você!! Porque algumas pessoas são inteligentes, têm um milhão de oportunidades e estão perdidas, e outras que nem são tão inteligentes assim, passam por muitos problemas e dificuldades na vida e conseguem vencer e obter o sucesso? A diferença? Elas sabem o que querem, têm foco, meta, planejamento, e agem para conseguir até conseguirem.

A verdade é que muitas pessoas não se conhecem o quanto pensam que se conhecem, elas ficam agarradas a acontecimentos cotidianos, que se pararem e se perguntarem daqui a dois anos, o quanto isso será relevante para mim? A resposta provavelmente será: nada. Temos a tendência de valorizarmos muito fatos irrelevantes e gastamos energia demasiada em questões que simplesmente não nos empoderam, ao contrário, retiram a nossa força, porque nos dispersam do nosso foco.

Ninguém no mundo conhece você melhor além de si mesmo! Mas, o quão profundo você se conhece, quanto tempo do seu dia, do mês, do ano, você se dedica exclusivamente a você? Seja sincero. Quanto tempo e dinheiro investe em seu autoconhecimento e em seu desenvolvimento pessoal?

Talvez você conheça muito bem uma área da sua vida, saiba o que quer e atue para isso, e nessa é provável você tenha total sucesso, não é verdade?! E as demais áreas, como estão?

O primeiro princípio necessário para atingir o sucesso é saber o que você quer. Então lhe pergunto: O que você quer para você: Em termos de relacionamento afetivo, que tipo de relação? Como é essa pessoa? Com relação a sua profissão, carreira, você faz o que gosta? O que gostaria de fazer? Pelo o que você trabalharia de graça de tanto prazer que tem em fazer? Você gosta do lugar em que trabalha? Onde gostaria de trabalhar? Gosta das pessoas com quem trabalha? Com quem gostaria de trabalhar? Como você quer a sua família?

Quando você sabe o que quer detalhadamente, ao menos um processo já começa a acontecer para ajudá-lo: o universo começa imediatamente a auxiliá-lo. Isso mesmo, o universo conspira a seu favor. Você vai começar a atrair oportunidades de obter o resultado pretendido. Abra os olhos, a mente, o coração e comece a prestar atenção a tudo que acontece à sua volta, tendo em mente o seu objetivo final. É aí que você irá se dar conta de que as coincidências, simplesmente, não existem. Repare, se as pessoas de sucesso, ou uma área da sua vida de sucesso, não foi assim?! Você/ela(e), sabia exatamente o que queria, especificamente, queria muito, daí foi a partir de uma oportunidade, que você/ela(e) percebeu e não deixou passar que você/ela(e) conseguiu o resultado.

O segundo princípio é decidir. Quando decidimos, determinamos o que deve ser feito. Esse é o momento em que você traça a estratégia, define comportamento, fixa as prioridades, estabelece o foco e ainda que não se saiba exatamente como será todo o percurso a ser percorrido, sabe-se o primeiro passo, e esse já pode ser dado.

Nesse momento, muitas vezes, há uma tendência das pessoas a ficarem paralisadas. Ou seja, elas sabem onde estão, sabem o que querem, decidiram que irão caminhar, sabem o que precisam fazer para dar o primeiro passo, mas simplesmente não dão.

Isso já aconteceu com você? Pode acreditar que já aconteceu comigo. Nesse momento, arranjamos mil justificativas para não agirmos, para deixarmos para depois; outras vezes, abafamos a vontade e permitimos que o dia a dia nos tome a atenção integral.

E o que está por trás disso?! O medo. Uma palavrinha de quatro letras que parece inofensiva, mas que é um dos maiores roubadores de sonhos. Quando ele vence, você se torna sua vítima, seu refém, presa fácil. O medo ataca todo mundo indiscriminadamente. Ele chega sem pedir licença, entra na sua mente e fica soprando no seu ouvido frases incapacitantes. Ele pode se tornar grande e ser o seu maior inimigo, mas ele só tem força se você permitir. Das duas uma, ou você o controla, ou ele controla você. Não tem meio termo.

Henry Ford tem uma frase famosa que bem cabe nesse contexto: "Obstáculos são aquelas coisas assustadoras que você vê quando desvia seus olhos de sua meta."

Qual a melhor forma de lidar com o medo? Como seguir adiante? Você sabia que o medo é fraco, e não é ninguém?! E você é uma pessoa extraordinária e poderosa? Sim, o medo só existe quando paramos para ouvi-lo. Sem voz, ele não é ninguém. Você com sua capacidade, habilidade, inteligência não quer e não pode permitir que um ninguém o torne refém, não é mesmo?! Sabe aquela prova importante, aquele projeto, aquela palavra que deve ser dita? Sim!! Você vai realizar, você não vai ouvir o medo, você é maior, do que ele. Você não vai permitir que ele fique na sua frente atrapalhando seu destino, sua vida. Afinal, você é o dono da sua vida e não ele. E para seguir adiante, tudo o que você precisa fazer é olhar para onde você quer chegar, não olhar para o medo, quando você olha para uma determinada coisa, o resto, ao redor, perde o foco. E o que você pode fazer imediatamente para dar um cala boca lindo nesse fracote?! Agir, dar o primeiro passo em direção ao seu sonho, por menor que ele seja. E você segue dando um passo de cada vez.

Nós pensamos através da linguagem. Estamos o tempo todo com um diálogo interno. Quando a conversa com alguém toma um rumo que você não gosta, você muda de assunto? Que tal fazermos o mesmo com nós mesmos. Quando os pensamentos incapacitantes chegarem, quando aquela voz dizendo que você não vai conseguir vier, que tal substituir o pensamento? Ligar, cantar uma música, ligar para alguém e falar abobrinha, fazer algo para tirar-nos daquela situação.

Nosso cérebro pensa através de perguntas, que tipo de perguntas você anda se fazendo? São perguntas do tipo: Como eu posso fazer o meu dia ser ainda melhor? Que atitude terei para ser ainda mais feliz hoje? Perguntas empoderadoras, ou são perguntas como: por que eu não consigo fazer determinada coisa? Por que isso é difícil para mim? Consegue perceber a diferença?! As perguntas empoderadoras o levam a um estado de bem-estar, de conquista porque elas pressupõem que você já está bem e quer ficar ainda melhor. Ao passo que as demais perguntas são retóricas e não o fazem sair do lugar, ao contrário, o puxam para baixo, porque determinam uma situação de mal estar, de dificuldade.

A neurociência explica que o nosso cérebro quer responder a tudo que a ele perguntamos, então, se você verdadeiramente quer descobrir a resposta para aquele seu objetivo, pergunte reiteradamente para si mesmo. Que tal experimentar hoje à noite, com uma questão simples, faça uma pergunta empoderadora sobre algo que você ainda não saiba a resposta: tipo, o que posso fazer para dormir ainda melhor? Ou, o que posso fazer para acordar com ainda mais disposição? Pergunte, procurando verdadeiramente a resposta, algumas vezes isso para o seu cérebro, relaxe e vá dormir, e mantenha o foco nelas – a resposta virá!

Até aqui falamos de alguns princípios, vamos estruturar para iniciarmos o fechamento.

Princípio 1: Saber onde está!

Princípio 2: Saber para onde se quer ir!

Princípio 3: Decidir!

Princípio 4: Ter as ideias, estruturar, planejar.

Princípio 5: Dar o primeiro passo! Por menor que ele seja, e ainda que você não saiba todo o projeto, e ainda que você não veja a escada toda. Ação!

Algo somente pode acontecer se tiver ação. E essa ação depende de você. É através dessa ação, pequena ou grande, da forma que tiver que ser e puder ser que você irá colocar o bandido do medo no seu devido lugar – ele sim ficará preso, não terá voz, e você estará em liberdade!

Princípio 6: Ter pensamentos empoderadores, através de perguntas empoderadoras.

Princípio 7: Realizar a quebra de estado. Que isso?! Quando o medo, o pensamento negativo, a pressão atmosférica o puxarem para baixo, você realiza um truque e o engana. O truque? Você quem vai criar de acordo com a sua personalidade e poderá ter um para cada situação, por exemplo, se estou no carro, ligo uma música animada alta e começo a cantar, se estou em casa vou tomar um banho e me dedicar ao prazer do banho, quando meu filho de três anos empaca e chora eu faço para ele uma pergunta tipo: Ih, quando é aquela festa mesmo que você quer ir do seu amigo da escola? Ela vai ser super legal! A gente tem que ver se vai estar aqui no dia, e tal. Pronto, já mudou o foco, ele já parou de chorar e estamos seguindo adiante para a melhor direção. Quebra de estado, mudança de foco, de paradigma, algo que retire você daquela situação e o leve a outra. Use a sua criatividade. Você tem!! Se dê a oportunidade de descobrir quão criativo e divertido você consegue ser!!!

E aí...Booom!! Parabéns!! Você conseguiu! Deu o primeiro passo, ou deu vários passos, ou fez uma pequena jornada, mas...Cometeu erros, falhou, o resultado não saiu como esperado.

E... Desistir?! Isso é para quem não vai conseguir atingir o objetivo, mas você vai conseguir chegar ao seu sonho, porque afinal de contas quem é você, dono ou refém da própria vida? Você nasceu para ser o dono! Já nasceu campeão e vitorioso, pois de 250 milhões de espermatozoides que são lançados junto com o esperma **você** veio ao mundo.

Então?! Como em um barco a vela, quando os ventos sopram em outra direção, ou estão fortes, fracos o que devemos fazer é simplesmente um ajuste de velas.

Os erros fazem parte do percurso, é eles que nos dão a oportunidade de aprendizado. Já pensou nisso?! Sob esse ponto de vista, não existe erro, existe aprendizado. O que você aprendeu com aquela situação?! E agora que você aprendeu, já sabe que está mais próximo de atingir o resultado pretendido.

Se Thomas Edison não pensasse dessa forma, ele não teria desenvolvido a lâmpada, pois apesar da controvérsia a respeito se foram 1000 ou 2000 tentativas, o fato é que a cada tentativa ele sabia que estava mais perto de conseguir e tinha como paradigma não o erro, mas o aprendizado: "Agora sei 999 maneiras de não se fazer a lâmpada". Que tal adotar esse paradigma em sua vida para ser quem pretende ser, quem merece ser, quem você veio para ser?!

Princípio 8: Adotar um paradigma empoderador sobre o caminho para se chegar ao objetivo. Como utilizar o erro a seu favor?! Aprendendo com ele? E que mais? Meg Whitman tem uma frase que diz: "O preço da inércia é muito maior que o preço do erro.

Por fim, o último princípio é **continue**, mantenha-se em ação, um passo de cada vez, por menor que seja, por mais que você não veja toda a escada, a ação gera a mudança e através dela você conseguirá a vida que deseja!

E então, o que você pode fazer **agora**?! Gostaria de ter um caderno e responder a todas/algumas das perguntas que foram aqui propostas? Gostaria de anotar pelo menos duas ações que você pode dar, seja ela qual for em direção ao seu sonho? Você tem um sonho? Deixe-me contar-lhe um segredo: você nasceu para ser exatamente do tamanho que você desejar, imaginar e sonhar. E aí, qual a sua escolha? Vai ser o dono ou refém da sua vida?

20. A jornada do herói: como dar o primeiro passo e seguir em frente

> *Como conhecer a si mesmo, conectar-se com o seu eu, encontrar sua paixão e sua missão de vida para iniciar a jornada do herói e, ainda, continuar seguindo em frente sem desistir, mesmo que tropece ou caia? O importante é sempre levantar, desviando e saltando os obstáculos que estejam no porvir.*

Jana Viana

Jana Viana

Coach em formação, participante do Congresso Nacional de Coaching – Conacoaching organizado por Bruno Juliani e do curso Profissão Coach por Gerônimo Theml. Licenciada em Artes Visuais pela Faculdade de Artes do Paraná e Especializada em Gestão de Negócios pela Escola de Negócios da PUC-PR. Palestrante e coach nos seguintes temas do setor corporativo: Desenvolvimento de Lideranças; Programa 5S e Dicas para Reuniões Produtivas; do setor pessoal: Finanças Pessoais; Ser Mulher, Mãe e Magra na Selva de Pedras e, do setor social: Apoio à Amamentação. Atua em Curitiba/ PR.

Contatos
http://jvianasorribas.wix.com/jana-coach
JanaCoach@outlook.com.br

Parece simples, mas nem sempre é. Como iniciar a jornada do herói e continuar seguindo em frente, em busca dos seus objetivos sem se permitir desviar do caminho diante de tantos ruídos que aparecem no percurso da vida, como propaganda, televisão, trabalho, academia, velocidade, sim velocidade e muita velocidade? Sem falar no temor de dar o primeiro passo. Esse temor oriundo de crenças limitantes que se formam em nosso interior ao longo da minha e da sua vida e que muitas vezes podem lhe segurar num lugar de conforto, ou o que eu chamo de conforto desconfortável. Sabe por quê? Por que está bom, mas não está? O emprego é bom, mas não é. Você gosta do seu emprego? Sim. Não. Não sei. Mais ou menos. Eu lhe digo uma coisa, eu não quero mais ou menos. Eu quero mais, eu quero paixão, eu quero vida e vida em abundância. Alguém aí sabe do que estou falando?

A vida contemporânea é marcada pela velocidade e muita velocidade. A velocidade vira uma corrida, corrida atrás do que, para quê? Já parou para se perguntar isso?

Deixa eu lhe contar uma coisa: sabe que alguns autores chamam essa corrida de corrida dos ratos? Sim, corrida dos ratos ou prisão da corrida pelo dinheiro. Faço dívidas, trabalho, pago dívidas, faço mais dívidas, trabalho um pouco mais e entro nesse ciclo sem saída em que eu vendo o meu tempo – muitas vezes sem paixão – pela prestação da televisão de última geração ou de um carro novo com taxas zero e ficamos na torcida pela tão amada sexta-feira salve, salve! Lembre-se deste nome: prisão dos ratos.

Nesse contexto, como resgatar o elo perdido, o elo que traz vida a vida e paixão pela vida? Eu lhe digo, esse elo está escondido dentro das pausas e dos respiros. Instrumentos tão utilizados no teatro, mas não na vida real. Afinal de contas, quem imita quem? A vida imita a arte ou a arte imita a vida? Independentemente da resposta, a pausa e o respiro precisam fazer parte da minha e da sua vida para que não nos percamos no rumo da nossa história. Para que não passemos de protagonista a coadjuvante na história de nossa própria vida.

Sempre que reflito nesse assunto, eu me lembro do jogo Mario Kart. Nesse jogo, toda vez que um dos carrinhos ousa escapar da pista de corrida, cocos são arremessados forçando-o a retornar para a pista principal. Mas algo de extraordinário pode acontecer neste jogo da nossa vida: você sabia que pode estar anestesiado? Sabia que pode já nem sentir as cocadas no seu carrinho? Sabia que você já pode estar tão anestesiado e tão no piloto automático que nem sente mais nada, absolutamente nada?

As pausas servem justamente para isso, para refletir sobre o caminho percorrido. Trata-se de refletir se estamos na estrada principal ou se já estamos levando cocos na cabeça por causa dos desvios.

Mas que pausas são essas? Que respiros são esses? São várias as pausas que podemos utilizar ao longo de nosso dia. Pequenos e simples gestos relacionados ao amor próprio e ao respeito por si mesmo. A pausa para o lanchinho; a pausa para uma refeição completa; a pausa do cafezinho; do copo d'água; do espreguiçar. A pausa da conversa e o respiro profundo que nos trazem de volta ao momento presente e, novamente, coloca os nossos pés no chão: onde estamos, quem somos e para onde vamos? Pequenos gestos e pequenas pausas. Afinal de contas, aonde vamos com tanta pressa? Vale a pena a direção para onde você vai com tanta pressa? Existe pausa nessa corrida? Existem respeito e amor por si próprio?

O acesso a tanta informação, a dificuldade com as pausas e os respiros acabam por poluir a jornada da nossa vida e por isso eu chamo essa jornada de: A jornada do herói contemporâneo que habita a selva de pedras.

Essas pausas são tão importantes que se nós não paramos por conta própria, o que acontece? A vida nos para por conta própria, seja por uma dor de cabeça, uma doença, um acidente, um afastamento, a perda de um ente querido. A vida dá um jeito de respeitar a si própria por conta própria. Sim, isso é maravilhoso! Eu também acho e gosto de dizer assim: não corra contra o tempo, trabalhe com ele.

Se por um lado, a abertura à informação abre as portas para uma infinidade de possibilidades, de maneiras de viver, e objetivos a alcançar, por outro cria tantos caminhos a seguir que fica muito fácil se perder. O pior pode acontecer: fica fácil perder o amor e o respeito próprios e assim desviar-se da essência do seu próprio ser, do seu próprio eu.

Antes de dar o primeiro passo é de extrema importância fazer a primeira pausa e refletir exatamente sobre o local onde se deseja chegar. É preciso sonhar e, para alguns, voltar a sonhar. Afinal de contas para quem não sabe aonde quer ir, tanto faz o caminho que vai trilhar. O mais incrível em tudo isso e que é muito mais comum do que se imagina é o fato de desconhecer o destino, de desconhecer a si mesmo e simplesmente não saber exatamente para onde se quer ir, e muito menos aonde se quer chegar.

Fica fácil compreender isso ao observar que o tempo todo e por todos os lados ocorre um bombardeio de informações que nos dizem o que devemos querer ou até mesmo o que devemos ser ou sonhar. **Ei – digo eu ao fazer uma pausa – isto é meu! Eu que sei!**

Diante de tantas informações e tantos ruídos nos tornamos surdos para conosco e conseguimos virar meros espectadores de nossas próprias vidas, em vez de atuarmos como protagonistas. Lamentável dizer que, por tantas vezes, este espectador é infeliz, triste, insatisfeito, doente e sedento por um final de semana em que é possível se embebedar e esquecer-se de sua própria vida.

Neste contexto, **o primeiro passo da jornada do herói, o herói contemporâneo que desbrava a deslumbrante selva de pedras consiste em reconectar-se consigo mesmo, encontrar-se com seu eu e resgatar a sua missão de vida.** Para isso não é necessária nenhuma fórmula mágica e nenhum pozinho de pirilim-pim-pim, apenas um breve momento de reflexão. Esse momento de reflexão, essa pausa consiste em se perguntar os porquês, mas por que você quer tal coisa ou pensa querer tal objetivo? Por quê? Por quê? Por quê? Cada pergunta feita permite revelar camadas que, muitas vezes, podem encobrir o verdadeiro eu interior. O meu e o seu eu, a minha e a sua verdadeira motivação em querer ou fazer alguma coisa.

Quando o último porquê for respondido e você não tiver mais nenhuma camada a ser descascada, aí você se depara com você mesmo, com a sua verdadeira motivação que vai lhe fazer dar o primeiro passo e mergulhar de cabeça na jornada do verdadeiro herói que nós somos. Cada um, um herói, na sua singularidade e especificidade. Os heróis da vida real, de carne e osso que desbravam a selva de pedras, levam filhos para a escola e trabalham com entusiasmo, ao mesmo tempo em que passam os fins de semana e feriados junto com amigos e família. A vida muda de cor e de sabor, de preto e branco passa para colorido, de insosso para extremamente saboroso e tudo vale a pena. Sim, é possível.

Dado o primeiro passo para reconectar-se, é preciso continuar seguindo em frente. Para isso, vale a pena prestar atenção em cinco segredos que facilitam a jornada do herói protagonista de sua vida a continuar seguindo em frente, sem perder-se em novos desvios. O **primeiro segredo**, e muito importante, é não deixar-se enredar pela indústria do conhecimento que sempre quer mais, mais e mais e sempre lhe diz que você não está pronto! Você não está preparado! Vários autores já ousam dizer que se você tem mais de trinta anos e tem alguma paixão, sim, você está preparado! Sim, você conhece! Sim, você pode começar a fazer. Ou seja, não enredar-se pela indústria do conhecimento é acreditar em si mesmo e permitir-se dar o primeiro passo e continuar seguindo em frente. Essa reconexão com o seu eu é muito poderosa, permite conhecer a missão de vida e, assim, nada vai impedi-lo de avançar.

Aqui cabe o **segundo segredo** que é escolher bem com quem você vai compartilhar o seu eu. Escolha bem e em que momento você vai compartilhar essa informação, e decida o que vale a pena ser dito e o que não vale. Afinal, este eu, esta missão, é só sua e de mais ninguém. Cogite guardar o segredo para você até que se sinta tão conectado consigo mesmo que nenhum ruído – nenhuma opinião alheia – seja capaz de desviá-lo dos seus caminhos. Não será o dinheiro, não será a crítica, não será a família... Quando sentir dentro de si que nada, mas nada mesmo será capaz de desviar seu foco aí sim você passa a compartilhar o seu conteúdo, o seu eu na íntegra.

O **terceiro segredo** consiste em aproximar-se de pessoas que estejam em uma jornada semelhante à sua. Pessoas que acreditam, que avançam e que trabalham em prol da sua missão interior, de sua liberdade de vida, de seus amores e de suas paixões. Assim, o fardo fica mais leve além de que as experiências dessas outras pessoas podem servir de subsídios para você avançar. Com essas pessoas você pode se abrir, se revelar e compartilhar os seus segredos e mistérios.

O **quarto segredo** consiste em gravar a seguinte mensagem: não existe outra pessoa no mundo que possa realizar a missão que é só sua e de mais ninguém. E, por fim, o quinto segredo revela: **não espere muita compreensão, apenas enxergue lá na frente e siga em frente.** Não se esqueça dos valores que, para mim se resumem em apenas um mandamento: amar ao próximo como se ama a si mesmo. Preste atenção neste dizer: como a si mesmo. Como amar ao próximo se não se ama a si mesmo? E como amar a si mesmo? É reencontrar-se, obedecer às pausas, aos respiros, trabalhar com o tempo, reconectar-se consigo mesmo e encontrar a sua missão, o seu eu interior que por muitas vezes está encoberto por uma série de ruídos e de influências externas que simplesmente não o pertencem e o impedem de alcançar a mais plena felicidade e liberdade possível a um ser humano.

21. E você? Sabe como conquistar o sucesso?

> *"Desvende o segredo de pessoas bem-sucedidas, que não possuíam nenhum talento extraordinário, e desenvolveram estratégias diferenciadas para chegar ao topo. Destaque-se da maioria que deseja melhores condições de vida, mas que não elabora suas táticas de conhecimento e ação, em prol das suas conquistas. Seja diferente, leia o artigo, adquira mais conhecimento e faça acontecer!"*

Jacqueline Vilela Gomes Kikuti & Renata Burgo

Jacqueline Vilela Gomes Kikuti

Formada em Administração de empresas, Pós-Graduada em Comércio Exterior pelo Mackenzie, MBA em Coaching pela FAPPES e Master Coach com certificações nacionais e internacionais, mais de 16 anos na área coorporativa, desenvolvimento de liderança e de carreira. É empresária e palestrante em gestão de pessoas, motivação, comunicação assertiva, inteligência emocional, relacionamentos e desenvolvimento de times.

Contatos
www.audacesconsultores.com.br
jacqueline@audacesconsultores.com.br
(11) 97638-3505

Renata Burgo

Formada em Psicologia e Pós-Graduada em Administração de Empresas com ênfase em RH, pela FAAP, mais de 15 anos de experiência em todos os subsistemas de Recursos Humanos, ocupando posição de destaque em organizações multinacionais de grande porte. Como coach, possui grande experiência na área e adquiriu diversas certificações nacionais e internacionais. É palestrante, empreendedora e coautora do livro: Coaching – A solução e Marketing aplicado aos relacionamentos pela Editora Ser Mais.

Contatos
www.potens.com.br
renata.burgo@potens.com.br
(11) 99395-9677

Culturalmente, o conceito de sucesso está intimamente ligado à aquisição de riquezas e recursos financeiros. Uma pessoa é considerada bem-sucedida quando se torna um grande empresário, um diretor de multinacional, ou viaja de primeira classe, entre outras regalias materiais. No entanto, você, que deseja realmente **ser bem-sucedido**, precisa interpretar esse assunto de outra maneira.

O desenvolvimento faz parte do ser humano, que precisa estar em constante evolução para se sentir feliz, logo é saudável pensar grande e almejar muito mais do que se tem hoje, não há nada de errado nisso, desde que seja um desejo genuíno seu e não um termômetro externo imposto pela sociedade. A questão é que essa compreensão do mundo capitalista, de que sucesso está intimamente ligado ao dinheiro, vem sufocando a classe média emergente, que consome de forma descontrolada novas tendências, a fim de ser aceita e reconhecida como de sucesso.

Mas, o que é sucesso para você?

Etimologicamente, a palavra sucesso vem do latim 'successu' e significa **bons resultados**. Avançando por essa linha de raciocínio, para sabermos se vamos obter "bons resultados", precisamos entender o que sucesso significa para cada um de nós. Pode parecer óbvio, mas, a prática nos mostra que não é. O primeiro passo é definir:

- O que é ter sucesso para você?

Ter sucesso não significa seguir o mapa, as metas e as realizações de outras pessoas, da sociedade ou dos meios de comunicação, contudo, se basear em **escolhas muito pessoais**, o que é realmente importante para você, o que o faz feliz e o que genuinamente valoriza.

Assim, fica nítido perceber que sucesso é uma questão de percepção. A definição de sucesso será diferente para cada um de nós, em cada situação das nossas vidas e é por isso que precisa ser atualizada, repensada, revisada e melhorada, continuamente.

Desvendando o segredo

"Não há nenhuma evidência de que exista uma causa genética para o sucesso ou o talento de alguém", diz Anders Ericsson, professor de psicologia da Universidade da Flórida, que há 20 anos estuda por que algumas pessoas são mais bem-sucedidas do que outras. Em 1992, pesquisadores ingleses e alemães resolveram estudar pessoas talentosas para entender o que as diferenciava. Eles concluíram que as "bem-sucedidas" não possuíam nenhuma habilidade sobrenatural. A única diferença encontrada entre dois grupos estudados é que as menos sucedidas **haviam passado menor tempo praticando, persistindo e focando o objetivo, do que as bem-sucedidas.**

Estatísticas comprovam que apenas 30% de qualquer resultado pode ser relacionado com o QI (coeficiente de inteligência) e os 70% restantes não têm nada a ver com isso, mas dizem respeito a comportamentos e atitudes. A meticulosidade, qualidade de fazer algo com muito cuidado, atenção e seriedade surgem em 20% dos resultados. O sucesso, na maioria dos casos, é conquistado por pessoas comuns, que não possuíam nenhum talento excepcional, porém, desenvolveram estratégias diferenciadas ao pensar, sentir e agir, que as transformaram em pessoas extraordinárias.

A vocação de Mozart não apareceu do nada; seu pai era professor de música e, desde cedo, dedicou sua vida a educar o filho, fazendo-o passar grande parte do dia na frente do piano. Ainda assim, a sua primeira grande obra só aconteceu aos 21 anos de idade, quando já tinha 15 anos de treino. Michelangelo, já em idade avançada, afirmou: "se as pessoas soubessem como foi duro adquirir minha maestria, não me chamariam um gênio".

Métrica de sucesso

Para mensurar os 'bons resultados', é preciso ter um parâmetro de avaliação. A métrica para auferir o quão se aproxima do sucesso estipulado deve ser interna e não externa. Isso significa que, para apurar seus resultados, você deve colocar uma medida e um padrão de excelência, comparando-os com os seus resultados anteriores, analisando o desenvolvimento, a aprendizagem e a melhoria contínua.

Ter pessoas como fonte de inspiração pode ser benéfico, mas tê-las como base de comparação definitivamente não é bom, e essa atitude pode lhe causar frustração e desmotivação. Se você, realmente, quer o sucesso, **compare** somente os seus resultados de **hoje com os de ontem** e perceba a sua evolução e o seu progresso. Se quer aumentar seu patrimônio líquido, não compare sua renda mensal com a do vizinho, que possui um histórico e uma realidade diferente da sua, seja justo consigo e avalie seus rendimentos com o mês anterior, pois será muito mais realista e estimulante.

As 16 leis do sucesso

Um dos maiores estudiosos do assunto sucesso foi Napoleon Hill que, por mais de 20 anos, pesquisou o perfil de mais de 16 mil pessoas consideradas bem-sucedidas e entrevistou, pessoalmente, profissionais como: Thomas Edison, Alexander Graham Bell, Henry Ford, Theodore Roosevelt, entre outros.

Do grande banco de dados coletado, em pleno século XX, Hill elaborou as 16 leis do sucesso, com base nas características comuns das pessoas pesquisadas. Abaixo, apresentaremos os mandamentos expostos no livro *A lei do triunfo*, grande obra editorial que, até hoje, norteia pessoas em busca do sucesso:

1) **Master Mind**
   Una-se a pessoas com o mesmo perfil de pensamento. Grandes homens associaram-se a indivíduos com a mesma linha de raciocínio para realizar seus objetivos. À união dessas mentes, Hill chamou de Master Mind (Mente Mestre) e concluiu que sozinhos nenhum deles teria conseguido o sucesso.

2) **Objetivo principal definido**
   Tenha **objetivos claros e definidos.** Seja detalhista, saiba exatamente para onde vai e o que quer. Ter objetivo definido economiza tempo e esforço. Muitas pessoas sabem que querem mudar a situação atual, mas não conseguem descrever o que querem para as suas vidas.

3) **Confiança em si**
   Pessoas bem-sucedidas desenvolveram o **poder de acreditar em si mesmas** e naquilo que realizam. Avalie se você realmente **acredita** em seu potencial, no seu poder de resolver problemas, ou buscar soluções externas. Vença diariamente seus medos, dando ao seu cérebro uma nova carga de **energia positiva**. Os outros enxergam em nós como nos vemos.

4) **Economia**
   Pessoas bem-sucedidas **são inteligentes financeiramente.** Estar com as finanças desequilibradas tira seu foco e energia, portanto elimine suas dívidas, controle seus gastos e busque recursos para arriscar em oportunidades que, se não derem certo, não o deixarão falido. Acredite, a economia é apenas uma questão de hábito.

5) **Iniciativa e liderança**
   Faça o que for preciso sem que ninguém peça. Elimine o hábito de procrastinar. Tome iniciativas necessárias e estabeleça ações diárias que te-

nham relação direta com seu objetivo. Líderes são sempre homens de pronta decisão, mesmo em assuntos de menor importância.

6) **Imaginação**
É preciso ver as coisas como podem vir a ser e não apenas como são. **Pensar fora da caixa**, essa é a sexta lei do triunfo identificada por Napoleon. É ter a capacidade de visualizar e pensar positivamente sobre o futuro. Pessoas bem-sucedidas pensaram em conceitos que pareciam impossíveis aos olhos comuns, no entanto, foi assim que conseguiram descobrir, criar e inovar.

7) **Entusiasmo**
Apaixone-se por seus objetivos e o entusiasmo o impulsionará, mesmo quando as condições parecerem adversas. O entusiasmo é uma **força vital**, e para mantê-lo preservado, trabalhando a seu favor, é imprescindível conservar a esperança de um futuro promissor. Por isso, **tenha grandes sonhos**; seus sonhos manterão acesa a chama em seu coração.

8) **Autocontrole**
Aprenda a controlar seus pensamentos, suas emoções e seu tempo. Seja o líder de si mesmo e saiba que a maioria dos objetivos não realizados se origina da falta de autocontrole. Crie comportamentos saudáveis e, se necessário, procure ajuda profissional.

9) **Hábito de fazer mais do que a obrigação**
Estudos indicam que a cada pessoa indiferente ao seu trabalho ou às suas relações pessoais, há uma que se interessa, portanto, se você pretende ser um destaque na área em que atua, diferencie-se **criando o hábito de doar-se mais.** Faça além do que esperam de você, em todas as áreas da sua vida, em que quiser conquistar uma grande vantagem competitiva.

10) **Personalidade atraente**
Cultive uma personalidade agradável, simpática e bem apresentada. Torne-se uma companhia afável, seja congruente, solidário e tenha um comportamento adequado com suas atividades diárias, mantendo o espírito de equipe.

11) **Pensar com exatidão**
Pense em tudo o que é preciso fazer para atingir seus objetivos e separe os fatos das meras informações (boatos, especulações). Feito isso, divida-os em dois grupos: importantes e sem importância. **Importantes**, as ações que impactam diretamente a realização dos seus objetivos. Sem importância, atividades que geralmente trazem prazeres momentâneos,

mas, que não lhe trarão benefícios em longo prazo. Somente organizando nossa mente é que conseguiremos pensar e agir com exatidão.

12) **Concentração**
Tenha **foco para atingir o sucesso.** Pense positivamente e crie imagens positivas das suas realizações e conquistas; questione-se constantemente, o quanto suas atitudes estão o aproximando ou distanciando das suas metas; pratique o hábito de fazer, continuamente, o que deve ser feito diariamente, até que se torne natural. Persista, até conseguir.

13) **Cooperação**
Além de fazer alianças com pessoas e grupos que tenham o mesmo propósito que você, entenda que a cooperação é o melhor caminho para a realização pessoal e coletiva. **Busque a orientação** de pessoas que já chegaram aonde deseja chegar, seja por meio de estudos ou conversas presenciais. Avalie quais forças e/ou características faltam em você para atingir o objetivo e encontre pessoas que possam complementá-lo. O poder de um grupo é muito forte.

14) **Fracasso**
"Quem nunca errou nunca fez nada de novo", dizia Einstein. Entre o momento atual e o sucesso pretendido existe o meio do caminho. Nesse caminho deve ser criado o hábito de **saborear pequenas conquistas e ter resiliência para os fracassos.** Se o sentimento de sucesso for atrelado apenas ao objetivo final, o percurso ficará muito penoso e difícil de trilhar. Muitas pessoas prósperas relatam que o sucesso veio a poucos passos de onde o fracasso os acometeu. Contudo, quando perceber que a rota traçada não está surtindo o efeito desejado, faça as modificações sem hesitação; todos os planos precisam de mudanças e adaptações.

15) **Tolerância**
Tenha equilíbrio emocional para lidar com as pessoas e adversidades. **Diminua sua expectativa** com relação ao outro; cada um responde conforme sua hereditariedade social, adquirida no ambiente que viveu e na educação recebida na infância. Seja tolerante e empático, colocando-se no lugar das pessoas que o desagradaram, e, principalmente, seja tolerante com você.

16) **Fazer aos outros aquilo que quer que seja feito a você.**
Essa é a regra de ouro, torne suas **atitudes respeitosas e congruentes** com seus discursos. Colhemos o que plantamos, por isso, seja sustentável em seus relacionamentos; faça um código de conduta pessoal e certifique-se de que suas ações não influenciarão negativamente outras pessoas.

O diferencial que faz toda a diferença

Vimos que sucesso tem significados diferentes para as pessoas, mas a semelhança nesse conceito é que ele está intimamente ligado à clareza dos objetivos propostos e o quanto você está disposto a agir para alcançá-lo.

Milhares de pessoas desejam ter coisas melhores para as suas vidas, desejam ter dinheiro, sucesso, felicidade, fama, harmonia nos seus relacionamentos, porém grande parte delas não faz absolutamente nada para conquistá-las, talvez, pelo medo do fracasso ou pelo desânimo em realizar, ficam na zona de conforto e gastam mais tempo nos prazeres momentâneos do que se dedicando em prol do seu brilhante futuro.

E aí está o grande diferencial das pessoas bem-sucedidas, elas possuem uma inquietação positiva, agem, erram, se arriscam, caem, levantam e conseguem conquistar. Por isso, escolher ter sucesso, aquele que realmente faz sentido para você, exigirá ação e grandes transformações internas. Crie novos hábitos, abra espaço para o novo, afinal, parafraseando Albert Einstein: para você ter resultados diferentes, deverá ter atitudes diferentes.

Destaque-se da maioria e escolha o melhor para sua vida. Não deixe que o seu sucesso dependa de situações ou pessoas. Sucesso é uma questão de escolha e, se você optar por não agir, também, estará fazendo uma escolha, não das melhores, porém, é uma escolha.

Qual é a sua escolha?

Acha difícil fazer isso sozinho? Saiba que hoje existem profissionais especializados na área de *coaching* que podem ajudá-lo a encontrar o caminho do sucesso.

Referências
HILL, Napoleon. *A Lei do Triunfo*. São Paulo: José Olympio, 2004.
PETRY, Jácob J. *O óbvio que ignoramos.* São Paulo: Lua de papel, 2010.
GLADWELL, Malcolm. *Fora de série: outliers.* Rio de Janeiro: Sextante, 2008.
COYLE, Daniel. *O Código do Talento.* Agir, 2010.
BASIN, Gennady. *A arte de se tornar: A filosofia da Alegria.* Madras, 2003.
MARK, Thompson. PORRAS, Jerry. EMERY Stewart. *Sucesso Feito para Durar - Histórias de Pessoas que Fazem a Diferença.* Artmed, 2007.

22. As empresas são excelentes, os gestores é que são ineficientes

> *Empresas excelentes, mas com gestores ineficientes, é que dão origem ao sucesso ou insucesso das organizações, e por consequência das pessoas, afinal ainda passamos a maior parte do nosso tempo no mundo corporativo.*

Jô Nicodemos

Jô Nicodemos

Graduada em Ciências Econômicas pela Universidade Mogi das Cruzes e pós-graduada em Administração de Empresas (UMC) com MBA em Gestão Empresarial Controladoria e Finanças (UMC). Possui MBA Psicologia Organizacional (UMC), é trainer em PNL pela Metaforum com reconhecimento internacional. Empresária, diretora da Escola Profissionalizante e de Idiomas, BrasilTreina Aruja. e Business Coach, direcionada aos nichos de: Coaching de Liderança, Coaching de Carreira, Coaching de Equipe, Coaching de Performance e Coaching Organizacional.

Contatos

jonicodemos@uol.com.br
(11) 4651-8849 / 4651-8850 / 99107-7166

Quando a Editora Ser Mais me convidou para fazer parte da publicação do livro *O segredo do sucesso pessoal,* pude perceber que na vida por escolha própria ou por força das circunstâncias muitas vezes temos que mudar a estratégia, mas isso não significa que temos que mudar nossos sonhos.

Estamos em um momento de transição no mundo, em que a turbulência em relação aos valores é muito forte.

Os ambientes profissionais, sociais e até mesmo residenciais estão carentes de harmonia e alegria, o desejo por espiritualidade e a angústia de se sentir nada é o sentimento que leva o ser humano à depressão.

Não estou falando de espiritualidade como religião, estou falando de algo maior, de pessoas espiritualizadas, e até mesmo de empresas espiritualizadas.

No livro *Qual é a tua obra?*, de Mario Sergio Cortella, isso fica muito claro.

Minha obra é ter prazer naquilo que faço e isso não implica ser fácil ou difícil, simples ou complicado. O importante é a realização, o reconhecimento, seja dentro da empresa indo buscar as metas determinadas, ou no fim de semana preparando um churrasco para família e amigos.

Não se importe em estar cansado, o cansaço prazeroso de missão cumprida revitaliza o ser humano, diferentemente de quem vive em estado de estresse 24 horas por dia, vai fazer por fazer, não consegue visualizar resultado e por isso sofre a angústia de se sentir nada e se entrega à depressão.

De nada adianta um homem ganhar o mundo se ele perder a alma.

Passar em cima de seus valores é como quebrar um cristal, você pode até colar, mas jamais será o mesmo. E se você não parar, a natureza vai parar você.

Quanto vale o prêmio de uma vitória, se não puder compartilhar com as pessoas que auxiliaram você a completar a jornada do herói, aqueles que o amam, que sofrem, torcem e vibram por você?

O segredo do sucesso pessoal está diretamente ligado, claro, ao profissional e à porcentagem de insatisfação que se enfrenta hoje é muito maior no mundo corporativo, em especial porque as empresas são excelentes, mas seus gestores são ineficientes, que muitas vezes contam com equipes que não dependem de chefe para cumprir seu papel, o que faz com que esses parasitas permaneçam uma infinidade de tempo em seus postos.

- O resultado da empresa depende das competências que ela carrega, é dessa forma que se cria a sustentabilidade.
- Para formar pessoas com autonomia é preciso sensibilidade, o ser humano é um ser único, por isso temos impressões digitais únicas.
- Humildade no sentido de tratar o outro no mesmo nível de dignidade, sem arrogância.
- A arrogância faz com que o individuo perca a capacidade de aprender com o outro, e principalmente de estar em sintonia, portanto uma pessoa arrogante jamais vai conseguir ensinar, compartilhar ou motivar alguém.
- Para evitar processos por assédio moral, por conta das leis trabalhistas e pressões dos sindicatos das classes, esses executivos não fazem suas críticas em alto e bom som, quando o subordinado está passando pelo corredor, faz pior: pisa na sua dignidade em mapas de produção diário, em teleconferências semanais e reuniões mensais presenciais.

Motivando os funcionários para vivenciar novas experiências

Encontrar os motivadores nas condições de trabalho significa estudar as horas trabalhadas, as características de ambiente, as instalações e os equipamentos necessários para que o funcionário exerça com satisfação aquilo que lhe compete. A política da empresa se faz através das regras que podem ser formais e informais, e que atingem desde os cargos de chefia até os trabalhadores menos qualificados dentro da organização. Por isso, GOMES (2005, p. 21) afirma que o clima de trabalho exerce uma grande influência sobre a pessoa. Quando ele está sendo aferido e constata-se que não está bem, há necessidade de uma intervenção urgente para melhorar o ambiente.

Por status tem-se o cargo, a autoridade, a relação com os outros funcionários da empresa e o nível de aceitação da pessoa em seu ambiente de trabalho. A segurança no trabalho se refere ao grau de confiança que o empregado experimenta em permanecer nos quadros da empresa. A supervisão e a autonomia demonstram que grau de controle a pessoa tem sobre o trabalho que executa.

Na empresa os fatores motivadores estimulam as pessoas e ampliam sua capacidade de alcançar patamares mais elevados. Deles depende o prazer que cada pessoa encontra em seu trabalho. Quanto maior o envolvimento com seu crescimento, sua autorrealização, quanto mais a equipe se sinta enriquecida com as atividades que o indivíduo exerce, mais se identifica com a organização e sente-se feliz em fazer parte do time de trabalho. Portanto, podem relacionar-se como fatores motivadores aqueles que geram satisfação no trabalho, entre eles estão as conquistas, os avanços, o interesse, o reconhecimento e a responsabilidade. Quando uma pessoa percebe que alcançou ou até mesmo ultrapassou os objetivos de uma tarefa ela sente uma enorme satisfação e essa situação é fonte de interesse. Na empresa, a motivação está centrada em promoções, prêmios, resultantes da conquista, e principalmente do progresso alcançados.

Por isso, é muito importante que cada empregado tenha consciência de suas chances individuais de crescimento e seja reconhecido por seu superior, pois estará satisfeito, ainda que aguardando uma recompensa futura. Essa situação para ele é gratificante e fonte de crescimento.

Quando uma empresa consegue inspirar as pessoas, individualmente ou em grupo, para agir em benefício dos resultados esperados, com habilidade, e colocando todos os seus recursos intelectuais e físicos no trabalho que exerce, certamente essa organização logrará êxito. Toda pessoa tem um motivo para exercer seu trabalho, e diversos fatores interferem na conduta das pessoas. As circunstâncias transformam as atitudes das pessoas e elas agem de forma diferente dependendo da ocasião. Isso faz com que a antiga ideia de comando e controle centrado na figura do gerente ou supervisor, que no passado era empregado pelas organizações, hoje se converta em um novo paradigma de gerenciamento. Esse novo modelo está centrado na informação, no consenso, na participação coletiva, na partilha de ideias, e no entusiasmo pelo trabalho. Essas ideias surgiram de estudos na área organizacional que vieram mudar as noções de cooperação, motivação e de liderança.

A liderança, os estilos de liderança e a delegação de competência na organização

A liderança é necessária em todos os tipos de organização humana, principalmente nas empresas e em cada um de seus departamentos. Ela é igualmente essencial em todas as demais funções da administração, porquanto o administrador precisa conhecer a motivação humana e saber conduzir as pessoas, sem criar choques ou barreiras.

Para KRAMES (2006, p.56), a liderança é a influência interpessoal exercida numa situação e dirigida por meio do processo da comunicação humana. Ela se destina à consecução de um ou de diversos objetivos específicos. De acordo com KRAMES (2006, p.56), a liderança é encarada como um fenômeno social e que ocorre exclusivamente em grupos sociais distintos. Ela deve ser considerada em função dos relacionamentos que existem entre as pessoas em uma determinada estrutura social, e não pelo exame de uma série de traços individuais.

O conceito de liderança como uma qualidade pessoal, vista como a combinação das características pessoais que fazem de um indivíduo um líder, encontra-se cada vez mais distante. Na atualidade a liderança é aceita como função. Isso significa que ela é decorrente da distribuição da autoridade de tomar decisões dentro de uma empresa. Portanto, para KRAMES (2006, p.66) "o grau em que um indivíduo demonstra qualidade de liderança depende não somente de suas próprias características, mas também das características das situações na qual se encontra".

Para esse autor, o comportamento de liderança envolve funções como planejar, dar informações, avaliar, arbitrar, controlar, recompensar, estimular, punir. Dessa forma é a efetiva liderança que ajuda o grupo a atingir os seus objetivos e o leva a satisfazer suas necessidades. O líder se converte na pessoa que oferece maior assistência e orientação ao grupo, permite aos integrantes escolher as melhores soluções para seus problemas. Suas ações têm o objetivo de auxiliar o grupo a ter determinação e com sua atuação consegue redução de incerteza do grupo.

Por isso a liderança, para KRAMES (2006, p.66), é um processo contínuo de escolha, através do qual se permite à empresa caminhar em direção à sua meta, sem se perturbar com as ameaças internas e externas, focando sempre a questão de tomada de decisão do grupo.

Dentro dessa concepção, de acordo com KRAMES (2006, p.70), "a liderança é uma função das necessidades existentes numa determinada situação e consiste numa relação entre um indivíduo e um grupo". A ideia de liderança se sustenta na eficácia da relação funcional. A relação funcional é concreta quando o líder é percebido pelos elementos do grupo como a pessoa possuidora ou controladora de meios que possam atender às necessidades.

Aceitar sua liderança é para o grupo um meio válido de ampliar a satisfação de suas necessidades ou mesmo evitar que elas diminuam. O líder surge como um meio para a consecução dos objetivos almejados pelo grupo.

As pessoas que formam o grupo, frente à liderança, podem selecionar, eleger, aceitar espontaneamente o indivíduo como líder, porque reconhecem que ele possui e controla os meios imprescindíveis para que o grupo se mantenha. Esses meios podem ser vistos como uma habilidade pessoal, um conhecimento, dinheiro, relacionamentos, propriedade, ou tudo aquilo que o grupo deseja utilizar para atingir seus objetivos, ou precisa para obter um aumento de satisfação de suas necessidades.

Tendo em vista que a liderança é uma influência interpessoal, ela se manifesta como uma força psicológica. Segundo KRAMES (2006, p.74), a liderança é "uma transação interpessoal na qual uma pessoa age de modo a modificar o comportamento de outra pessoa, de algum modo intencional". Essa influência envolve conceitos como poder e autoridade, abrangendo todas as maneiras pelas quais são introduzidas as mudanças no comportamento de pessoas ou no comportamento de um grupo de pessoas.

As teorias que estudam a liderança enquanto formas de comportamento do líder em relação aos seus subordinados têm atenção voltada para seu estilo de comportamento, indicando as diferentes maneiras de se liderar. Explicam que existem vários estilos de liderança, porém três delas são as mais percebidas em uma organização: autocrática, democrática e liberal.

- **Autocrática:** apenas o líder fixa as diretrizes, sem qualquer participação do grupo.
- **Democrática:** as diretrizes são debatidas pelo grupo, estimulado e assistido pelo líder.
- **Liberal:** há liberdade completa para as decisões grupais e ou individuais com participação mínima do líder.

Na análise de experiências com esses três tipos de liderança foi observado que apenas na liderança democrática houve a formação de grupos de amizade e de relacionamentos cordiais entre os membros. Nesse tipo de liderança, o líder e subordinados apresentaram comunicações espontâneas, francas e cordiais. Em todo o tempo que a liderança democrática acontecia o trabalho seguiu um ritmo suave e seguro, sem alterações, mesmo quando o líder se ausentava. Houve um nítido sentido de responsabilidade e comprometimento pessoal.

Isso ocorre porque o trabalho de um líder, segundo KRAMES (2006, p. 15), é simplificar a tarefa proposta, ou ainda agir "sem fronteiras", livre da burocracia, com visão e habilidade. Para esse autor, o líder é a pessoa que envolve as demais no seu jogo, que age dando voz aos seus comandados, que delega competências e que busca o melhor para todos. Ele também demonstra que delegar competências não é tarefa fácil de ser estabelecida por um gerente.

No entanto, se o gerente deseja ser um verdadeiro líder participativo e democrático na empresa moderna, ele precisa saber partilhar e delegar funções. Poucas pessoas atuam de fato com autonomia quando necessitam tomar uma decisão importante no trabalho. Sentem-se mais seguras quando dirigidas e um líder competente sabe delegar com sabedoria evitando atritos nas relações interpessoais. Esse **é o segredo do sucesso,** pessoas realizadas trabalham felizes, produzem mais realização e, por consequência, têm mais sucesso em sua vida pessoal.

23. O que é felicidade plena?

> *Qual é a raiz das decisões que geram os melhores resultados? Dentre as suas escolhas, quantas são baseadas em evidências ou em crenças? Tais crenças são limitantes ou fortalecedoras? Você já se preparou para os obstáculos internos e externos? Utiliza todos os recursos internos e externos para o sucesso? Um detalhado plano de ação é imperioso na condução de seu objetivo.*

Karine Fonseca

Karine Fonseca
Acupunturista Sistêmica e Microssistêmica.
Personal and Professional Coaching,
Radiestesista, Hipnoterapeuta,
Administradora, Fisioterapeuta.

Contatos
karinefonseca.wordpress.com
https://www.facebook.com/kltfonseca
karine_ltf@yahoo.com.br
(11) 97444-9591

Quais desafios Você pode transformar, hoje, em realidade positiva na sua vida? Quanto de **seu poder pessoal** é utilizado com eficácia e eficiência?

Do latim potere, de possum, poder indica ser capaz de fazer algo, de ter a possibilidade de agir. Reza um provérbio lusitano que onde falta poder, não se pode responder. Ricardo Fiúza define poder pessoal como uma faculdade inerente à pessoa, capacidade de opção individual, própria do ser humano, dotado de razão.

Para Anthony Robbins, poder é a habilidade de mudar a sua vida, de dar forma às suas percepções e fazer com que as ideias trabalhem a favor. É a habilidade de definir as necessidades humanas e resolvê-las, de dirigir a própria vida, os pensamentos e o comportamento.

Da era primitiva à organização hereditária, da industrial à era do conhecimento e da informação, dispor de **poder** assegura melhores postos e condições de sobrevivência. Do hipotálamo (região do cérebro mais primitiva), ao límbico (esfera das emoções) e neocórtex (razão), cada parte é essencial, nada se exclui ou excede. Sem força, não há trabalho e é subjugado; sem ligação social ou herança, não há sensação de pertencimento; sem informação, vale-se menos social e economicamente. Força, ligação e informação conferem poder. E para a sociedade, nada vale tê-lo, se não aplicá-lo em benefício coletivo.

1. Roda da vida

Na Roda da vida, são considerados os aspectos: físico, mental, espiritual, social, familiar, financeiro, profissional e conjugal. Qualquer um desses elementos em desequilíbrio traduz-se em insatisfação e necessidade de mudança. Deve-se questionar o percentual de plenitude em cada um desses campos (há autores que apontam para 12 quesitos).

Este exercício permite ampliar a consciência do ponto onde você se encontra na vida. É válido colocar objetivo e prazo para cada uma das áreas, e por que não ambicionar 100% de satisfação? Devem ser objetivos factíveis, capazes de gerar o questionamento: O que posso fazer para atingir tais objetivos? Qual deles, uma vez trabalhado, alavancará todos os demais? Quando devo começar?

2. Sabotadores internos

> *"Estados emocionais positivos criam coerência, a negatividade produz incoerência."*
> **Childre**

Provavelmente, você já teve a sensação de estagnação, fracasso ou algo similar. Achou que estava fazendo a coisa certa e depois concluiu que se enganou. Quem sabe até já atingiu sofríveis objetivos e, ao consegui-los, percebeu desapontado(a) que não eram exatamente o que buscava.

Como toda conquista exige ao menos uma renúncia, pode ser que lá no fundo, na esfera subcortical, nós não estejamos dispostos a pagar o preço. Temos então reações desconexas com o propósito outrora estabelecido e não sabemos bem por que perdemos o foco, a disciplina e o desejo. É importante identificar os sabotadores internos e estabelecer um compromisso consigo.

São questionamentos relevantes: O que ganho e o que perco se obtiver isso? O que ganho e o que perco se não obtiver isso? É preciso ainda identificar o que pode ser feito para continuar tendo o que você tem hoje, caso o objetivo não seja atingido. Identificar também se este objetivo tem impacto negativo sobre os outros ou o meio. Se tiver, o que deve ser feito para apenas gerar benefícios?

3. SWOT

> *"Se você conhece o inimigo e conhece a si mesmo, não precisará temer o resultado de cem batalhas. Se você se conhece, mas não conhece o inimigo, para cada vitória ganha sofrerá também uma derrota. Se você não conhece nem o inimigo nem a si mesmo, perderá todas as batalhas..."*
> **Sun Tzu**

Para quem não sabe aonde quer chegar, qualquer destino serve. A maioria das pessoas não sabe o que quer, menos ainda idealiza com especificidade os dígitos numéricos com os quais sonha e isso dificulta que se sinta dona do próprio destino.

Não é coincidência apenas 0,5% da população adulta mundial possuir mais de US$1 milhão em bens ou capital. Essa fatia da população controla mais de 1/3 dos bens mundiais e, na ponta dessa pirâmide, há cerca de apenas mil bilionários, dominando 43% dos bens existentes no planeta.

Estamos falando de uma população mundial superior a 7 bilhões e apenas 1000 pessoas com 9 dígitos no lado esquerdo do seu razonete.

Vamos além: dentre as que possuem patrimônio de seis dígitos ou mais, apenas 16% herdaram as suas fortunas; as demais conseguiram acumular riqueza através do esforço pessoal.

Sabe-se que a genialidade resulta do esforço exclusivo para determinada atividade por cerca de dez mil horas. É claro que uma vantagem inicial e algum oportunismo fazem diferença, mas é a gente que se transforma. Apenas quando a força externa supera nossa resistência, ocorre uma ingerência sobre a conduta.

Estudos recentes demonstram que a felicidade tem relação com o sentimento de autonomia, de ter um sentido de vida, sensação de pertencimento e até com a comparação: como ganhar mais que o vizinho ou o colega de trabalho. Essa felicidade tem prazo: três meses; depois disso, volta-se ao estado emocional anterior. Para manter a motivação e o entusiasmo, é preciso um propósito apaixonante, um legado.

Para uma visão mais ampla de sua situação atual e mitigação dos riscos, em *coaching*, uma ferramenta importante é o SWOT pessoal (Análise FOFA). Trata-se do acrônimo das palavras *Strenghts*, *Weaknesses*, *Opportunities* e *Threats*:

1. **Strenghts (Forças)** – Identifique os seus pontos fortes, suas principais forças, qualidades, virtudes e talentos.
2. **Opportunities (Oportunidades)** – Identifique as oportunidades disponíveis para aproveitar as forças e alcançar o(s) seu(s) objetivo(s).
3. **Weaknesses (Fraquezas)** – Identifique onde precisa melhorar, suas principais fraquezas e dificuldades.
4. **Threats (Ameaças)** – Identifique as ameaças existentes por conta de suas fraquezas, que impedem o alcance dos objetivos.

| 4. Tela mental

Pense em algo importante para o **seu propósito de vida**; aquele que converge seus talentos pessoais com um legado que poderá deixar no planeta. Pense numa cena onde tais características estejam presentes, de forma vivencial ou idealizada. Agora, suponhamos que você seja um diretor de filme e esteja revisando esta cena, como a aperfeiçoaria?

Veja-se numa grande tela mental. Avalie a atitude que adotou nela e que pretende melhorar. Tente se lembrar da última vez em que apresentou este mesmo comportamento e decida o que deseja modificar. Se precisar, busque modelos externos, vendo (e sentindo). Esta pessoa que você admira... O ela faria em seu lugar? Agora edite o filme, alterando tudo que decidiu melhorar.

Reveja o filme, porém do jeito que se propôs a modificar. Crie as Suas falas mentalmente; ouça, sinta e veja cada detalhe. Interaja como protagonista que é!

Agora crie conexão com o Seu futuro próximo: quando pretende ter este novo comportamento ou atitude? Faça o que for necessário. Novamente, veja, ouça e sinta o momento!

5. Road map

"Os obstáculos são aquelas coisas terríveis que você vê quando desvia os olhos do seu objetivo."
Henry Ford

Pegue caneta preta e papel branco. Defina um objetivo ou sonho e trace uma linha diagonal, percorrendo a folha do canto inferior esquerdo ao canto superior direito.

Agora, imagine que este traço seja uma linha no chão, que define o seu presente (canto inferior esquerdo) e o seu futuro (canto superior direito).

Se a linha que visualizou no chão for extensa demais, reduza-a e aproxime o seu futuro do presente.

Vá ao futuro, onde já conquistou o que quer e dê este ou mais passos relevantes. Agora volte sua atenção para o início da linha, questionando:

O que realizei imediatamente antes de atingir o objetivo?

Volte ao passo anterior, no objetivo atingido e questione-se: Qual foi a decisão e atitude que tomei antes de chegar aqui? Uma vez nesta etapa, faça o mesmo questionamento sobre a situação anterior.

Faça isso quantas vezes forem necessárias, até chegar ao presente. Registre cada passo importante e verá uma rota de ações. Veja novamente e se necessário, reformule cada objetivo.

Contextualize, identifique os recursos necessários para se manter motivado(a) no propósito. Identifique se é ecológico, positivo e indique as evidências de que conseguiu atingir o seu alvo.

6. Especificação dos objetivos

  Quem não tem um comando mental definido preenche-se com os objetivos e valores externos. Questione-se: O que desejo especificamente é factível e benéfico? Que evidência comprovará que consegui? O que ganho e o que perco, atingindo o meu objetivo? Tal objetivo prejudica a sociedade ou o ambiente? Se sim, como sanar isso? Por que me importo com isso? Quais valores pessoais estão embutidos? Quais recursos internos e externos precisarei para atingir o **meu objetivo**? Quantas formas diferentes existem para eu conseguir isso? Qual é a melhor forma para mim? Conheço alguém que já tenha feito isso? Como fez? De que precisarei e qual é o meu plano de ação? Qual é o primeiro passo rumo ao **objetivo**? Quão comprometido(a) devo estar e quando devo começar? Depende de quem conquistar o meu objetivo? O que fazer para que dependa só de mim, mantenha-se só por mim e comece hoje?

"O que for tua vontade, assim serão teus atos. O que forem teus atos, assim será teu destino."
Deepak Chopra

24. Psicologia do esporte e PNL na promoção da qualidade da performance psicológica de atletas

"Desde 2009, atuamos na área esportiva, utilizando os conhecimentos da psicologia e programação neurolinguística (PNL). Nosso foco é promover qualidade na performance psicológica em atletas. O método utilizado tem base no conhecimento da psicologia do esporte conjugadamente ao conhecimento das técnicas de PNL e hipnose como forma de aliviar processos estagnados."

Kateusa da Cruz Rosar & Fernando Luiz Rosar

Kateusa da Cruz Rosar
Formação em Psicologia, Psicologia do esporte, com especialização em Psicologia sistêmica familiar pós-moderna. Colunista do Jornal Razão e Revista Loft Magazine (Itapema). Atua como psicóloga clínica, orientadora profissional e psicóloga do esporte. Ministra cursos e palestras. Autora de artigos científicos relacionados à orientação profissional e planejamento de carreira.

Contatos
kateusa.rosar@hotmail.com
(47) 99431316

Fernando Luiz Rosar
Formação em Administração de empresas, Parapsicologia clínica (Sistema Grisa), Psicologia das organizações e do trabalho, com formação internacional em practitioner em PNL e em coaching. Colunista do Jornal Razão e Revista Loft Magazine (Itapema).Trabalha há 13 anos como parapsicólogo clínico nas cidades de Itapema-SC, Tijucas-SC e Balneário Camboriú-SC. Consultor e palestrante, ministra cursos e palestras pelo Brasil e realiza atendimentos individuais e em grupos.

Contatos
fer.luiz.rosar@gmail.com
(47) 99916138
Fanpage facebook

A psicologia do esporte, de acordo com Vieira (2010), "No Brasil (...) tem sido considerada como um ramo emergente da psicologia, tanto em congressos científicos da Psicologia como em seus cursos de graduação". De acordo com Cozac (2004), a psicologia do esporte é uma área que tem conseguido prestar uma melhora na qualidade da *performance* de atletas e equipe. Isso ocorre, pois "A psicologia do esporte tem por finalidade investigar e intervir em todas as variáveis que estejam ligadas ao ser humano que pratica uma determinada modalidade esportiva e, em seu desempenho". (Becker Jr. 1999).

Em decorrência da dificuldade, em se encontrar materiais no Brasil publicados, acreditamos ser esta uma justificativa plausível para a necessidade deste capítulo. Sobretudo, pois se pode constatar que os saberes: psicologia esportiva aliada à PNL e Hipnose fomentam com eficiência e eficácia a promoção da *performance esportiva*.

Os saberes psicologia do esporte e PNL possuem um entendimento comum ao que concerne em sua prática de trabalho, qual seja: entender as necessidades pontuais e intervir. Desta forma, técnicas de psicoterapias que refletem conteúdos familiares e do passado são utilizadas neste contexto, quando o sujeito expressa sofrimento que inviabiliza o trabalho relacionado ao foco esportivo.

Basicamente, o trabalho do psicólogo do esporte pode assumir duas formas: individual ou equipe, que dependerá de como foi estabelecido o contrato. O contrato individual se refere ao atleta que pode ser de alto rendimento ou não. E, neste caso, inicialmente são feitas entrevistas com testes psicológicos. No segundo caso, as reuniões ocorrem com a equipe de técnicos, educadores físicos etc; e após alguns dados colhidos são realizados encontros com a equipe de atletas para definir planos e metas. Entretanto, o contrato de equipe também contempla o individual, isso ocorre quando observa-se a necessidade de ampliar e intervir de maneira focada em componentes da equipe que estão precisando de acompanhamento mais próximo. Neste sentido, a psicologia do esporte estuda e investiga os efeitos das ocorrências psíquicas que podem acontecer antes, durante ou depois da prática do exercício físico e/ou do campeonato. Cabe lembrar que a psicologia do esporte tem como compromisso estudar de forma generalizada os fatores relacionados à prática esportiva, não se limitando apenas a verificar, testar, analisar e intervir nos esportes de alto rendimento, mas também nos esportes recreativos.

A aplicação ou intervenção utilizada dependerá da demanda da equipe ou do indivíduo que está sendo orientado. Todavia, como forma de deixar mais claro quais são os elementos necessários para se observar em cada indivíduo, seja no trabalho individual, ou na equipe, tem-se como forma de organização no acompanhamento da psicologia do esporte a Pirâmide da performance psicológica. Por meio dela conseguimos explicitar de forma mais eficiente os momentos em que os saberes: psicologia do esporte, PNL e hipnose se inter-relacionam no nosso trabalho.

Pirâmide da performance psicológica

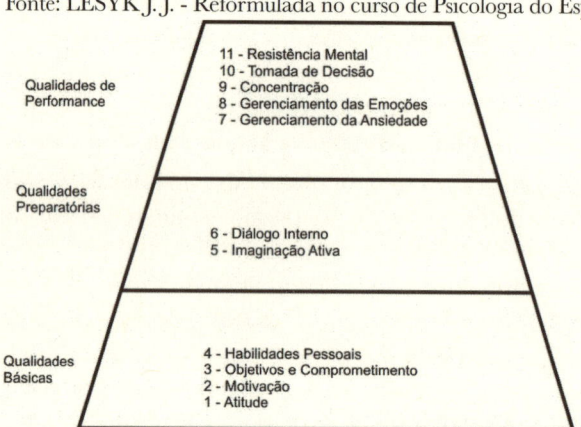

Fonte: LESYK J. J. - Reformulada no curso de Psicologia do Esporte – CEPPE, 2012.

Qualidades de Performance
- 11 - Resistência Mental
- 10 - Tomada de Decisão
- 9 - Concentração
- 8 - Gerenciamento das Emoções
- 7 - Gerenciamento da Ansiedade

Qualidades Preparatórias
- 6 - Diálogo Interno
- 5 - Imaginação Ativa

Qualidades Básicas
- 4 - Habilidades Pessoais
- 3 - Objetivos e Comprometimento
- 2 - Motivação
- 1 - Atitude

O nível 1 – Qualidades básicas, os quatro itens são considerados a base do atleta. É o primeiro nível a ser trabalhado, não necessariamente precisam seguir rigorosamente uma continuidade em avanço crescente, pois todas as quatro qualidades podem ser trabalhadas na prática diária de forma conjunta.

1. **Atitude** - refere-se ao companheirismo entre os atletas, a atitude individual no esporte e nas competições, compreende-se que é uma escolha.

2. **Motivação** - é importante encontrar meios que fortifiquem e mantenham

as pessoas em movimento rumo às metas. Por isso, a importância do estudo inicial sobre o perfil do(s) atleta(s) e da equipe. → Traçando um paralelo entre a PNL e a neurociência, todos os resultados mais significativos ocorrem nos momentos onde as recompensas, o prazer, estão presentes. Mesmo que tais momentos não tenham relação direta com o esporte, podem servir de referência para estimular, motivar a continuidade nas práticas esportivas. Houzel (2005) afirma sobre o sistema de recompensa, tudo aquilo que se mostrou útil, prazeroso, que proporcionou bem-estar e é interessante, tende a nos mover para o mesmo caminho. Portanto, com base nas memórias de prazeres anteriores e fazendo comparativos mentais com possíveis prazeres presentes ou futuros, nós já antecipamos o prazer de atividades que ainda não ocorreram de fato. Sendo assim, em se tratando de atletas infanto-juvenis – mas não somente este grupo – quanto mais ricas forem as referências trazidas à tona em induções/relaxamentos/imaginação ativa, vinculando-as às novas atividades esportivas por meio do diálogo ou das induções já citadas, maior será a probabilidade de adesão e permanência nos treinos.

3. **Objetivos e comprometimento** - estão relacionados ao estabelecimento de metas pessoais, norteadas conforme o organograma de campeonatos da equipe. Com base nisso se estabelece com o atleta os objetivos a serem alcançados e quais são as etapas necessárias que precisará comprometer-se para alcançar o resultado almejado. → Técnicas de PNL, tais como: a definição do estado atual em que o atleta se percebe e qual o estado desejado conforme os objetivos previamente traçados. Busca-se na realidade pessoal deste atleta momentos onde ele experimentou (ou caso não os tenha, utilizando um mentor como referência) as habilidades e desempenhos que poderão aumentar seu rendimento. A partir daí, pode-se criar dois painéis, um deles colocado à esquerda, com imagens impressas de má qualidade, caracterizando o estado atual, que se deseja superar e na direita, outro painel, com imagens de boa qualidade, fazendo uso do mentor (imagens dele desempenhando as habilidades). Metas de longo prazo, dependendo do esporte também podem ser feitas.

4. **Habilidades pessoais** – o objetivo é construir no atleta a habilidade de sair de conflitos interpessoais, que podem ser membros da própria equipe ou mesmo familiares.

Nível 2 – Qualidades preparatórias

5. **Imaginação ativa** – habilidade desenvolvida em nossos trabalhos, principalmente para aliviar a ansiedade pré-competitiva. Pois tudo que se cria na mente é real, ou seja, quando utilizamos a nossa imaginação de pré-competição de forma com que possamos experimentar quase todos os momentos que antecedem a competição, estamos criando em nossa

mente um mapa de possibilidades positivas e construção de cenários e respostas mais adequadas.
6. **Diálogo interno** - possui como fundamentos o exercício da autofala, ou mesmo, o aprendizado de compreender seus pensamentos. → Técnicas utilizadas: fomentar a escrita dos pensamentos dicotômicos, em que o atleta verifica ao longo do tempo como pode ressignificar seus pensamentos por meio de suas próprias anotações. A imaginação ativa, no contexto das técnicas da PNL tem uma das chamadas pistas de acesso à maneira como as pessoas constroem a realidade interna/externa por meio de frases, pensamentos e, por vezes, verbalizados antes de um treino ou evento. Nos casos onde este diálogo interno tenha a tendência de manter o estado limitante, defina "O que é o oposto a esta fala?". Importante perceber de qual direção provém esta fala e, caso o atleta abra espaço para brincadeira, peça para um indivíduo do grupo repetir a mesma fala limitante, porém fazendo imitações com outros tons de voz algumas vezes, por exemplo, imitando o Scooby.

Cabe salientar que neste nível 2 são consideradas as habilidades mais utilizadas ao que concerne liderança e preparação antes, e imediatamente antes do desempenho da competição.

O nível 3 – refere-se às qualidades de performance. Tente lembrar-se dos momentos em que Ayrton Senna estava dirigindo seu F1 em Ímola, ou de quando Guga Kuerten estava fazendo seus saques de Roland Garros. Tanto Senna quanto Guga estavam em momentos históricos da suas carreiras esportivas, e nestes momentos em especial, as habilidades de nível 3 eram requisitadas. Vejamo-las:

7. **Gerenciamento da ansiedade** – faz-se necessário, de acordo com a psicologia do esporte, o entendimento que cada pessoa tem da ansiedade, afinal cada um elabora as sensações ansiolíticas de acordo com suas crenças pessoais e familiares. → A PNL traz algumas técnicas, uma em especial que utilizamos chama-se Diálogo com o sintoma, onde o atleta percebe em primeiro momento que espécie de intenção positiva, de ganho, pode ainda ter com o comportamento ansioso. A partir daí, pede-se que ele imagine diante de si uma parede de vidro espessa que o separe da projeção da ansiedade definida como uma imagem/cor/sensação do outro lado da parede. Pede-se que faça uma viagem para o outro lado da parede e vá percebendo todas as sensações e percepções, entrando posteriormente no sintoma (ansiedade). Neste instante, por alguns momentos, a pessoa torna-se o sintoma e estabelece um diálogo com a pessoa "de carne e osso" que ficou do outro lado, deixando vir todo tipo de associa-

ção que der indícios do que essa ansiedade ainda quer comunicar. Por meio desse exercício, pode-se compreender o que a parte ainda ansiosa da pessoa deseja fazer por ela, protegê-la que seja. Após isso, faz-se o retorno "virtual" da pessoa para o seu corpo original e se observa como ficou aquilo que se chamava de ansiedade.

8. **Gerenciamento das emoções** – O controle das emoções, a capacidade de superar a raiva, a tristeza, a preocupação e modulá-las em sintomas emocionais mais positivos. Uma ferramenta que pode ser essencial ao resgate de padrões, momentos onde essas emoções foram devidamente amenizadas, controladas, pode ser o estabelecimento de âncoras. A observação da expressão corporal, do tom de voz e outras sensações descritas pelo atleta dão bons indícios ao profissional que o acompanha para detectar os momentos de ápice, de êxtase, que podem ser usados como âncoras. O exercício de observação da postura do outro permite apreender momentos nos quais o esportista atinge o momento máximo ao resgatar as experiências onde obteve bons resultados. Assim como o tenista Rafael Nadal, que organiza espacialmente a posição das garrafas de água na quadra durante seus jogos, permitindo alinhar os padrões internos que quer resgatar e trazer à tona no momento que deseja. É importante descobrir gradativamente como cada esportista elabora este acionamento, como chamamos na PNL. Essas âncoras podem trazer padrões visuais/cinestésicos/auditivos sem a necessidade de rituais complexos antes de uma competição. Vale ressaltar que uma âncora precisa ser estabelecida com um gesto, uma pressão com os dedos na outra mão ou algo que seja único, distinto dos gestos/sons comuns da pessoa. E, para que tenha eficácia, precisa ser repetida com frequência ao longo das semanas, facilitando o acionamento momentos antes da prática esportiva. Exemplificando, o atleta que resgata ao menos uma experiência de sucesso, lembra dos sons – música, diálogo interno, vozes na multidão – e das imagens – cores do local, tamanho do ambiente – e sensações físicas – percepção da postura, peito aberto, olhar tranquilo, ao trazer todas essas percepções e "espalhá-las" por todo o corpo como se fosse uma segunda pele, faz-se então o estabelecimento da âncora com um gesto/pressão diferenciado. Com base nas experiências passadas, especialmente aquelas onde se obteve o desejado, resgatam-se recursos internos úteis para o alcance da excelência.

9. **Concentração** – seria uma direção conscientemente focalizada, de modo que o indivíduo se encontra plenamente preparado para respon-

der a um tipo específico de sinal ou *input* sensorial. Alguns jogos de computadores são utilizados para trabalhar as questões de concentração.

As últimas duas habilidades demonstradas a seguir, de acordo com nossas observações nos trabalhos desenvolvidos, somente são alcançadas por atletas que possuem todas as outras nove habilidades muito bem estruturadas.

10. **Tomada de decisão** – De acordo com Rezende (2004),
(...) a performance esportiva, nos esportes denominados de invasão, relaciona-se com um contexto marcado pela ação dinâmica e não repetitiva, onde as habilidades perceptivas e cognitivas assumem um destaque especial. Muito mais do que a mera capacidade de executar determinados movimentos, exige-se que o jogador correlacione uma série de fatores para definir não somente o que deve fazer mas, principalmente, quando e como deve agir.

11. Resistência mental – Cozac (2010) dirá que:

A resistência mental e o perfeito gerenciamento da concentração durante uma prova são fatores imprescindíveis para o sucesso. Alguns pilotos utilizam exercícios mentais (as conhecidas "técnicas viso-motoras") para ampliar ainda mais a capacidade de conhecimento e memorização dos circuitos e, consequentemente, da técnica que será reproduzida em cada um.

Referências

COZAC, J. R. *Psicologia do esporte: clínica, alta performance e atividade física.* São Paulo: Annablume, 2004.

COZAC, J. R. *Preparação psicológica no automobilismo.* CEPPE [online]. 2010, Disponível em < http://www.ceppe.com.br/index.php/coluna-gol-de-abeca/173-preparacao-psicologica-no-automobilismo-.html > Acesso em: 20/02/2014

BECKER JUNIOR, B; SAMULSKI, D. *Manual de Treinamento Psicológico para o Esporte.* Feevale, 1999.

Herculano-Houzel, S. *O cérebro em Transformação.* Rio de Janeiro: Editora Objetiva, 2005.

LESYK J. J. The Performance Pyramid Disponível em < http://www.sportsmindskills.com/what_are_mindskills.php> Acesso em: 20/02/2014.

REZENDE, A.; VADES, H. *Método De Estudo Das Habilidades Táticas.* Disponível em < http://www.efdeportes.com/efd69/tatica.htm> Acesso em: 20/02/2014.

VIEIRA, L. F.; VISSOCI, J. R. N.; OLIVEIRA, L. P. ; VIEIRA, J. L. L. *Psicologia do esporte: uma área emergente da psicologia.* Psicol. estud. [online]. 2010, vol.15, n.2

PERCIA, André e SITA, Maurício. *Manual Completo de PNL - Estratégias de grandes especialistas da Programação Neurolinguística para alcançar a excelência* / Coordenação editorial - São Paulo: Editora Ser Mais, 2012.

PERCIA, André. *Gol de Cabeça: Saiba como o Domínio da Mente pode Influenciar seu Desempenho Esportivo.* Rio de Janeiro: Ed. Papel Virtual, 2004.

25. Burnout, a prova do desgaste

"Em um mundo caótico, onde o tempo passa rápido como o relógio, as doenças da alma estão mais frequentes, tanto para as pessoas, como para as empresas. Estão cada vez mais convivas e intensas. Este texto propõe explanar sobre uma doença, dentre tantas; o burnout, conhecido como síndrome de exaustão. Ela se faz no psíquico do trabalhador, trazendo grande consequência, tanto para a pessoa física como para a jurídica. É proposta aqui uma explicação do que é esta doença, assim como preveni-la e tratá-la, a fim de evitar a morte psíquica, tanto da pessoa física, como jurídica."

Larissa Costa Rodrigues

Larissa Costa Rodrigues
Graduada em Psicologia pela Puc-Campinas; formada em Personal & Professional Coaching e Executive Coaching, pela Sociedade Brasileira de Coaching e pós-graduanda em Psicanálise, pelo Cefas Campinas.

Contatos
http://www.sbcoaching.com.br/ocoach/larissa_costa/
rodriguescoach14@gmail.com
https://www.facebook.com/Life.coaching13
(19) 98832-2260

C apital e trabalho constituem as forças motrizes da economia mundial. As organizações, zelosas na manutenção do patrimônio, não raras vezes se descuidam da ética e de cuidados que devem envidar na conservação das energias físicas e psíquicas do laborista.

Dentro desta estampa, a investigação a ser desenvolvida pontuará, precisamente, a perda da maior valia psíquica, com as consequências somáticas não só ao trabalhador, como à sociedade, incluindo nela, evidentemente, a própria empresa, a quem compete zelar pela segurança de seu preposto.

Para tanto, o método escolhido foi o da observação, o que, logicamente, constitui um mero arremedo de investigação, nada impedindo que estudos mais profundos possam corroborar com as modestas incursões aqui levantadas. Ante a este aparato empírico, sem escapar da tentativa e erro, já se pode concluir, até de forma notória, o que dispensa prova neste sentido, que o ambiente de trabalho passa a ser um fator fundamental para o laborioso, tanto a níveis físicos, como estrutural, quanto psicológicos, como bom relacionamento interpessoal, possibilidade de crescimento, etc.

No intercâmbio das relações interpessoais, é clarividente a influência do humor das pessoas. Os trabalhadores sentem-se deprimidos; pensam negativamente sobre o emprego; há falta de confiança no ambiente e muitos outros sentimentos negativos.

Esta sintomatologia laborista não escapou da observação de Herbert Freudenberger, que em 1974, a rotulou de *burnout*, em cujo conceito descreveu a exaustão ou esgotamento profissional. Trigo et al (2007) afirmam que tal síndrome pode ser considerada um grande problema no mundo profissional da atualidade, merecedora de atenção e cuidados.

A síndrome de exaustão profissional pode ser encontrada em quase todas as profissões, onde há uma relação direta entre o emprego e o empregador. Segundo Delbrouck (2006), esta síndrome apresenta três fases progressivamente evolutivas, sendo elas: esgotamento emocional, despersonalização e sentimento de incompetência.

O ambiente empresarial tem grande responsabilidade sobre a síndrome, contudo, ele será explanado posteriormente. O ambiente interno, ou seja, psíquico, também tem sua influência, como a ansiedade, onde o indivíduo, ou trabalha pouco e se sente muito esgotado, ou muito e possui um sentimento de que poderia ter feito mais e melhor.

O espírito de empreendedorismo, onde a ideia inicial de relaxamento surge como uma perda de tempo, abraçada por um medo do vazio, é o ponto inicial para a síndrome; o desejo de agradar a gregos e troianos; um sentimento de autocrítica, superego, muito rigoroso; o ato de fazer tudo sozinho, por não confiar em outros e a mentalidade de salvador, que esconde a necessidade de uma confirmação egóica perante o bem-estar, prazer e satisfação de outrem, em detrimento de sua própria identidade.

Atualmente, o distúrbio está registrado no grupo V, da CID-10 (Classificação Estatística Internacional de Doenças e Problemas Relacionados à Saúde), onde é encontrado o termo "Sensação de Estar Acabado", como sinônimo de *burnout*, recebendo o código Z73.0. "O Decreto no 3.048, de 6 de maio de 1999, aprovou o Regulamento da Previdência Social e, em seu Anexo II, trata dos Agentes Patogênicos causadores de Doenças Profissionais." (Trigo et al, 2007), nele embutido o *burnout*.

A doença acaba trazendo grandes problemas, tanto para a vida pessoal como para a empresa. Alguns sintomas de ordem pessoal são a insônia, dor nas costas, falta de energia, hipertensão, perda do apetite, sudorese, enxaqueca, palpitação, úlceras e muitos outros, como a irritabilidade, cinismo, negação dos insucessos, perda do humor, confusão, atitudes negativas, sentimento de culpa, distorção dos valores etc.

Estes são de ordem psíquica, e é necessário falar que a exaustão emocional é tão legítima quanto a física e, graças ao avanço do jurídico brasileiro, é passível de afastamento pela Previdência Social. A exaustão emocional é tão física quanto psíquica, graças aos mecanismos de somatização, onde a sensação de vazio, dificuldade para lidar com os estados emocionais de outros, crises nervosas ou de fúria e dificuldade de concentração, estão presentes.

Para a empresa há consequências também, como perda da produtividade do trabalhador e baixa na lucratividade. Se há um caso na empresa da síndrome de *burnout*, é provável que outros existam. O segundo exemplo se dá graças ao que Delbrouck (2006) chama de fases de instalação da exaustão, sendo elas: entusiasmo idealista (o trabalho é tudo para o indivíduo que, por sua vez, acaba por apresentar uma identificação projetiva à clientela), estagnação (o trabalho deixa de ser um substituto para tudo na vida do empregado), frustração (a pessoa começa a duvidar sobre sua eficiência dentro da organização) e, por fim, apatia (o indivíduo labora, cronicamente frustrado, desmotivado, trabalha; apenas, porque necessita do dinheiro para sobreviver).

O *burnout* acaba por ter correlação com outras transtornos psiquiátricos, como afirma Trigo et al (2007). A depressão é um transtorno que apresenta grande correlação com o *burnout*, ambos apresentam quadro clínico semelhante, então é necessário fazer uma distinção entre eles, o que será feito posteriormente. Entre *burnout* e transtornos ansiosos, não há correlação. No caso do suicídio, quem sofre de *burnout* tem maior propensão.

É possível observar, ainda, a relação do *burnout* com pensamentos intrusivos, paranoia, hipervigilância e relações pessoais interrompidas; pode ocasionar, também, o abuso ou dependência de álcool, cigarro e outras substâncias ilícitas; há correlação com a angina pectoris e infarto do miocárdio. No estudo de Trigo et al (2007) não houve relação de causa-efeito entre *burnout* e demência, retardo mental, transtornos psicóticos nem de personalidade.

É preciso fazer uma distinção entre a depressão e o *burnout*, como dito anteriormente, uma vez que este pode conduzir àquele. A depressão, diferente da síndrome de *burnout*, está ligada a todas as áreas da vida e na síndrome, a dificuldade está no âmbito do trabalho, única e exclusivamente. Hoje, o *burnout* é uma das principais doenças entre europeus e norte-americanos (Trigo et al, 2007).

Trigo et al (2007) coloca que no Estados Unidos, o *burnout*, assim como o estresse e problemas relacionados, provocam um custo avaliado em mais de $150 bilhões de dólares anualmente para as organizações como um todo, além de gastos com possíveis insatisfações, alta rotatividade e aposentadoria precoce.

Como dito anteriormente, as organizações apresentam grande responsabilidade perante a doença. Alguns exemplos: a grande burocracia, retirando a participação criativa, demandando muito tempo para a resolução de problemas que o próprio trabalhador poderia resolver; falta de autonomia, sempre há a necessidade de recorrer a um superior; mudanças organizacionais frequentes, trazendo grande incerteza para os funcionários, como o medo de ser demitido; falta de confiança na equipe, o ambiente de trabalho não é saudável; comunicação ineficiente, ocasionando distorções e demora à mensagem chegar onde deve, entre outros (Trigo et al 2007).

As empresas pecam em muitos momentos, também, pelo esquecimento de um dos fatores mais importantes, a motivação. Para esta, contudo, faz-se necessário entender a característica intrínseca. Uma pessoa no deserto se motiva facilmente com um copo de água; uma pessoa que acabou de tomar 1 litro de água, está dentro da piscina, não se motiva tanto com o copo da bebida.

Desta forma, um mesmo estímulo pode motivar e desmotivar a pessoa em momentos diferentes. Com isto, faz-se necessário entender qual o valor meio e o valor fim, conceitos do *coaching*, para cada pessoa. Desta forma, a motivação será efetiva. Exemplo: o valor meio é dinheiro, mas o que a pessoa realmente deseja é passar mais tempo com a família, e por isso ela tem de ganhar mais dinheiro, para que possa viajar com a família no fim de semana.

A grande necessidade das empresas não é aprender como motivar sua equipe e sim como mantê-la motivada. Aquelas que compreendem o que motiva cada grupo de sua organização, saem na frente, uma vez que segundo Ferreira (2013), entender estas diferenças pessoais e grupais é de fundamental importância para o equilíbrio entre a produtividade e a satisfação, pois os portadores de *burnout* passam a se dedicar menos, tanto em tempo como em energia, no trabalho.

Com o rendimento baixo, assim como a criatividade, esforço e comprometimento, atendimento precário, procedimentos errôneos, negligência e imprudência, há aumento no índice de acidentes, por falta de atenção. Perante o equilíbrio entre a produtividade e a satisfação, os benefícios empresariais serão abundantes, assim como o lucro.

Segundo o Manual de Procedimentos para Serviços de Saúde de Doenças Relacionadas ao Trabalho (2001), o tratamento para a síndrome do esgotamento profissional tem 3 (três) vertentes: tratamento psicoterápico (será ressignificada sua inserção na vida e no trabalho, onde terá suporte emocional); farmacológico (antidepressivos, ansiolíticos e benzodiazipínicos) e intervenções psicossociais (afastamento do trabalho, por meio de licença; orientação de direitos e deveres; assistência familiar, etc).

No mesmo manual, o método preventivo é uma mudança na cultura organizacional, diminuição da intensidade do trabalho, assim como a competitividade, o aumento da busca de metas coletivas e atenção contínua aos trabalhadores.

Tanto o *coaching* como a psicologia possuem métodos para identificar o *burnout*, e a responsabilidade não é única e exclusivamente do empregador. O(a) empregado(a) deve ficar atento aos seus sentimentos e emoções, praticar exercício físico, ter momentos de lazer, evitar o uso de álcool e outras drogas, com a finalidade de afastar a ansiedade e, avaliar, constantemente, quando as condições de trabalho acabam por interferir na qualidade de vida.

Além do indivíduo, a síndrome interfere na qualidade de vida no trabalho e na empresa. Para que a empresa tenha uma vida sustentável, durável e, principalmente, para que o trabalhador tenha uma vida saudável, é necessário monitoramento constante. A síndrome de *burnout* é uma doença gravíssima, que pode levar à morte, tanto da pessoa física, quanto jurídica, que perece com a falência. É preciso ter cuidado!

É necessário que as empresas criem o bom hábito de, antes de empregar um profissional, contratar um psicólogo ou *coach*, para fazer uma triagem e principalmente, verificar se o profissional está com a síndrome de *burnout*. É possível que uma pessoa esteja com *burnout* e, ao mudar para outra empresa, carregue consigo o quadro clínico, sendo necessária uma atenção especial, para que não "contamine" um ambiente saudável.

Caso o contratado possua este quadro, antes de sua colocação na empresa, a contratante deve dar uma atenção especial ao profissional, para logo colocá-lo na equipe. Além disso, faz-se necessário um profissional do *coaching*, constantemente na empresa, não como um "*coachee* dependente", e sim um profissional apto para, em parceria, ajudar a empresa com tais contratempos, a fim de manter a saúde, tanto da pessoa jurídica, como dos seus funcionários.

Para as pessoas físicas, é necessário, o quanto antes, um diagnóstico e, a partir dele, buscar um estilo de vida mais saudável, fazendo mais exercícios físicos, uma alimentação mais saudável e de grande importância, um acompanhamento com um *coach*, que irá junto com o *coachee* verificar quais os principais *gaps*, ou seja, os pontos de alavanca.

Fixadas estas premissas, é sugestivo que, com o reconhecimento da modéstia que este trabalho possa emprestar aos mais proficientes, sejam apresentadas as propostas que, em tese, poderão trazer a lume maior cognição e aplicabilidade sobre o tema ora desenvolvido.

Em primeiro lugar, inusitadamente, é cediço que as academias não vêm pautando suas cadeiras universitárias com os conhecimentos relativos ao *coaching*. Logo, é de bom alvitre rompendo a mudez presente, doravante, estabeleçam carga horária para os estudos desta matéria, já que serão os discentes de hoje os que defenderão as mudanças comportamentais no porvir.

Por outro lado, sem prejuízo desta horizontalidade, também seria o caso de se aplicar mandamentos empresariais verticais, de modo que o Estado passasse a regrar exigências de que, no exame de admissibilidade do empregado, seja o empregador obrigado a exigir, por profissional competente, laudo a respeito do índice de *burnout* que, eventualmente, incide sobre o candidato.

Esta última proposta, longe de representar uma invasão à privacidade, ao contrário, possibilita, até mesmo em favor do examinado, melhores condições de vida e uma escuta ativa, contribuindo para seu desenvolvimento sustentável, ainda mais se considerar que o homem também faz parte do meio ambiente.

Referências

BRASIL. *Doenças relacionadas ao trabalho. Manual de procedimentos para os serviços de saúde.* Brasília: Ministério da Saúde do Brasil, 2001. 290p.

Delbrouck, M. *Síndrome de Exaustão (Burnout).* 1º ed. Lisboa: Climepsi, 2006.

Ferreira, P. I. *Clima Organizacional e qualidade de vida no trabalho.* Rio de Janeiro: LTC, 2013.

Trigo, R. T.; Teng, C. T.; Hallak, J. E. C.. *Síndrome de burnout ou estafa profissional e os transtornos psiquiátricos.* Rev. Psiq. Clín 34 (5); 223-233, 2007.

26. Programe-se para o seu sucesso

> *Existe uma diferença entre estar comprometido e interessado. Interessado significa que você vai fazer o que for conveniente, enquanto comprometido significa que você vai fazer acontecer custe o que custar! - John Assaraf*

Leandro Cristo

Leandro Cristo

Administrador e criador da LC Coaching Brasil, instituição que oferece serviços para todo o Brasil de Coaching focados no aumento de desempenho de pessoas e empresas. Master Coach e Coaching Financeiro pelo Instituto de Coaching Financeiro. Personal & Professional Coaching pela Sociedade Brasileira de Coaching mantendo uma média de 200 horas de atendimento com sessões de Coaching por ano direcionadas à Carreira, Controle de Finanças Pessoais, Gestão de Tempo, Liderança, Autoestima, Sucessão de Cargo, Supervisão de Coaches iniciantes no mercado, Coaching Vocacional. É um dos pioneiros como Personal Coach da região Nordeste com quase oito anos de experiência atuando como Coach e desenvolvimento de pessoas. Graduado em Administração de Empresas; MBA Em Gestão de Negócios; Palestrante e Ministrador de Cursos de Liderança; Colaborador de artigos em sites relacionados à Administração e Gestão de Carreira.

Contatos
www.lccoachingbrasil.com.br
leandrocristoadm@yahoo.com.br
(71) 8770-4603 / 9333-4711

O que falta em seu dia hoje, para que seja um sucesso? Muitas pessoas se sentem limitadas a condições e momentos vivenciados, como se uma venda lhes impedisse de enxergar novos horizontes. Qual será o grande motivo de tais circunstâncias? É simples: elas não têm como hábito programar a mente para o sucesso.

Ao decidir pela mudança do momento que vive, é preciso primeiramente mudar seus pensamentos. Sempre que você foca os pensamentos e resultados ruins, a tendência é confirmar todos os dias o que pensou sobre tais resultados. A forma como você pensa leva à mesma ação. Se você sai de casa todos os dias esperando receber o mesmo salário que hoje não cobre suas dívidas, se acomoda e não faz nada para mudar isso, a tendência é confirmar todos os dias o mesmo pensamento x resultado. Sem esforço para mudar, o pensamento, há de limitar as ações que gerariam o trabalho e resultado necessário.

Você consegue entender que a forma como pensa gera o seu resultado de vida neste momento? Faça um favor para si: pense todos os dias que vai receber mensalmente o salário que quitará todas as dívidas e possibilitará mais conforto para você e sua família. Gere o esforço necessário para isso. A partir desta linha de pensamento, procure agir sempre com o foco certo, muita energia e garra para gerar o resultado esperado.

A sua realidade presente pode ser apenas momentânea, resultante dos pensamentos. Tudo muda quando você muda os pensamentos. Seus sentimentos refletem diretamente as ações diárias, que podem levar a condições evolutivas ou destrutivas, dependendo do foco em questão. Se focar algo que não tem relação com seus valores e princípios, facilitará a entrada de pensamentos improdutivos, limitadores e destruidores de seu sucesso. Programe sua mente para o sucesso, foque na assertividade.

Como focar o alvo certo? É importante, de início, conhecer melhor as próprias necessidades, entrar em um processo de autodescobrimento e investigar com muita clareza o que realmente é importante para você. Quais são os seus verdadeiros valores? O que o motiva a viver? O que realmente importa para você? Os nossos valores são responsáveis pelas ações diárias. O ideal é que cada pessoa busque-os internamente e saiba como usá-los para alcançar os objetivos de vida.

Você conhece os seus valores? Posso ajudá-lo a refletir sobre eles, por meio de algumas perguntas poderosas. Prepare-se, vamos lá:

Pense em cinco pontos fortes e importantes para você hoje. Pode ser esposa, marido, filho, a casa dos sonhos, o amor da família, a faculdade, o intercâmbio cultural, aquela viagem há tanto planejada, enfim; imagine de forma generalizada. Pensou? Enumere por prioridade e agora responda:

Por que são importantes para você?

O que lhe proporcionam?

Dentre os pontos fortes que listou, qual de fato é mais importante para você? Família? Lazer? Educação? Dignidade? Fidelidade? Fé? Honestidade?

A partir do momento em que se descobre a importância dos valores, você começa a fazer escolhas baseadas naquilo em que acredita. O caminho se abre e aumentam as chances de alcançar o destino esperado.

Depois desta poderosa reflexão, já sabe quais são os seus valores? Para ajudar ainda mais, vou deixar uma tabela com diversos exemplos de valores, para que você possa praticar e finalizar o processo:

Respeito, Trabalho, Liberdade, Alegria, Dedicação, Fidelidade, Serviço, Igualdade, Perseverança, Responsabilidade, Participação, Criatividade, Comunidade, Doação, Verdade, Honestidade, Fraternidade, Confiança, Amizade, Integridade, Generosidade, Saúde, Lealdade, Serenidade, Vida, Simplicidade, Identidade, Bondade, Misericórdia, Comunicação, Abertura, Crescimento, Ternura, Amor, Acolhimento, Encontro, Humildade, Serviço, Carinho, Compaixão, Empatia, Solidariedade, Humanidade, Natureza, Escuta, Justiça, Sexualidade, Organização, Desprendimento, Sinceridade, Perdão, Estima, Altruísmo, Sabedoria, Gratidão, Dignidade, Partilha, Companheirismo, Diálogo, Transcendência, Auto-estima, Pedagogia, Opção

Se ainda sente dificuldade para identificar com clareza os seus valores, peço que acesse o site www.lccoachingbrasil.com.br - onde encontrará mais informações. Também responderei cada uma de suas dúvidas com muito prazer por meio do e-mail: leandrocristo@lccoachingbrasil.com.br

Agora que você já conhece o poder dos valores, partiremos para a próxima etapa. Faremos uma viagem por seu momento presente. Qual é o nível de sua satisfação para com as principais áreas da vida? Você conhece, de fato, o seu momento atual?

Selecionei três áreas da vida, para que possa refletir e avaliar por si. Após este exercício, é importante que procure refletir sobre outras áreas consideradas por você também importantes na vida (familiar, amorosa, social, espiritual, intelectual e outras).

Área profissional

Existe satisfação em meu trabalho?

Estou satisfeito(a) com a remuneração atual? O que tenho feito para mudar? Como posso melhorar?

O que menos agrada em meu trabalho?

Quais são os meus pontos fortes e fracos no trabalho?

O que me impede de converter os pontos fracos em pontos fortes?

O que posso fazer para que tal conversão dependa somente de minhas ações diárias?

Qual é a estratégia que posso estruturar no aspecto profissional, para chegar onde quero?

Quem é a pessoa que eu poderia "utilizar" como exemplo de onde quero chegar?

Eu tenho participado de cursos, palestras, seminários ou apreciado livros sobre o segmento em que atuo? Quais foram os três últimos livros ou cursos?

Qual é o estado atual na área profissional e o que falta para que eu chegue ao estado que desejo? Depois de responder, dê uma nota de 0 a 10 para sua satisfação atual. Nota:

Área de saúde

Tenho cuidado de minha saúde? Há quanto tempo fiz o último *check-up* ou passei por avaliação e exames médicos?

Dedico quanto tempo por dia a minha condição física?

Pratico alguma atividade física? Quantos minutos por dia? Posso melhorar?

Tenho cuidado de minha pele?

Tenho cuidado de minha alimentação?

Durmo horas suficientes para repousar corpo e mente? Qual é a recomendação da medicina?

Participo de grupos e eventos conectados com a saúde? Quais e quando foram os três últimos eventos?

Qual é o meu estado atual na área de saúde e o que falta para que eu chegue ao estado que desejo? Depois de responder, dê uma nota de 0 a 10 para sua satisfação atual neste campo. Nota:

| Área financeira

Existe satisfação, hoje, em sua vida financeira?

O dinheiro que você recebe paga totalmente as suas dívidas e consegue ainda poupar 10% deste total, além de cobrir o lazer em família, viagens e outros?

Qual é a sua renda principal hoje?

Qual é a origem de seus recursos?

Se você tivesse alternativa para aumentar sua renda principal, o que faria?

Você sabe o que é renda extra?

Você hoje tem uma renda extra?

Se não tem, o que pode fazer hoje para trabalhar a favor de uma renda extra?

Você sabe o que é renda passiva?

O que pode fazer hoje para melhorar?

Você hoje tem controle total de seus gastos? Consegue detalhá-los (alimentação, supérfluos, combustível, educação, etc.)?

O que faz hoje para manter o controle de seus gastos? Acompanha com o recurso de uma planilha financeira?

Você tem planos para a aposentadoria?

Como multiplicar o seu dinheiro?

O que vai fazer a partir de agora rumo a este objetivo?

Qual é o meu estado atual na área financeira e o que falta para que eu atinja o estado desejado?

Depois de responder, dê uma nota de 0 a 10 para sua satisfação atual. Nota:

Agora que avaliou as principais áreas da vida, é possível ter uma percepção mais apurada do momento presente, que se torna um grande catalisador para mudanças. Estamos aptos, depois de todas essas reflexões, a definir o **foco** que irá alavancar e transformar nossa vida em melhores resultados pessoais e profissionais. Vamos definir este foco?

Se inserir um pouco mais de foco hoje, qual área de sua vida terá influência positiva sobre as demais?

Entenda que não estamos falando em focar a área que esteja pior, ou melhor. Segundo a avaliação inicial, é importante escolher uma área que tenha maior influência sobre as outras.

O principal objetivo desta investigação acerca do momento presente é identificar um ponto de partida para trabalhar em busca de resultados melhores, principalmente quando estamos confusos em relação aos nossos objetivos ou não sabemos exatamente como iniciar o processo de mudança. Quando você determina qual área tem mais influência, pode então investir tempo e energia para que áreas dependentes desta possam melhorar.

Em qual área vai focar? (amorosa, familiar, financeira, social, profissional)?

Área de foco

Agora que tem um foco, deve trabalhar nele:
Quais são as habilidades necessárias?
Que tipo de cursos e palestras deve frequentar?
Quais são as pessoas a procurar?
Qual é o seu objetivo?
Por que é importante?
Quais serão os possíveis obstáculos?
Seu objetivo envolve mais alguém? Quem, por que e como negociar?
Quais serão as estratégias?
Data de início das ações:
Data de finalização:
Prazo para conquistar os objetivos: quantos anos? qual será o ano, mês e dia? É importante estabelecer prazo para que você trabalhe com energia e esforço suficientes, atingindo o objetivo dentro da data estabelecida, sem se perder durante o processo.

Muito obrigado! Espero que este processo ajude e transforme a vida de cada um dos leitores, assim como desejo que boas e rápidas mudanças aconteçam!

Até breve!

27. Tempo: seu amigo ou inimigo?

> *Realizar sonhos requer investimento em tempo e quem não o possui para dedicar a si e aos seus sonhos, vive uma vida de pesadelos.*

Léo Cabral

Léo Cabral

É administrador de empresas e especialista em marketing digital. Palestrante, escritor e professor, já atuou junto a agências, empresas de vários portes e nichos, como Leadership, Hi-Mídia, FNAC, Caixa Econômica Federal, ViajaNet, Hotel Urbano e Estante Virtual.

Conheceu o coaching em uma formação realizada em 2012, quando se apaixonou pelas mudanças realizadas em sua própria vida e hoje, grande parte de seu tempo é dedicado a ajudar outras pessoas na busca e realização dos objetivos e de uma vida mais plena.

Seus cursos já ajudaram milhares de pessoas, principalmente os de produtividade e gestão de tempo, networking e mudança de hábitos.

Contatos

www.leocabral.com
contato@leocabral.com

Você é quem gostaria de ser?
Você faz as coisas que gostaria de fazer?
Você é feliz?
A grande maioria das pessoas, após refletir sobe seus empregos, família e as coisas que possui, responderá que sim, afinal fomos criados para ser gratos ao que temos, para nos conformar e aceitar aquilo que a vida nos dá, mas e se você realmente pudesse escolher? Se lhe fosse dada a oportunidade de um retorno no tempo para fazer algo diferente? Suas respostas às perguntas iniciais ainda seriam "sim"? Aposto que não.

Com certeza você teria ainda uma série de desculpas, também posso apostar que a principal delas é a falta de tempo. É sobre esta grande desculpa e como acabar com ela que falarei neste texto. Mais que isso; ensinarei técnicas para eliminá-la.

Medo, esta é a grande desculpa para não realizar as coisas que você deseja. O medo do novo, o medo de dar errado, da crítica, do desconhecido... É o único motivo que o impede de ser e fazer tudo o que deseja.

Eu sei o que você passa e sente. Eu entendo você! Eu já fui assim; sem tempo, sem dinheiro e cheio de medos. Mas aprendi como vencê-los através de técnicas simples.

Um pouco da minha história

Quando tinha 26 anos, queria fazer um curso que custava R$ 4.000,00. Para mim, que na época tinha um salário pouco acima de R$ 1.000,00 e um filho para sustentar, era uma verdadeira fortuna, até que recebi um e-mail pessoal do grande Roberto Shinyashiki, respondendo ao que eu lhe escrevi sobre a aflição de querer mudar minha vida. Estava escrito: "Léo, use o dia para ganhar o seu salário e a noite para construir a sua fortuna".

Eu segui o conselho ao pé da letra e "virei" várias noites seguidas, trabalhando com venda de produtos e publicidade pela internet. Foi difícil! Os olhos ardiam, o sono era grande, trabalhar no dia seguinte era um martírio e, muitas vezes, pensei em desistir. No fim de um ano, porém, o esforço foi recompensado. Eu tinha exatamente R$ 3.880,00 na conta bancária e após uma pequena negociação, consegui fechar o curso à vista por R$ 3.800,00. Hoje, toda a minha carreira e tudo o que tenho, devo a este conselho e à decisão de usar as noites para "construir a minha fortuna".

Então, hoje quero lhe mostrar como conseguir a sua fortuna também, seja ela dinheiro, amigos, sucesso na carreira, fama, criar um negócio de sucesso... Não importa. Você só precisa usar a gestão de tempo para executar o plano em busca de seus desejos e assim mostrar para si que o medo é apenas um pequeno obstáculo da jornada. E não se preocupe; você não precisará virar noites como eu fiz, há anos.

Decisão: A base para conseguir o que se deseja

O que vou lhe ensinar é simples, mas não é fácil, porque é necessária uma conduta que poucos estão dispostos: tomar a decisão!

Este é o segredo! Quando tomar a decisão de fazer algo, do fundo da alma e do coração, o mundo pode se rebelar contra você, pedras e obstáculos podem ser colocados em sua vida, mas nada disso vai pará-lo.

Thomas Edison falhou milhares de vezes antes do êxito em criar a lâmpada elétrica, mas não desistiu, pois havia decidido melhorar a vida das pessoas, através da iluminação elétrica.

Henry Ford revolucionou a indústria automobilística mundial após a decisão de criar um automóvel bom e barato, para que mais pessoas pudessem ter acesso a essa maravilha. Ford acreditava que o dinheiro nada valia se não proporcionasse algo de bom ao ser humano, e procurou usar o dele para melhorar a vida das pessoas.

Quer um exemplo mais recente e do nosso país? O jogador Cafu foi reprovado em nove peneiras e nem assim desistiu. Tomou a decisão de ser um jogador de futebol e campeão; mesmo diante das críticas e dos conselhos para seguir outra carreira. Após as nove reprovações, Cafu, decidido sobre o que queria, insistiu em seu sonho. Em 1998, fomos vice-campeões da copa do mundo na França e em 2002, campeões na Coreia. Cafu foi o capitão do time vencedor e entrou para a história como o único jogador de futebol (do planeta) a entrar em campo em três finais de copa do mundo.

A decisão é o combustível para o sucesso. Tome agora a sua para conquistar o que deseja! As ferramentas e o caminho... Eu vou mostrar a seguir.

Definindo objetivos

Após a tomada de decisão, o próximo passo para atingir o que você deseja (chamamos isso de "estado desejado") é definir os objetivos e os passos para chegar até eles.

A sua primeira tarefa será escrever todos os objetivos em um caderno que usaremos somente para isso. Sim, um caderno é melhor do que o computador. A ciência já comprovou que quando escrevemos, nosso cérebro absorve e assimila muito mais facilmente do que quando digitamos, então para que você possa se envolver mais profundamente com tudo que será escrito, o aconselho que o utilize.

Após escrever todos os objetivos, você selecionará apenas um ou no máximo dois para trabalhar imediatamente, devido ao fator de maior importância no seu caminho rumo às metas e objetivos: tempo!

Se você selecionar muitos objetivos, não terá tempo para se dedicar a todos, consequentemente sentirá frustração e desânimo. Então você refaz todo o plano e pensa: "agora vai", mas como ainda tem muitos objetivos, mais uma vez não consegue realizar nada e então fica frustrado(a)... É simplesmente um círculo vicioso que nunca tem fim.

Dois! Este é o número máximo de objetivos que você atacará por vez. Terminado um, você coloca o próximo em execução.

No processo de *coaching*, usamos muito uma ferramenta chamada SMART, sigla em inglês para *Specific* (específica), *Measurable* (mensurável), *Attainable* (atingível), *Realistic* (realista) e *Time-Bound* (tempo definido). É um recurso de fácil utilização e será o seu guia durante a jornada rumo ao sucesso.

Antes de começarmos, você pode fazer o download do formulário SMART em www.leocabral.com/ferramentas/

Específico(S)

A primeira atitude será definir o objetivo de forma específica. Quanto mais especificidade, melhor. Vamos dar um exemplo:

Objetivo não específico - "Perder peso e barriga".

Objetivo específico - "Perder 10 kg e diminuir 20 cm de barriga".

Assim, bem simples!

Tempo definido (T)

Embora a sigla seja SMART, eu gosto de utilizar a ferramenta em uma ordem diferente. Isso facilita o raciocínio e desenvolvimento do objetivo, por isso o segundo passo será a definição de tempo.

Neste campo você colocará em quanto tempo deseja atingir o objetivo. Voltemos ao exemplo:

Caso o seu objetivo seja perder dez quilos e diminuir 20 cm de barriga, em quanto tempo deseja atingir? Quando ele começará e terminará?

Basta escrever: Perder dez quilos e diminuir 20 cm de barriga em um mês. Início: dia 01 de janeiro e término: dia 01 de fevereiro.

Realista (R)

O próximo passo é analisar se o seu objetivo é realista.

A melhor maneira de fazer isso é usando o bom senso. Você também pode se informar sobre casos parecidos ou até se orientar com especialistas.

Se escolhermos o nosso exemplo de perder dez quilos e diminuir 20 cm de barriga em um mês, o bom senso nos diz que isso não é possível de forma saudável, a não ser que se faça redução de estômago. Perder dez quilos com reeducação alimentar e exercícios vai levar mais do que um mês. Então um objetivo realista seria:

Perder dez quilos e diminuir 20 cm de barriga em cinco meses. Bem mais realista, não é?

Não podemos nos esquecer de alterar, (ainda de acordo com o exemplo), o "T" (tempo definido) para cinco meses e modificar a data final.

Atingível (A)

Logo após analisarmos se é realista, precisamos analisar se é atingível e isso não significa somente que seja possível ou não de ser realizado; essa análise já foi feita na etapa "realista". Descreveremos, em máximo detalhamento possível, as ações para atingir os objetivos selecionados.

Então, "atingível" poderia ser:

1. Consultar o(a) nutricionista para a definição de um plano alimentar;

1.1. Ligar amanhã (01/12) para o meu amigo João e pegar o telefone da nutricionista dele;
1.2. Consulta com o(a) nutricionista: 15/12 (digamos que conseguiu uma consulta pra 15 dias depois);
2. Fazer academia cinco dias por semana;
2.1. Matricular-me na academia no dia 28/12;
2.2. Começar na academia dia 02/01;
2.3. Fazer musculação segundas, quartas e sextas, de 6h às 7h;
2.4. Fazer esteira e *spinning* terças, quintas e sábados das 6h às 7h.

Acho que você já entendeu. A lista de tarefas é grande e deve ser descrita com o máximo de detalhes possíveis. Nutricionista, cardiologista, exames, academia, compras semanais ao invés de mensais para ter legumes e verduras sempre frescos, preparar as refeições em casa e levar para o trabalho ou optar pelo almoço naquele restaurante mais *light*...

Não negligencie esses passos, anote tudo. A data, hora, até a duração da tarefa, se for o caso. Este é o ponto chave do SMART e de nada adiantará os outros passos, se não tiver um mapa muito bem montado do caminho atual até o desejado.

Mensurável (M)

O último passo do SMART é medir. Como pode mensurar se esteja no caminho certo?

Para o nosso exemplo, uma boa maneira de mensurar os resultados seria uma planilha em *excel* ou manuscrita. Você se pesará e medirá a circunferência abdominal toda semana, no mesmo dia, horário e na mesma balança. Em seguida, anotará os dados.

Está emagrecendo e a barriga está diminuindo? Ok! Você está no caminho certo.

Não está surtindo efeito? Faça primeiramente uma autoanálise, para ter certeza de que está de fato fazendo tudo que precisa. Se sim, há alguma falha no plano. Ele pode não ser realista, está erroneamente mensurado ou o atingível não está bem descrito.

Volte e reveja todo o plano. Se necessário, procure ajuda de alguém que já conseguiu fazer o que você deseja e repasse o SMART com esta pessoa, que poderá lhe mostrar erros ou passos faltantes no plano.

Classificando suas tarefas por ordem de importância

Você é o Super-Homem, o Homer Simpson ou o Equilibrista? Estes são três dos quatro perfis produtivos que existem e se você não tem tempo para trabalhar nos seus objetivos, então é um dos três personagens. Você pode fazer este teste e descobrir o seu perfil produtivo em: www.leocabral.com/teste/

O nosso perfil produtivo é dividido em três esferas: importante, urgente e circunstancial.

Na esfera importante estão todas as tarefas que precisam ser feitas até um momento determinado, um dia específico e estão relacionadas aos objetivos, ou seja, precisam aproximá-lo do estado desejado. As tarefas importantes devem ter prioridade no seu dia. Comece por elas e as termine, ou se tornarão urgentes.

As tarefas urgentes são aquelas que, negligenciadas imediatamente, o deixarão encrencado(a). Geralmente, são tarefas que você empurrou com a barriga por não querer fazer, por preguiça ou qualquer outro motivo e agora não tem para onde correr. Elas sugam sua energia e, ao final do dia, geram aquela famosa sensação de que se trabalhou muito, mas não se produziu nada.

Já as circunstanciais... Essas são as piores, aquelas que ocupam o seu tempo e não levam a lugar algum. Muitas vezes, são importantes para outras pessoas e não para você, como aquele relatório que o chefe pediu e você não pode negar. Assistir a TV e navegar nas redes sociais sem um objetivo em mente também são exemplos de tarefas circunstanciais.

Tudo o que você precisa fazer é montar a agenda do dia, classificando tarefas como importantes, urgentes ou circunstanciais e atacá-las, sempre eliminando, o mais rápido possível, as importantes e evitando ao máximo as circunstanciais.

O perfil produtivo ideal é aquele que divide o seu tempo em:
• 10% de horas para atividades circunstanciais;
• 20% de horas para atividades urgentes;
• 70% de horas para atividades importantes.

Então, ao montar a sua agenda (este será o nosso próximo e último passo), procure equilibrar as esferas para que o dia seja produtivo e não se sinta esgotado(a), ao final dele.

Existem alguns passos, além de todos os descritos acima, mas infelizmente este texto precisa terminar por aqui. Digamos que o conteúdo apresentado corresponde à faculdade e o que temos, além disso, é a pós-graduação, mestrado, doutorado...

Se você seguir este passo a passo, nada impedirá de atingir seus objetivos.

Como citei no início, é simples, mas não é fácil, só depende de você tomar a D.E.C.I.S.Ã.O!

28. Quais são os seus projetos de vida?

> *O seu sucesso está diretamente relacionado com o sucesso dos seus projetos pessoais, dos seus projetos de vida. E o que é sucesso pra você? Quais são os seus projetos? Você tem se dedicado aos projetos certos na sua vida? Convido você a pensar e refletir sobre essas e algumas outras questões relacionadas aos seus projetos e ao seu sucesso.*

Leonardo Fabel

Leonardo Fabel

Coach, professor, palestrante, especialista em gerenciamento de projetos. Formado em Engenharia Eletrônica pela PUC-Minas, pós-graduado em Gestão de Projetos pelo IETEC, MBA em Gestão de Negócios e das Competências pela Newton Paiva. Certificado PMP – *Project Management Professional*, pelo PMI, o *Project Management Institute*. Palestrante e professor de cursos de pós-graduação e MBA, na área de gestão de projetos, em instituições como IBMEC, PUC, UFMG, FEAD, UNA, SENAC, Pitágoras. Foi vice-presidente do PMI-MG de 2008 a 2011, o capítulo mineiro do *Project Management Institute*. É membro fundador do ICF Minas, o capítulo mineiro da International *Coach Federation. Professional Coach* e Analista Comportamental formado pelo IBC – Instituto Brasileiro de Coaching. Sócio-diretor da Inspiri Coaching & Consulting, atua desde 1997 em empresas de médio e grande porte, com foco nas áreas de gestão do conhecimento, capacitação e aprendizagem, governança e gestão de projetos.

Contatos
www.inspiricoaching.com
leonardo.fabel@inspiricoaching.com

Um projeto (do inglês *project*) pode ser conceituado como um esforço temporário, com início e fim bem definidos, destinado a criar um resultado único. Da mesma maneira é a nossa vida. Podemos dizer ainda que na nossa vida temos uma sucessão de eventos inter-relacionados, que podem ser caracterizados como projetos. Alguns menores, outros grandiosos. Cada um com um objetivo diferente, mas certamente todos eles com foco na busca da felicidade. E assim como cada ser humano é único, únicos são os nossos projetos de vida.

Na nossa vida teremos sucesso na medida em que formos bem-sucedidos em nossos projetos pessoais. É muito comum no dia a dia das empresas chegar ao final de um projeto e a seguinte pergunta ficar sem resposta: "E então, o projeto foi um sucesso?". Uns podem dizer que sim, outros podem dizer que não. "Depende", outros diriam. Depende?... Depende do quê?... Isso acontece porque não temos o hábito de pensar sobre o que é sucesso para aquele projeto, e de definir isso de maneira muito clara no momento mais adequado: no início! Fica muito difícil definir se o projeto foi um sucesso se deixarmos para pensar nisso no final. E o que caracteriza um projeto de sucesso? Podemos dizer que é aquele que cumpriu seus objetivos. Faz sentido, não faz? Então temos dois momentos fundamentais quando tratamos de sucesso em um projeto: no início, quando definimos quais os objetivos eu quero ou preciso atingir, e no final, quando avaliamos se os resultados foram atingidos. O fato de definir, no início do projeto, os critérios de sucesso não é garantia de que ele será bem-sucedido. Mas o fato de não definir esses critérios já vai, no mínimo, dar margem à interpretação dos resultados, além de não orientar a equipe daquele projeto na busca dos seus reais objetivos.

Vamos voltar aos projetos pessoais. Os seus projetos pessoais. Você sabe o que busca em cada um deles? Sabe definir o que é sucesso para cada um? Sim, para cada um, pois a definição de sucesso vai depender dos objetivos, que normalmente são diferentes para cada projeto. Não é exagero dizer então que o seu sucesso pessoal depende do sucesso dos diversos projetos que você assume na sua vida. E quantas vezes iniciamos os nossos projetos sem ter a mínima ideia de por que fazemos aquilo ali e onde queremos chegar?

Vamos fazer outra analogia com os projetos organizacionais. Para uma empresa, não basta apenas fazer certo os projetos, fazer bem os projetos. Mais do que isso, é necessário fazer os projetos certos. A visão de uma empresa, os seus objetivos de longo prazo só podem ser atingidos com projetos, e obviamente com os projetos certos. Imagine uma empresa realizando muito bem os seus projetos... errados! Ela pode, continuamente, obter bons resultados em cada uma das suas iniciativas, mas se elas não estiverem de acordo com a missão e visão da empresa, e alinhados aos valores da organização, esses resultados não levarão a nada. Será perda de tempo, de dinheiro e de energia.

E os seus projetos pessoais, quais são eles? Você tem se dedicado aos projetos certos? Seus projetos estão alinhados à sua missão de vida? Você sabe qual é a sua missão de vida? Você sabe aonde quer chegar em cada um dos seus projetos pessoais? Reflita alguns momentos sobre essas questões...

Não existe uma resposta pronta, uma resposta certa. A sua resposta é a resposta certa pra você. Mas há duas habilidades que são essenciais para responder com segurança a essas perguntas: autoconhecimento e autoconsciência. Em outras palavras, entender quem é você, conhecer a sua essência e compreender que você pode mais.

"Conhece-te a ti mesmo" é uma ideia milenar, mas mesmo assim das mais difíceis coisas de se obter. É algo que o homem busca desde a Antiguidade, e que está presente nas citações dos grande filósofos e personalidades da história. Deve ser uma busca constante, até porque vamos amadurecendo e nos transformando no decorrer das experiências e vivências. Na medida em que expandimos a nossa autoconsciência e ampliamos o nosso autoconhecimento, naturalmente nos preparamos para enfrentar o que vier. Nos sentimos mais seguros, mais confiantes do nosso potencial, mais certos de que estamos nos engajando nos projetos certos para a nossa vida.

Assim como cada projeto é único, e isso torna tão desafiante a sua gestão no dia a dia empresarial, cada ser humano também é único, e por isso não existe uma receita pronta para se atingir todos os objetivos e ter sucesso. Primeiro porque a definição de sucesso depende de cada um. Depois porque o caminho que leva ao sucesso também é diferente para cada um. Não adianta ler biografias de pessoas de sucesso e tentar seguir exatamente a fórmula que elas encontraram. Tem que fazer sentido pra você. Você deve buscar a sua fórmula de sucesso, inventá-la, reinventá-la, incessantemente. Pode tentar repetir comportamentos de pessoas que você admira? Sim, devemos aprender com as experiências dos outros, mas antes disso devemos traçar o nosso próprio caminho.

Da mesma maneira em que nos projetos organizacionais temos mais chance de sucesso quando entendemos bem o projeto e definimos de forma clara os objetivos a serem alcançados, nos nossos projetos pessoais temos mais chance de sucesso quando nos conhecemos melhor. E a busca é constante, pois não vamos só acertar, vamos errar também, vamos arriscar e vamos fracassar. Faz parte do aprendizado. O autoconhecimento é, portanto, a chave para uma vida de sucesso.

    O modelo que as organizações comumente usam começa com uma boa definição de missão, visão e valores. Experimente fazer esse exercício pensando em você. Pegue um papel, pare por alguns minutos e responda as seguintes perguntas: Qual é a sua missão de vida? O que você veio fazer aqui nesse mundo? O que é sucesso pra você? Aonde você quer chegar? E depois? E depois? E depois? Que legado você quer deixar? Pelo que você deseja ser lembrado? Qual é a sua essência? Quais os valores que guiam os seus passos, as suas ações?

    Agora reflita um pouco se os seus maiores feitos, se os momentos mais marcantes que você viveu estão alinhados a essa sua missão e a seus valores. Se positivo significa que você tem investido seu tempo e seus esforços nos projetos certos, mesmo que de forma inconsciente. Se negativo, pode ser um indício de que os seus esforços estão direcionados para projetos e iniciativas que não tem relação direta com o que você busca de verdade. Nesse caso é possível que você esteja fazendo muita coisa por comodidade, porque está acostumado e não encara a mudança ou até para agradar alguém. Lembre-se que o seu sucesso pessoal só depende de uma pessoa: sim, você. E não desanime se perceber que tem empreendido esforços nos projetos errados. Sem dúvida eles lhe trouxeram uma carga muito grande de experiência e aprendizado. E contribuíram para torná-lo a pessoa que você é hoje. Admita isso e compreenda que a sua história de sucesso já está sendo escrita. E a partir de agora, assuma de uma vez a direção.

    O próximo passo é compreender exatamente o seu significado de sucesso. Até o século XX, a concepção de sucesso geralmente estava relacionada à fortuna financeira. Os bem-sucedidos eram aqueles que conseguiram prosperar financeiramente, que juntaram grandes quantias, construíram impérios, chegaram a posições de liderança, ficaram famosos. Nos dias atuais, as definições de sucesso são muitas vezes relacionadas a triunfos e conquistas que trazem felicidade, paz, bem-estar. Nesses casos, o sucesso financeiro pode ser a consequência, nem sempre é o alvo. Permita-se refletir mais um pouco: você está fazendo o que gosta? Você realmente gosta do que faz? Seus projetos pessoais estão sendo realizados de forma prazerosa e recompensadora? Você dorme e acorda todo dia pronto para dar o seu melhor? Você está fazendo aquilo que gostaria de fazer se pudesse escolher? O que impede você hoje de começar a conquistar tudo aquilo que deseja?

    Como o aprendizado é contínuo, e assim como as organizações a nossa tendência é amadurecer com as experiências, é importante saber que muitas vezes teremos que arriscar. Como cada projeto é único, sempre teremos incertezas. É muito comum uma organização apostar em um projeto que parece ser o projeto certo, e no meio do caminho o cenário mudar, outras decisões são tomadas. As empresas maduras costumam não ter problemas em abrir mão de um projeto quando identificam que ele não é o certo. Por outro lado, as empresas imaturas têm uma dificuldade imensa em cancelar um projeto depois que ele começa. Muitas vezes elas tendem a ir até o fim com aquele projeto errado só porque já investiram esforço e dinheiro, e simplesmente não conseguem parar no meio do caminho, como se isso fosse sinal de fraqueza. Ou então são acometidas pela síndrome do milagre, achando que no final vai dar certo. Mas não fazem a parte delas para que realmente dê certo. Fazendo a analogia com a nossa vida e os nossos projetos pessoais, esse conceito de maturidade de uma empresa pode ser comparado com a autoconsciência. É muito importante ampliar e expandir essa autoconsciência, porque é natural que vamos fazer escolhas na nossa vida que parecem ser certas naquele momento, mas que com o tempo se mostram não tão certas assim. Com o autoconhecimento desenvolvido e a autoconsciência amplificada, você se sentirá seguro ou para seguir em frente, ou para parar por um momento e respirar bem fundo antes de continuar, ou até mesmo para tomar a decisão de mudar o rumo, de buscar outros caminhos.

Dessa maneira, se você compreender que o caminho para o seu sucesso passa bela busca constante e consistente do autoconhecimento e pelo desenvolvimento da autoconsciência, você estará no caminho certo. São habilidades fundamentais para que você se sinta confiante o suficiente para fazer o melhor uso das suas maiores virtudes.

Para potencializar essa busca considere ter um treinador pessoal, ou *personal coach*, um profissional que vai guiá-lo, com abordagens poderosas, a ser a melhor pessoa que você puder ser. Um bom *coach* vai ajudar a identificar três elementos: 1) o seu estado atual – quem você é hoje, quais as suas qualidades, seus pontos de melhoria e suas crenças limitantes; 2) o seu estado desejado – aonde você quer chegar, quais os seus objetivos, suas metas, a pessoa que você quer se tornar; e 3) as ações que você precisa realizar para sair do seu estado atual e chegar ao seu estado desejado.

Você não precisa ser melhor do que ninguém para ter sucesso, você precisa ser a melhor pessoa que você puder ser. Valorize a sua história de vida, construa o seu caminho, acredite em você e se permita ir além. Faça a sua parte e o universo vai conspirar a seu favor. Sucesso sempre!

29. Estações para o sucesso

> *Se alguém não for resiliente no inverno, perderá as cores e as belas promessas da primavera, a energia do verão e os saborosos frutos do outono.*

Lisbeth Paulinelli

Lisbeth Paulinelli

Assistente Social, com especialização em Política Social-UCG, formação complementar em Jogos de Empresa-MRG, Desenvolvimento Prático em Técnicas Vivenciais, Dinâmica de Grupo – pela SOBRAP e Técnicas Avançadas de Dinâmica de Grupo. Formação Holística de Base na UNIPAZ – DF. Consultoria Interna na área de Recursos Humanos. Música em Abordagem Vivencial. Capacitação como facilitadora em programas para Mobilização e Potencialização de Equipes. Vivência por 17 anos como Assistente Social e facilitadora no Banco do Estado de Goiás S/A em programas de desenvolvimento para Gerentes, formação de Supervisores, Multiplicadores Internos e Equipes de trabalho. Facilitadora da WIN – Desenvolvimento de Pessoas - BH, em Programas de Times de Alto Desempenho. Membership ASTD. Coautora do Livro Jogos de Empresas e Técnicas Vivenciais. **Certificação International Coach – ICC – International Coaching Community, Coautora Damas de ouro, Autora do livro Ser Facilitador com Saber e Sabor.** Sócia e consultora da **HYDRA EDUCAÇÃO EMPRESARIAL E EVENTOS LTDA** por 19 anos.

Contatos
www.hydraeducacao.com.br
lisseba@hydraconsultoria.com.br
lrpaulinelli@hotmail.com
(62) 3251 3716

O que é ter sucesso? Por que identificamos algumas pessoas como bem-sucedidas e outras não? O que podemos aprender com as estações do ano para obter sucesso? Se há segredos, provavelmente iremos encontrar pistas ao pesquisar a visão de filósofos, recorrendo ao dicionário Aurélio, ferramentas e histórias apresentadas por pessoas e especialistas em sucesso. Não há fórmulas mágicas.

Neste texto, quero continuar a busca de pistas para refletir sobre o que é sucesso, fazendo uma analogia com as estações do ano e as lições que podemos aprender, a fim de desenvolver competências e atitudes que irão contribuir para o seu sucesso pessoal e profissional.

A Maria, o João e o Joaquim consideram-se pessoas de sucesso. Seus conceitos e ideias de sucesso parecem pertencer ao senso comum, já que foram compartilhados por uma maioria de pessoas. Para eles, sucesso é estar bem de vida, ter bom saldo bancário e pagar as contas no final do mês. Ter boa lucratividade, caminhar bem nos negócios, ter um bom emprego, poder sair de férias todos os anos, ter uma família unida, uma boa casa e um carro.

Muitos enxergam o sucesso como algo grandioso, envolvendo poder, fama, status, dinheiro e não conseguem entender as pistas de pequenos segredos que verdadeiramente permitem a fluidez do sucesso.

Outros preferem acreditar que o sucesso é mesmo para alguns privilegiados ou uma questão de sorte; talvez fácil de obter, principalmente quando se tem bom capital para investir. Na verdade, o sucesso aparece com maior ênfase quando está ligado às questões de ter, ou seja, do acúmulo de capital.

Temos como referência pessoas de sucesso, vencedoras, que parecem ter conseguido tudo com a maior facilidade. Será? Cada uma, com certeza, terá histórias a contar e devemos aprender com elas, ao invés de nos paralisarmos pela inveja e queixa de que as circunstâncias não são propícias, ou que determinadas pessoas sempre tiveram mais sorte e dinheiro para investir.

Sabe-se que as pessoas de sucesso estão de fato à frente, porém, se esquece que elas aprenderam a controlar os pensamentos, emoções, ações, além de superar as crenças autodestrutivas. Elas descobriram sua missão, propósito e caminho na vida, têm a coragem de definir objetivos e viver os sonhos. Estas pessoas aprenderam a controlar suas vidas, se diferenciando e traçando um curso diretamente para o sucesso.

Um caminho sensato é reavaliar o que significa para você ter sucesso, considerando sua história e experiências. Precisamos saber o que é importante para nós e estabelecer o sucesso segundo os próprios valores e não através dos alheios.

Posso considerar, por exemplo, que uma pessoa é bem-sucedida, mas ela talvez não concorde. Isso reforça a importância do significado de sucesso para cada um. Um exemplo é de Warren Buffet, um dos homens mais ricos do mundo, que declarou o seguinte: "eu daria toda a minha fortuna para *ser reconhecido como um grande filósofo e não como o homem mais rico do mundo*". O erro mais comum que se pode cometer é não estabelecer o sucesso segundo os próprios valores e "ficar de olho" no sucesso dos outros.

Sucesso para mim não é estrelato e sim a capacidade de aproveitar a vocação, dando sentido ao que se deseja ser e ter. Trabalhar persistentemente, com dedicação, vivendo cada ciclo do processo de forma madura. Tudo aquilo que concorre para o sucesso profissional também serve para o sucesso pessoal, em mútua relação.

Mas, como trabalhar para ser uma pessoa de sucesso? Em primeiro lugar, escolhendo o tipo de sucesso que se pretende ter, como já foi mencionado. Depois, traçar metas atingíveis, rotas a seguir e trabalhar com determinação, dedicação e persistência. Longas horas e trabalho duro não garantem sucesso. Uma vida de sucesso tem direção e, na maioria das vezes, o sonho pode não ser tão lucrativo.

Em busca de seu tão sonhado sucesso, vamos então caminhar pelas quatro estações, aprender lições e ver quais competências precisaremos desenvolver para chegarmos ao êxito.

Estações são referências e cada uma cumpre o seu objetivo.

Já percebeu a quantidade de pessoas que tenta se apressar ou fica paralisada em determinada estação? Algumas pessoas vivem uma eterna euforia ou depressão. Outras planejam, repetem o planejamento e não fazem nada. E ainda temos aquelas que só querem recarregar a bateria ou fazer "oba-oba" e passivas ao mundo real, se aproveitam das regalias e aconchego do sucesso alheio.

Por qual estação começar? Vamos começar pela **estação da ação**, o verão. Uma estação considerada quente, cheia energia, boas vibrações e com muitas comemorações. Nesta estação, as pessoas querem fazer um monte de coisas, ficam eufóricas porque já começam a desfrutar da colheita, querem férias; viajar, tomar sol, se divertir, fazer novos contatos, festejar com os velhos amigos. Fará sim, muito bem respirar novos ares, recarregar e relaxar, para continuar transbordando vitalidade e energia.

Para obter sucesso, é preciso passar pela **estação da ação e a magia do fogo.** Nada acontecerá se não estiverem claras quais serão suas ações e principalmente: se você não fizer nada, o resultado será nada. A magia do fogo transforma...

Na estação outono é tempo de colher o que foi plantado; os frutos realmente estão maduros e os sonhos em plena realização. Trata-se da **estação do planejamento.** Parada obrigatória para recolocar as coisas em ordem, encontrar e fazer novos caminhos, vivendo a **magia da água.** Hora de contornar, como a água, obstáculos, ter paciência para lidar com as dúvidas e dilemas e, ao mesmo tempo, avaliar o que, como, quando e com quem faz. De certa forma, é uma estação agradável, confortável; até se observa preguiça de enfrentar novas zonas de coragem e fazer mudanças. A estação planejamento irá ajudá-lo a estabelecer rotas para alcançar lugares antes não percebidos.

Na estação inverno, o tempo pode não ser muito bom. Indícios de desespero, desânimo, dores, problemas, incertezas, arrependimento, decepção, revolta, perdas e medo. As variáveis parecem incontroláveis e o inverno, rigoroso. Esta é a **estação da resiliência**. Seja resiliente, os problemas vão passar. Junte os cacos e não se congele! Viva a **magia da terra** e persista com a vontade de vencer. Pés no chão. Prepare-se para aprender muito nesta estação, adotar novas habilidades e usar ferramentas que possam colocá-lo no caminho e no prumo novamente. Como têm sido os seus invernos? Sabia que a interação é fundamental para superar situações difíceis? Uma pessoa de sucesso tem resiliência e é capaz de fazer magias...

Ser resiliente é ser forte e tolerante com as mudanças da vida, dando a volta por cima, transformando experiências negativas em aprendizado. No livro "Em busca de sentido" (Editora Vozes), Frankl aponta que "mesmo nas situações mais absurdas, dolorosas e desumanas, a vida tem um significado em potencial e, portanto até o sofrimento tem sentido".

Na Primavera, a **estação da renovação**, da cicatrização, é o momento de você renovar as sementes de esperança, planos, metas, desejos, otimismo, fé, e confiança. É possível ir em frente, fazer renascer os sonhos e viver a **magia do ar.** Seja grato(a) e comemore com entusiasmo também o sucesso dos outros. Você irá precisar de disciplina, esforço, paciência, crença e persistência. Tudo terá cores novamente. Saiba o que deseja obter...

Planos para a primavera? Quais? Tudo o que você quer pode estar nesta estação. Não deixe o medo adiar suas ações para próxima...

"Um dia de chuva é tão belo como um dia de sol. Ambos existem; cada um como é". Fernando Pessoa

Se optar pelo exercício abaixo, será um bom começo para avaliar suas estações.
Em qual estação você está no momento?
O que você tem feito em cada estação?
Você se prepara para as próximas paradas?

Estação ação (o que fazer)	Estação planejamento (como fazer)
Estação resiliência (situações que apresenta alto grau de resiliência)	Estação renovação (resultados que espera)

Podemos viver uma mistura de estações dentro de nós. Algumas longas demais nos colocam em risco de desequilíbrio. Já percebeu que determinadas estações duram segundos, algumas semanas ou vários anos, dependendo de como você pensa, age e se comporta?

Não permita que o insucesso de uma estação destrua as potencialidades de todas as outras. Também não julgue os resultados apenas por uma estação difícil. Persevere através delas e melhores tempos certamente virão, quando você menos esperar...

Sua função não é separar as estações... É estabelecer pontes e religar o que há de melhor em cada uma delas. Semear, por exemplo, na primavera, com abundância; um aperto de mão, um sorriso, uma palavra amiga, uma esperança, um olhar, um toque... Enfim, quebrar as distâncias para que sua semente germine.

Cuidando das sementes e sem esperar com ansiedade pela recompensa da colheita, o que espalhou será multiplicado e depois você já não será a mesma pessoa. Somente assim as estações terão cumprido seu papel e farão sentido.

"Vamos fazer assim? Onde tem chuva, a gente cobre de sol. Onde falta culti-vo, a gente rega de amor e o equilíbrio virá das delícias imprevisíveis do nosso clima." Yohana Sanfer

Belos desafios para cada um de nós! Independentemente da estação em que se encontra, o objetivo deve ser o aprendizado, as lições e entender os benefícios adquiridos, melhorando comportamentos para próximas etapas.

O sucesso é uma jornada de aprendizagem e vai depender muito de como irá equilibrar tudo e lidar com o enfrentamento das situações.

Não podemos ignorar que uma estação vai abrindo caminho à outra, assim como uma competência vai abrindo caminho para a concretização do sentimento de superação e sucesso total.

Valorize as pequenas conquistas. Demonstre gratidão pelas pessoas que encontrou nas suas estações. Somos nós que construímos o caminho para o sucesso, todos os dias; com atitudes e decisões. Na Lei da Gratidão, significa que a energia recebida deve ser devolvida.

Se alguém não for resiliente durante o inverno, perderá as cores e as belas promessas da primavera, a energia do verão e os saborosos frutos do outono. Quem ajuda os outros terá bênçãos eternas e grande sucesso... Faça de todas as estações pontes para o SUCESSO!

30. Motivação: mitos, mentiras e verdades que poucos conhecem

"Muitas empresas continuam utilizando formas equivocadas de gestão, tomando decisões por impulso e fazendo previsões que não levam em conta a complexidade do ser humano. Luiz Gaziri apresenta, por meio de comprovações científicas, verdades motivacionais que poucas pessoas conhecem e que têm o poder de revolucionar os resultados das empresas."

Luiz Gaziri

Luiz Gaziri
Apresenta uma realidade que poucas empresas conhecem. Ao basear-se exclusivamente em comprovações científicas obtidas por universidades como Harvard e MIT, explica os motivos pelos quais as estratégias das empresas não funcionam da forma que elas esperam. Trabalhou por quase 20 anos como executivo e, atualmente, é palestrante, consultor e professor de graduação, pós-graduação e MBA na FAE Business School (Curitiba/PR). Tem MBAs pela Baldwin-Wallace University (EUA), estudou Administração na FAE Business School e Liderança na London Business School (ING), considerada como uma das melhores escolas de negócios do mundo pelo Financial Times.

Contatos
luizgaziri.com
info@luizgaziri.com
www.facebook.com/luizgaziricom
@luizgaziricom
(41) 3010 2700

Em 1949, o Prof. Harry Harlow da University of Wisconsin fez uma descoberta surpreendente. Ele analisou o comportamento de chimpanzés ao colocar um simples quebra-cabeças em suas jaulas. Ao introduzir o desafio, ele notou que os primatas pareciam gostar do que faziam e, com o passar do tempo, resolviam o problema cada vez mais rápido. Para analisar mais a fundo o comportamento dos animais, após duas semanas, Harlow decidiu premiá-los com uvas passas sempre que resolvessem a tarefa. Porém, ficou surpreso com o que aconteceu: os macacos começaram a cometer mais erros e resolver o quebra-cabeças mais devagar. Quando o professor tirou as uvas do experimento, os macacos demonstraram sintomas profundos de irritação. Este estudo com chimpanzés - com os quais compartilhamos mais de 90% do DNA - revela que o ser humano é:

1. Naturalmente dedicado
2. Naturalmente curioso
3. Motivado internamente

Passados 53 anos, um grupo de professores liderados por Dan Ariely da Duke University estudou a relação entre recompensas externas e performance. Para isso, analisou o desempenho de estudantes do MIT em duas tarefas: uma que envolvia habilidades motoras (digitar as teclas V e N repetidamente no computador) e outra que envolvia raciocínio (escolher numa matriz de 12 números inexatos a máxima quantidade possível de dois números que somados resultassem em 10). Para ambas as tarefas, foram dados incentivos inicialmente baixos ($0, $15 ou $30 para performances ruins, médias ou boas) e posteriormente, incentivos altos ($0, $150 ou $300). Os resultados foram surpreendentes: na tarefa de digitação, 82,6% das pessoas teve melhor performance quando o incentivo aumentou. Já na tarefa de raciocínio, 70,8% das pessoas teve pior performance quando o incentivo aumentou. Apenas 16,7% teve performance melhor.

Num segundo momento, os professores decidiram testar o experimento em outro local. A cidade escolhida foi Madurai, na Índia. Foram designadas seis tarefas para este estudo. Os participantes foram separados em três grupos, que receberiam incentivos da seguinte forma, caso tivessem uma performance excelente:

Grupo 1 – Um dia e meio de salário
Grupo 2 – Duas semanas de salário
Grupo 3 – Cinco meses de salário

O que aconteceu desta vez? Em tarefas que exigiam criatividade, incentivos maiores levaram a uma pior performance. Já em tarefas que exigiam apenas habilidades motoras, incentivos levaram a uma pior performance. Perceba que estes resultados são iguais aos do experimento no MIT. Os professores descobriram que em tarefas criativas o dinheiro nos gera níveis altíssimos de motivação, fazendo com que tentemos controlar atividades que realizamos naturalmente sem incentivos, trazendo piores resultados.

Os estudos mostram uma realidade muito diferente da qual vemos nas empresas; que oferecem incentivos justamente para os funcionários que lidam com situações de criatividade e de difícil resolução. Empresas que confiam cegamente em incentivos financeiros têm a ilusão de que estes são a solução para qualquer problema: "Precisamos vender mais? Vamos aumentar a comissão! Precisamos que as pessoas cheguem no horário? Vamos premiar quem for pontual!" Se incentivos externos funcionassem tão bem assim, não existiriam empresas com faturamento baixo e qualquer vendedor seria milionário. Além disso, companhias que utilizam pagamento por performance partem da falsa premissa de que o funcionário tem controle sobre o que vai acontecer. Os próprios gerentes dizem que o salário do vendedor "só depende dele mesmo". Mas é fácil perceber que a performance do vendedor depende muito mais de fatores alheios ao seu controle; como a qualidade do produto, avanços tecnológicos, concorrência e preço; do que de vontade própria.

Por isso, empresas como Apple e System Source optaram por eliminar a comissão dos vendedores e passar a pagar um salário fixo alto, equivalente à soma da remuneração fixa e variável. Desta forma, os vendedores voltam a ser naturalmente motivados e passam a ter melhor performance. Vendedores que precisam construir seus salários todo mês - pois do contrário, não conseguem pagar suas contas - visam primeiramente a segurança financeira, por isso, dão mais descontos e nunca pensam em vender melhor. Não pagar comissões, além de melhorar a performance da equipe, promove maior satisfação do cliente. Com o salário garantido, o vendedor irá sempre oferecer o que é melhor para o cliente, e não para o seu próprio bolso. A System Source, por exemplo, triplicou os lucros e passou a vender 44% mais apenas um ano depois de cortar o comissionamento. Sua empresa pode ter resultado similar, basta que deixe de acreditar em mitos e passe a acreditar na ciência.

O que desmotiva as pessoas?

O maior desafio de um líder atualmente é saber o que não fazer para desmotivar as pessoas. Por isso, analisaremos os dois principais erros que resultam em funcionários desmotivados e alta rotatividade.

Controle excessivo: com os avanços tecnológicos, qualquer empresa pode saber quais funcionários chegaram atrasados, em que local o carro da empresa está, que mercadorias foram vendidas, que sites os funcionários visitaram, entre diversas outras informações. A tecnologia, que deveria ser usada para gerar vantagem competitiva, virou uma ferramenta de controle. Gestores acreditam que se os funcionários não forem controlados, evitarão o trabalho. Intuições como esta são responsáveis por 75% das pessoas afirmarem que a parte mais estressante de seus trabalhos é lidar com seus chefes. Quem gosta de trabalhar num lugar onde a falta de confiança é explícita? Conforme vimos, esta suposição contraria um comportamento interno do ser humano: ser naturalmente dedicado. O engraçado é que quando gestores obsessivos por controle são questionados se também precisam ser vigiados para que não se acomodem, respondem que não, pois são diferentes dos demais. Não podemos nos enganar: o que somos e as atitudes que tomamos são exatamente iguais às das outras pessoas.

Por este motivo, algumas empresas estão adotando novas formas de gestão, como o sistema de autonomia total chamado ROWE (Results Only Work Environment), criado por Cali Ressler e Jody Thompson. Num ROWE, a presença no escritório é facultativa, todas as reuniões são opcionais e ninguém controla horários. A única avaliação feita é se o funcionário trouxe resultado. Onde, em que horário e por quanto tempo trabalhou; se o funcionário foi ao cinema à tarde ou se foi ao jogo de futebol do filho, são informações que não interessam; a única coisa que conta é se a pessoa entregou o que a empresa esperava. Uma das premissas do ROWE resume tudo: Trabalho não é um lugar onde você vai, é algo que você faz! No caso da Best Buy, depois do ROWE, as demissões voluntárias caíram 90% e a produtividade cresceu 41%. Quem quer sair de um emprego desses?

A Prof. Phiilys Moen da University of Minnesota realizou um estudou com uma amostra de pessoas onde a metade trabalhava num ROWE e a outra metade num ambiente comum de trabalho. Ela concluiu que pessoas num ambiente comum tinham maior tendência a sofrer de estresse, depressão, pressão alta e doença cardíaca. Por outro lado, pessoas num ROWE dormiam melhor, não sofriam de obesidade e tinham colesterol baixo.

Gerenciamento é algo inventado pelas empresas. Pessoas são naturalmente dedicadas; controles as tornam desmotivadas e doentes.

Políticas falhas de reconhecimento: é bastante comum empresas criarem rankings de funcionários, afinal, as pessoas querem ser reconhecidas. Será? Empresas utilizam rankings por conta de duas intuições: 1. Funcionários que trazem resultados querem ser reconhecidos 2. Funcionários que trazem resultados acham injusto que quem não os trouxe, receba o mesmo reconhecimento.

O problema que encontramos na primeira intuição é a de que todas as pessoas acham que devem ser reconhecidas. Quem não acha que é o pilar de sustentação do seu setor no trabalho? Estudos comprovam que a maioria das pessoas acredita ser acima da média, não reconhece sua falta de competência, quer crédito pelo sucesso mesmo que não o tenha conseguido sozinha e atribui seu insucesso a fatores externos. É normal surgirem comentários quando um funcionário é rankeado como o melhor: "Ele é o queridinho do chefe!", "Fui eu que fiz tudo, mas ele levou o crédito!". Um estudo com 200 gerentes de RH reportou que rankings resultam em baixa produtividade e reduzem o engajamento e a colaboração.

Quanto à segunda intuição, um estudo realizado pelo Prof. Gerald Leventhal da Wayne University revela que as pessoas evitam receber recompensas que mostrem diferenças em performances individuais visíveis em grupo, mesmo quando elas não se conhecem. O motivo disso é que o trabalho é baseado no convívio social e recompensas dividem as pessoas em ganhadores, nada especiais e perdedores, provocando inveja e prejudicando o ambiente de trabalho. Isto significa que cada vez que reconhecemos o trabalho de alguém através de rankings, automaticamente isolamos o ganhador do restante da equipe. Uma solução para este problema foi ilustrada pelos professores Robert Sutton e Jeffrey Pfeffer da Stanford - que estudaram milhares de empresas durante décadas para verificar se certas estratégias comuns no mercado produzem ou não resultados. Eles afirmam que as melhores performances vêm de empresas onde o máximo possível de pessoas são tratadas como top. Olhando por este lado, é fácil entender por que empresas como a Zappos - que trata seus funcionários de forma exemplar - tem performance melhor a cada ano. Este também é o motivo pelo qual algumas empresas estão evitando avaliar performances individuais e passando a avaliar a performance da equipe como um todo. Sendo assim, com o tempo as pessoas passam a perceber que o grupo é mais importante do que o indivíduo e as empresas obtêm resultados infinitamente melhores. Rankings são bons apenas se você quer que a sua empresa seja rankeada como uma das piores para se trabalhar!

Reconhecimento verdadeiro é ter uma política de crescimento na sua empresa. É triste, mas ainda ouvimos gestores dizendo: "aquele funcionário está tranquilo no seu cargo, ele não quer crescer". Isto é uma das maiores mentiras que um gestor pode contar, afinal, ela contraria uma regra básica da motivação: o ser humano tem necessidade de crescer e ser cada dia melhor.

Outra forma de avaliação muito utilizada é a famosa 20, 70, 10. Este procedimento, avalia a performance das pessoas e faz com que todo ano 20% delas sejam promovidas, 70% continuem em seus cargos e 10% sejam demitidas. Mas será que isto gera vantagem para as empresas? Sutton e Pfeffer chegaram à conclusão de que não existe evidência de que as empresas se beneficiam em demitir 10% das pessoas de baixa performance. Para reforçar este tópico, o Prof. Richard Hackman da Harvard realizou um estudo que analisou equipes cirúrgicas, equipes gerenciais, grupos de estudantes e tripulações de voos, chegando à conclusão de que quanto mais tempo uma equipe trabalhar junta, melhores são os resultados. Quem nunca percebeu isto num time de futebol?

Conclusão

Da mesma forma que você não realizaria uma ponte de safena por que o seu médico "acha" que você está com uma obstrução, gestores deveriam parar de tomar decisões por "achar" que irão dar certo. Estamos numa era onde a ciência é a maior aliada dos negócios - qualquer estratégia já foi estudada pela ciência para determinar sua efetividade. Hoje em dia, só erra a empresa que quiser!

Referências
ARIELY, Dan, et al. *Large Stakes and Big Mistakes.* Review of Economic Studies, 2009.
BROWN, J.D. *Evaluations of Self and Others: Self-Enhancement Biases in Social Judgements*, 1986.
HARLOW, Harry F., HARLOW, Margaret Kuenne, MEYER, Donald R. *Learning Motivated by a Manipulation Drive*, Journal of Experimental Psychology 40, 1950.
KRUGER, J., DUNNING, D. *Unskilled and Unaware if It: How Difficulties in Recognizing One's Own Incompetence Lead to Inflated Self-Assessments,* 1999.
Novations Group. Uncovering the Growing *Disenchantment with Forced Ranking Performance Management Systems*, 2004.
Six Common Misperceptions about Teamwork. Disponível em: <http://blogs.hbr.org/2011/06/six-common-misperceptions-abou/>
LEVENTHAL, G.S. *The Distribution of Rewards and Resources in Groups and Organizations*, 1976.
LEVENTHAL, G.S., MICHAELS, J.W., SANFORD, C. *Inequity and Interpersonal Conflict: Reward Allocation and Secrecy About Reward and Methods of Preventing Conflict,* 1972.
MILLER, D.T., ROSS, M. *Self-Serving Biases in the Attribution of Causality: Fact or Faction?*, 1975.
PFEFFER, Jeffery, SUTTON, Robert I. *Hard Facts, Dangerous Half-Truths & Total Nonsense – Profiting From Evidence-Based Management,* Harvard Business School Press, 2006.
Bad bosses can be bad for your health. Disponível em: <http://usatoday30.usatoday.com/news/health/story/2012-08-05/apa-%20mean-bosses/56813062/1 >
Flexible arrangements - Results Only Work Environment (rowe). Disponível em: <http://workplaceflexibility.bc.edu/types/types_arrangement_results>
<http://www1.umn.edu/news/news-releases/2011/UR_CON TENT_316944.html>
<http://www.gorowe.com>

31. A obesidade pode atrapalhar sua carreira

"Não é só a saúde que fica prejudicada por conta do excesso de peso. O sucesso profissional também está em jogo."

Lydiane Rodrigues

Lydiane Rodrigues

Nutricionista, coach esportiva, especialista em emagrecimento e saúde, palestrante. Blogueira e pesquisadora apaixonada por Saúde. Graduada em Nutrição pela Faculdade Anhanguera de Anápolis. Pós-graduada em Alimentos Funcionais e Nutrigenômica na Prática Clínica e Esportiva pela Universidade Estácio de Sá. Professional Coaching pela Academia Brasileira de Coaching com Certificação Internacional pelo BCI (Behavioral Coaching Institute).

Contatos

www.lydianerodrigues.com.br
lydianec@gmail.com
(62) 81155130

Como ser um(a) profissional de sucesso? Muitos responderiam a esta pergunta com respostas prontas, como: estudar, se especializar, falar um segundo idioma, etc. Todas estão corretas e são imprescindíveis para mobilizar os profissionais diligentes rumo ao sucesso em sua carreira. Mas há um ingrediente importantíssimo deste processo para que o sucesso pessoal e profissional seja pleno. Algo que não se encontra em nenhuma graduação, MBA ou Doutorado. Estou me referindo à *saúde profissional*.

É isso mesmo que você leu. Tão importante quanto cuidar da saúde de sua carreira, é zelar pela saúde do seu corpo. Afinal, o que o acompanha todos os dias, em todos os lugares, demandando uma alta carga de esforço para você se manter sempre saudável em um mercado de trabalho tão competitivo? A saúde é fundamental para alcançar o sucesso profissional que você tanto almeja.

O mundo está cada dia mais gordo, só no Brasil 51% da população está acima do peso, sendo a maioria (54%) homens seguidos de 48% das mulheres. E o que isso tem a ver com o sucesso pessoal e profissional?

O Brasil ocupa a 7ª posição no ranking dos países onde a obesidade causa maior impacto na produtividade. Uma investigação realizada pelo site de empregos Catho Online revelou que 8,2% dos recrutadores evitam contratar candidatos obesos. O principal motivo é a questão da saúde. A obesidade é uma doença que funciona como gatilho para o desenvolvimento de outras enfermidades, tais como hipertensão, diabetes, dislipidemias, insuficiência renal, câncer, etc., o que pode interferir na rotina de trabalho ou até mesmo prejudicar sua produtividade.

Outro estudo realizado nos Estados Unidos aponta que o aumento do Índice de Massa Corporal (IMC) está diretamente ligado à ausência constante no trabalho e aponta que quanto mais obesos os trabalhadores, maior é o número, por ano, de licenças médicas e dias de ausência no trabalho, assim como a aposentadoria é mais precoce entre este público.

As pessoas obesas, embora qualificadas intelectualmente, podem ter dificuldade para exercer o trabalho escolhido, em virtude da volumosa massa corporal.

Você acredita que estar acima do peso não é saudável em hipótese alguma? Por mais que esteja feliz em ser gordinho(a), é preciso admitir que esta condição possa causar problemas na saúde do seu corpo, em sua empresa e carreira, a médio e longo prazo.

Descubra o seu índice de massa corporal e também dos funcionários:

IMC = Peso (Kg)
　　　Altura² (m)

IMC	Classificação
< 18,5	Abaixo do Peso
18,6 – 24,9	Saudável
25,0 – 29,9	Peso em excesso
30,0 – 34,9	Obesidade Grau I
35,0 – 39,9	Obesidade Grau II (severa)
≥ 40,0	Obesidade Grau III (mórbida)

Você está feliz com o resultado que encontrou acima? Se está no seu peso ideal, Pa-ra-béns! Mas o que pode fazer a partir de agora para manter o peso? E quanto à saúde como um todo, quando foi a última vez que fez um *check-up*? O que o impede de fazê-lo hoje mesmo?

Uma carreira de sucesso costuma ser exaustiva. Por isso, você precisará estar com uma saúde supimpa para trilhar este caminho. E que tal refletir e traçar agora um plano de ação para ganhar os benefícios que o emagrecimento e os cuidados com a saúde proporcionam? Se o fizer de forma precisa e alcançar o objetivo dentro do prazo que vai estabelecer, imagine o que poderá alcançar na sua carreira...

1. O que existe de importante na sua vida, para que você emagreça ou invista na sua saúde?

_____
_____

2. Vale a pena ter dinheiro e não ter saúde? O que você pensa sobre isso?

_____
_____

3. Sem saúde você conseguiria trabalhar e alcançar sucesso profissional? Todo seu dinheiro, pompa e sucesso seriam suficientes para recuperar sua saúde?
_____
_____

4. "Os homens perdem a saúde para juntar dinheiro, depois perdem o dinheiro para recuperar a saúde" (Dalai Lama). O que esta frase lhe ensina?
_____
_____

5. Para você o que é mais importante, a saúde ou dinheiro? Como ser / ter excelentes profissionais, sem saúde?
_____
_____

6. Quais são as vantagens de alcançar o peso ideal e investir na saúde, tanto sua como de seus funcionários? Enumere e escreva o máximo que você conseguir.
_____
_____

7. O que impede você e seus funcionários de terem uma alimentação mais saudável e praticar exercícios? O que você pode fazer agora para mudar isso?
_____
_____

8. Quais as qualidades que você possui e irão ajudar na efetivação deste plano?
_____
_____

9. Como vai mensurar que está alcançando seu objetivo? Defina uma data (dia, mês e ano).
_____
_____

10. Quem é o principal responsável por alcançar este objetivo?
_____
_____

Manter o peso ideal e cuidar da saúde requer gestão e revisão, bem como criação de objetivos ao longo do tempo.

Você deve estar perguntando: Lydiane, mas onde vou arranjar tempo para tudo isso? O Dr. Lair Ribeiro diz algo muito sério: "Aquele que não tem tempo para cuidar da saúde terá de arranjar tempo para cuidar da doença". O que você prefere?

Investir tempo para cuidar da sua saúde ou da doença?

O que traz mais retorno para você? Cuidar da saúde ou da doença dos seus funcionários?

Invista em você, na sua carreira!

Saúde e muito $UCE$$O! Um forte abraço.

32. Crenças, programas e superação

"Os comportamentos que adotamos são determinados por nossas crenças e programas inconscientes. Já é hora de dar espaço para sua mente consciente determinar o que você realmente quer no caminho do sucesso pessoal. Sugerimos um exercício para ajudar nessa direção..."

Mara de Felippe

Mara de Felippe

Formei-me em Psicologia pela UFSC em 1988 e, naquele mesmo ano, abri meu consultório em Florianópolis, onde trabalhei por onze anos com uma linha terapêutica chamada Psicodrama.

Em 1999, na busca de uma mudança em minha forma de atendimento, encontrei a Programação Neurolinguística e a Hipnose. Naquele ano cursei o Practitioner em PNL e a Hipnose Clínica (Clássica e Ericksoniana) e, em 2008, cursei o Master Practitioner em PNL.

Paralelamente a esses 26 anos de trabalho psicoterapêutico, trabalhei também com Orientação Profissional, Programas Organizacionais, Projetos Motivacionais e tive uma grande experiência com Testes Psicológicos. Em 2005, ampliando minhas possibilidades profissionais, comecei a dar palestras e a ministrar diversos cursos de crescimento pessoal e profissional.

Contatos

www.pnlflorianopolis.com.br
www.pnlehipnoseflorianopolis.blogspot.com.br
contato@pnlflorianopolis.com.br
Facebook: pnlflorianopolis
Twiter: @pnlfloripa
(48) 9952.6292

Na escola, quando eu tinha cerca de oito anos, a professora de educação física propôs um jogo à nossa turma. Posicionou um banco com 30cm (altura) x 20cm (largura) x 2m (comprimento), a 15m de onde estávamos. Pediu que corrêssemos até o banco e o pulássemos. Os alunos que conseguissem pular deveriam ir para o lado direito os que não conseguissem, iriam para o esquerdo.

Achei o desafio perigoso e fui deixando os colegas seguirem primeiro. Porém, chegou num ponto em que não podia mais adiar e tive de fazer a tentativa.

A maioria das crianças tinha conseguido vencer o desafio, exceto por uma colega que não conseguiu pular o obstáculo e estava sentada no lado esquerdo.

Enquanto corria na direção do banco, fui repetindo intimamente: "Eu não vou conseguir!", "Eu não vou conseguir!", "Eu não vou conseguir!"... E, quando estava a um metro do obstáculo, decidi não tentar pulá-lo; fiz uma curva e fui direto para o lado esquerdo.

Ao final do exercício, somente eu e a outra colega estávamos do lado esquerdo. Todas as outras crianças tinham pulado o banco.

Hoje, em meu trabalho terapêutico, percebo as pessoas em diferentes pontos do percurso em direção ao "seu banco".

Algumas correram e resolveram que não precisavam pular o banco para serem vencedoras, e simplesmente foram para o lado direito.

Outras fizeram seu percurso com garra e acreditaram que podiam. Pularam o seu banco e estão no merecido lado direito. Algumas correram até lá e tropeçaram no obstáculo. Estão no lado esquerdo, mas fizeram seu esforço e conheceram seus limites.

Outras correram até seu banco gritando: "Eu não vou conseguir!".

E desistiram na última hora, sem tentar a superação do desafio.

Algumas desistiram, inclusive, de correr até seu banco. Ficaram paradas na linha de largada, observando a coragem de todos os outros, com a certeza de que não conseguiriam aquela façanha.

Outras ainda estão correndo. Fazem ziguezagues, dão passos à frente e voltas ao redor do próprio corpo, caminham para trás e voltam a correr... Veem seu banco ao longe e ainda estão lutando, apesar do medo, com as forças que têm.

Entre os participantes do desafio, a crença de cada um fará a principal diferença na forma de percorrer o trajeto e superar o obstáculo.

O sistema de crenças vai se estabelecendo no decorrer de nossas vidas. A maior parte dele é introjetado até cerca de seis anos de idade, quando nosso cérebro ainda está operando na frequência de EEG de *4 a 8 Hz* – as ondas *theta*.

Nesta fase do desenvolvimento, nos mantemos num estado mental sugestionável e programável. Por um lado, isso é bastante adequado, pois, nesse período, precisamos armazenar um volume muito grande de informações, para conseguirmos nos adaptar ao ambiente – é uma questão de sobrevivência. Por outro lado, é também em função dessa característica de atividade cerebral, que acabamos incorporando crenças e atitudes de nossos pais às redes sinápticas do nosso inconsciente. Ainda não temos filtros necessários para separar o que nos serve do que não nos serve como crença e, assim, preenchemos nosso inconsciente com as crenças das pessoas de referência.

Essas crenças tão precocemente introjetadas e sem a abordagem do senso crítico, se transformam em "programas".

Em cada trauma ou situação importante, vamos agregando novos programas àqueles iniciais e formamos uma rede de programas que determinarão os comportamentos, ao longo de nossas vidas.

Cada comportamento descrito acima, quando falei das pessoas correndo em direção aos "seus bancos", é baseado no sistema de crenças que cada uma estabeleceu sobre o sucesso pessoal. As crenças que geraram programas e que determinam seus comportamentos quando estão em busca dos seus objetivos.

Mas, isso não pode se tornar "a desculpa que faltava" para você se acomodar. Lembre-se de que não foi uma escolha totalmente sua ficar "rodando" estes programas. Toda mudança começa com a tomada de consciência, seguida da decisão por se apropriar do processo de escolha.

O que acontece é que, a partir de um estímulo do ambiente, seu inconsciente "reage" automaticamente, "rodando" os programas lá existentes, sem questionar. O que não podemos esquecer é que também existe a mente consciente. Esta parte tem a capacidade de observar o comportamento escolhido, avaliá-lo e interrompê-lo. Através da consciência, podemos criar um novo movimento, intervir na resposta que parecia automática e modificar nossa ação diante dos estímulos. Para isso, é necessário estar vigilante, pois a cada vez que nosso lado consciente "baixa a guarda", o inconsciente assume o posto – e voltamos aos velhos hábitos.

Em 2013 lancei um curso novo, com uma ideia arrojada e singular. Durante a divulgação, um de meus pacientes, Z, me perguntou:

- Você não tem medo de fracassar, descobrir que se superestimou e quando chegar a hora de mostrar seu conhecimento, algo falhar?

Eu respondi:

- Sabe, Z, essa é apenas uma das infinitas possibilidades. Em tudo o que faço, percebo que dois lados se manifestam: um que tem certeza de que sou capaz e outro que tem medo de falhar. Sempre fui muito criativa profissionalmente e nunca deixei de ir em busca de meus objetivos, por mais que o lado negativo gritasse que eu não conseguiria. O lado que vence é aquele para o qual dou energia. É como a metáfora dos dois lobos: vence aquele que eu alimento.

Nossa cultura empurra para o negativo. Se você entrar numa sala absolutamente limpa e houver um cabelo no chão, certamente é para ele que você vai olhar... Estamos sempre no jogo "busque o que está errado na cena". É costume dar energia para o lado negativo e, muitas vezes, nem percebemos que existia uma opção positiva para nosso pensamento. Assim, nos entregamos ao automático, quase como se fosse uma única opção. Achamos trabalhoso demais intervir com nossa consciência e decidir por algo melhor.

A PNL vem lembrar que sempre há uma opção positiva. A hora é "agora"! Esse é o momento de você decidir ativar sua mente consciente, encarar seus programas e iniciar sua mudança. Sair da posição "confortavelmente sofrida", deste lugar "morno", onde você sente que não está satisfeito(a), mas está seguro(a), num lugar conhecido... e frustrante.

A PNL vem nos abrir possibilidades. Traz a ideia de que nós funcionamos perfeitamente e de que nossos pensamentos são estranhamente eficientes. Se acreditarmos que somos capazes, tudo em nós se preparará para o sucesso. Mas, o contrário também é verdadeiro: se acreditarmos que somos incapazes, nosso sistema interno se preparará para o fracasso.

Nos trabalhos terapêuticos da PNL, com a aplicação das técnicas de mudança profunda, as pessoas têm a impressão de que se abriu "a caixa mágica". Quem se abre para o novo, se dispõe a alterar seus programas e trabalhar suas crenças, de forma que o impulsione para o sucesso; acessa um mundo de infinitas possibilidades.

Quero, aqui, estimulá-lo para que cogite essa mudança...

Primeiro, tome consciência:

Na direção de "seu banco", em que ponto do caminho você está?

Como está lendo esse livro, certamente está em busca de seu sucesso pessoal. Mas, qual é o seu conceito de sucesso pessoal? E, que dificuldades você imagina que há no caminho para ele?

O que o espera lá – "do lado direito"? Qual a cor do "seu banco"? A que distância você o colocou? De que forma está indo na sua direção?

As respostas para todas estas questões estão baseadas em suas crenças. Você precisa colocá-las para trabalhar em prol de si.

Aprendi muito com aquela menina que fui. Aprendi que, na verdade, "o banco" tem o tamanho que Eu projeto. Aprendi que eu também tenho direito a usufruir do "lado direito" da vida – o sucesso. Aprendi que, quando tenho um objetivo, tenho de acreditar em três verdades: "eu quero", "eu posso" e "eu mereço". Devo alimentar estas verdades até que minhas crenças limitantes cedam ao meu movimento e eu possa livremente correr na direção dos bancos que escolher pular. Guardo grande respeito e carinho por aquele passado... O passado que me instigou a encarar meus programas e alcançar meu sucesso pessoal.

Estabelecendo as características do "seu banco", você vai dar seu primeiro passo para o caminho do "lado direito".

Então, qual é o seu conceito de sucesso pessoal?

É lá que você quer chegar?

Muito bem, vamos abrir a "caixa mágica"!

Pegue papel e caneta.

Escreva seu objetivo – de um jeito específico, em termos positivos, e de forma que seja controlado somente por você.

Descreva também como está o seu processo de "corrida até seu banco". O que já fez na direção do seu objetivo?

Agora, escreva as crenças que você tem e estão relacionadas ao seu objetivo.

Ótimo!

Em outro papel, escreva uma lista de crenças que, se já fossem suas, poderiam ajudar no alcance do objetivo.

E, então, descreva como você imagina que uma pessoa de sucesso, que tivesse estas crenças, alcançaria aquele objetivo. O que ela faria?

Muito bem!

O caminho está traçado.

Se há diferenças entre o seu processo e crenças, uma vez comparados aos mesmos da pessoa de sucesso, identifique e as escreva. Tome consciência...

Perceba que a pessoa de sucesso acredita nas três verdades: "eu quero", "eu posso" e "eu mereço". Isso gera um "estado de recursos" que faz manifestar o melhor dela, a cada momento. Isso a faz ultrapassar seus velhos programas e a coloca acima das crenças limitantes.

Diante desta constatação, imagine como seria sua vida se também pudesse acessar este estado e manifestar o melhor de você...

É o que quer?

Venha comigo!

Lembre uma situação em sua vida, na qual estava apropriado(a) de seu poder pessoal. Naquele dia, em que aconteceu aquele evento, que fez com que sua autoconfiança se expandisse e que trouxe aquela sensação maravilhosa de que estava dominando o momento.

Permita-se fechar os olhos e entrar profundamente nesse estado de excelência. Respire fundo e permita que seu peito se expanda... Alinhe-se com essa vibração.

Sinta-se "A Pessoa"!

Respire profundamente mais algumas vezes e sinta-se expandindo, junto com seu peito. Entre nessa sensação de bem-estar. Usufrua dela, se entregue, permita que ela permeie tudo o que você é.

Só por este momento, se deixe acreditar que você nasceu para o sucesso. Que você quer, pode e merece a sensação do sucesso correndo em suas veias, ativando todos os seus sistemas: físico, psicológico, energético, espiritual, emocional, fisiológico... Permita que essa vibração ative tudo o que você é, e que o melhor de você se manifeste.

Agora, imagine uma cor que, para você, tem a ver com essa sensação de confiança, segurança e poder.

Imagine-se envolver docemente por essa cor, enquanto sua sensação de confiança se expande ainda mais.

Lembre de um som que, para você, tem a ver com essa sensação. Pode ser um som da natureza, de um instrumento musical, ou uma música específica.

Imagine que, enquanto aquela cor poderosa o envolve docemente, esse som começa a se manifestar, tomando conta do ambiente em que você está. Enquanto isso acontece, se entregue à sensação de confiança e poder.

Nesse espaço, que agora está delimitado por essa cor e embalado por esse som, só o melhor de você se manifesta. Todos os sentimentos negativos que existiam estão sendo expulsos, pois não cabem nesse espaço, que agora está preenchido por essa luz colorida.

Nesse espaço você crê que quer, pode e merece o melhor, e o melhor se manifesta.

Muito bem! Deixe-se usufruir desta sensação, pelo tempo que desejar. E, agora, lembre: isso que você sentiu é o que você é! Esta é uma verdade sobre você! Uma boa verdade para você alimentar.

Lembre: A *verdade verdadeira* é aquela na qual você acredita!

Permita mais vezes que sua verdade pessoal se aproxime dessa sensação que seu corpo promoveu. Quanto mais você manifestar essa sensação poderosa, mais convencerá o seu inconsciente, pois é a linguagem do inconsciente – sensação e sentimento. Repetindo o exercício, você fará um trabalho "de fora pra dentro".

Convencendo o inconsciente de que você tem poder pessoal e autoconfiança, você está fazendo um trabalho "de dentro para fora" – interferindo nos velhos programas. Assim, vai "limpando o campo" e criando uma nova crença sobre si – uma crença facilitadora para seu caminho rumo ao sucesso pessoal.

Boa sorte! Lembre-se que você é vencedor(a)! Corra e pule seu banco! Conquiste seu merecido lado direito!

33. Coaching para elas: eu decidi ser uma mulher de sucesso! E você?

"Amorosa e sensível ou sábia e realizada? Aventureira, executiva ou dona de casa? Ser mulher é encontrar-se com todas "elas" que existem aí dentro de você com sucesso!"

Marcela Buttazzi &
Thais Campos

Marcela Buttazzi

Adm. de Empresas, Pós-graduada em Negócios e Psicologia Geral nas Organizações. Executive Coach formada pelo Instituto Brasileiro de Coaching (IBC). Possui cinco anos na área de Desenvolvimento Humano (Coaching) na condução de mais de 100 processos de Life Coaching. Coautora dos livros Manual Completo de Coaching, Ser+ em Gestão de Pessoas, Ser+ com Equipes de Alto Desempenho, Ser+ com Saúde Emocional, Coaching de Carreira pela Editora Ser Mais. Idealizadora do projeto COACHING PARA ELAS.

Thais Campos

Coach especializada em Life Coaching, formada pelo Instituto Brasileiro de Coaching (IBC) com certificação da International Association of Coaching. Fundadora e Sócio-diretora da Inovação Coaching; Analista Comportamental; Palestrante; e Docente no Grupo Educacional Cruzeiro do Sul. Publicitária com especialização em gestão de pessoas. Atualmente atua com Life Coaching (Coaching voltado para vida pessoal, atendimento pessoas físicas), Executive Coaching, Orientação de Carreira / vocacional; Recolocação Profissional e Avaliação Comportamental. Idealizadora do Projeto COACHING PARA ELAS.

Contatos

www.coachingparaelas.com
contato@coachingparaelas.com
Marcela (11) 4314-3490 / 99201-7997
Thais (11) 99434-5603

Nosso objetivo, nessas poucas linhas, é evidenciar a importância da mulher quando se fala de desenvolvimento pessoal, carreira, empreendedorismo, realização profissional, equilíbrio emocional e qualidade de vida. Longe de querermos ser feministas, nosso intuito é demonstrar o grande potencial do universo feminino, a grande sacada que é investir na mulher, especificamente falando sobre *coaching*.

Nós, mulheres, já começamos com a vantagem dos números a nosso favor: **somos quatro milhões a mais que os homens. Somos mais dedicadas, mais estudiosas e preparadas, primamos pelo nosso desenvolvimento contínuo e duradouro.** Estamos numa constante evolução transformando velhas crenças e sempre procurando quebrar paradigmas e vencer novos obstáculos e preconceitos, sim, porque lamentavelmente isso ainda existe na prática, principalmente no mundo corporativo. Esses dados, por si só, já demonstram o quanto é, no mínimo, interessante apostar e se especializar num mercado como esse, tão naturalmente potencial.

Algumas outras características tão tipicamente femininas e tão felizmente coincidentes (ou não) com algumas premissas da metodologia do *coaching* aumentam e dão ainda mais motivos para apostas nesse nicho.

A mulher tem uma extrema capacidade de ouvir o outro na essência, o que, levando para o aspecto mais profissional, as fazem naturalmente *coaches*. É uma habilidade intrínseca. A mulher procura se conectar com outro a fim de entender e conhecer suas necessidades, e vai um pouco mais além, busca atender essas necessidades.

Outra característica típica do mulherio **é a habilidade de conseguir prestar atenção a diversas coisas, pessoas e acontecimentos ao mesmo tempo.** Já notou como uma mulher consegue se dedicar a mais de uma tarefa simultaneamente? Essa visão sistêmica permite à mulher ir além e criar diferenciais. É uma potencialidade a ser trabalhada e aprimorada, que com certeza a levará ao alcance de seus objetivos de maneira mais produtiva, otimizada e satisfatória.

Por fim, **a atenção aos detalhes também não poderia ficar de fora.** E aqui, todos vão concordar, não há ninguém que se prenda de maneira tão eficiente e eficaz aos detalhes de um todo como a mulher. Essa habilidade garante qualidade a todos os processos idealizados, desenvolvidos e supervisionados por ela.

Ótimo! Agora que ficou um pouco mais evidente o motivo de existir um capítulo sobre *coaching* dedicado apenas para mulheres neste livro, vamos tratar de uma abordagem mais técnica e específica: o *coaching* propriamente dito.

Uma das razões que nos levaram a idealizar e desenvolver esse projeto de *coaching* segmentado para mulheres foi, sem dúvida, identificar esses atrativos, habilidades e potencialidades listadas acima. Como dados também podemos trazer a informação que mais de 60% das pessoas que passam por um processo de *coaching* são mulheres; o que, para nós, empreendedoras, *coaches* e também mulheres, significa muito; se desenha, na verdade, como uma grande potencialidade do mercado, ainda tão pouco explorado.

Coaching é um processo de desenvolvimento humano apoiado por diversas ciências como administração, psicologia, PNL (programação neurolinguística), gestão de pessoas, entre outras. **Trata-se de uma abordagem utilizada para identificar e desenvolver talentos com foco no atingimento de objetivos num curto espaço de tempo.** O processo ocorre por meio de uma parceria firmada entre o *coach* (profissional de *coaching* que conduz o processo) e *coachee* (cliente do processo, ou seja, quem vivencia o processo de *coaching*). Durante todo o processo, que acontece em sessões, ambos, *coach* e *coachee*, estão engajados e objetivam as metas preestabelecidas pelo *coachee*.

Os objetivos identificados e traçados podem ser de cunho pessoal ou profissional e, muitas vezes, o que se percebe e o que efetivamente acontece é que a produtividade, nível de realização e satisfação do *coachee* aumentam de maneira geral e contínua. Ou seja, garantem-se resultados que vão além dos objetivos preestabelecidos e pré-acordados.

Coaching **é resultado.** Um processo de constante evolução, aprimoramento, transformação de crenças (negativas em positivas) e desenvolvimento. Uma metodologia que combina foco, melhoria contínua, supervisão (acompanhamento) e claro, ações! Toda mudança efetiva de comportamento gera uma mudança ainda mais efetiva nos resultados, é uma sequência de acontecimentos lógica, totalmente racional: só existem resultados novos a partir de ações novas.

Coaching **para elas** foi desenvolvido especialmente para a mulher brasileira que desempenha tantos papéis em sua vida. Somos avós, mães, filhas, profissionais, esposas, namoradas, noivas, líderes de equipe... Que, às vezes, por assumirmos e nos comprometermos com os compromissos do dia a dia, esquecemos de nós mesmas. E a rotina faz com que as mulheres apertem o botão vermelho chamado do automático. Caso esse plugue seja acionado, os nossos dilemas se intensificam e as insatisfações nas áreas da vida começam a crescer constantemente.

Quais são os dilemas da **mulher superpoderosa**? Afinal, todas temos esse sentimento dentro de nós e idealizamos a busca pela perfeição.

Corpo perfeito e bem-estar

Eis um tema bem tipicamente feminino. A mulher raramente se esquece dos compromissos com o seu *check-up*, desde cedo somos estimuladas a realizar exames desagradáveis e funcionais assim que chegamos à puberdade. Estamos envolvidas num contexto que nos estimula a ficar cada vez mais atentas aos sinais do nosso corpo, inclusive a busca pelo peso ideal, que permeia todas as fases da nossa vida (puberdade, casamento, gravidez, menopausa e terceira idade), é constante e, muitas vezes, pode se tornar estressante. O espelho pode ser o nosso melhor amigo ou o pior inimigo.

Relacionamento amoroso e estado civil

Seguir as regras da sociedade civil ou do coração? Agradar a família ou viver o seu sonho? Casar, morar junto ou namorar pela vida toda? **Como agradar e acalentar o coração de uma mulher?** O maior desafio: viver plenamente nessa área por toda a vida, enfrentando todos os obstáculos e as diversidades entre tantas fases de um relacionamento amoroso.

Carreira e vida profissional

As mulheres vêm quebrando tabus e assumindo posições de liderança nos últimos anos, mas somos também chefes de família, gostamos e precisamos trabalhar no que amamos arduamente dez, 12 horas por dia. **Como administrar esse sentimento e essa vida de uma executiva e ao mesmo tempo ter uma pia cheia de louça esperando por você em casa?** Como equilibrar a vida profissional produtiva e equilibrada com a gravidez (planejada ou não), com o casamento, com um ou mais filhos e de quebra o marido a tiracolo?

Filhos

Ter ou não ter? Qual é a hora certa? Atualmente temos as opções em nossa mão, mas como e quando decidir? E a cobrança da sociedade e da família? Como administrar? Em quem acreditar? Nas regras da sociedade ou nos seus instintos e sonhos?

Finanças pessoais e poupança

Como administrar os meus bens pessoais e o meu rendimento? Dividir as contas com o marido? Ser o chefe da casa? Por que a mulher tem esse "rótulo" de ser **consumista**, "apaixonada por bolsas e sapatos"? Isso é verdadeiro? E o quanto isso impacta em sua vida e nos seus outros objetivos?

Aqui descrevemos alguns problemas passageiros ou objetivos mais comuns das mulheres brasileiras e como eles existem outros "mil". **O que importa é que o sexo feminino tem o poder nas mãos, por suas competências comportamentais comprovadas, de guiar as rédeas da sua vida.** O objetivo principal do *Coaching* para elas é fazer com que você acredite em seus sonhos, corra atrás deles e seja executora efetiva do conceito mais procurado no universo feminino: FE-LI-CI-DA-DE.

O curso é uma versão adaptada do *coaching* em grupo, idealizado pelas *coaches* Marcela Buttazzi e Thais Campos, que atuam no mercado de *coaching*. Devido à vasta experiência em atendimentos do universo feminino, elas criaram um movimento para o empoderamento das mulheres que decidem ter sucesso em todas as fases de suas vidas utilizando a filosofia *coaching* de ser, estar e viver.

Esse artigo é um meio para encorajar, motivar, ressignificar o momento que você está vivendo e buscando algo, talvez uma grande mudança na sua vida, deixando de lado as intermináveis desculpas e lamentações que em algum momento fizeram você apertar o botão do automático. Convidamos você a desligá-lo e realmente dar sequência aos seus sonhos e ter a vida que sempre desejou ou que deseja sem nenhum preconceito ou medo de ser feliz!

Para dar início a esse processo, para você se certificar que desligou o botão do automático, apresentamos um exercício que lhe trará a compreensão exata de como está o seu momento, trazendo autoconsciência e força interna para seguir adiante, desafiando-se constantemente e, principalmente, se sentindo feliz consigo mesma! **A Roda da Mulher** é uma versão adaptada da Roda da Vida, criada pelas autoras deste artigo no início de 2014, quando lançaram o *Coaching para elas* no mercado profissional.

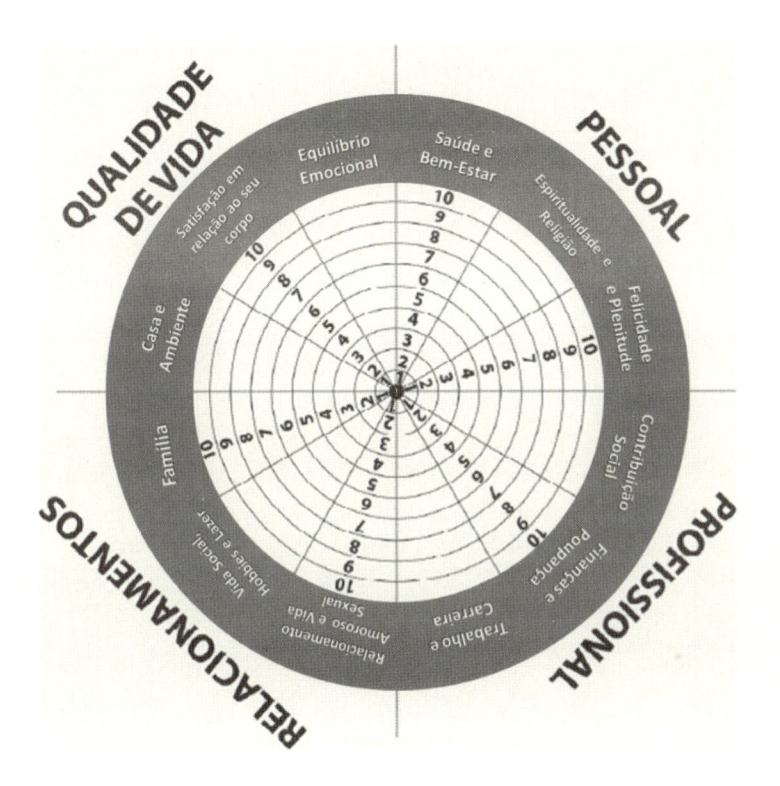

Você deverá analisar os aspectos apresentados e atribuir a eles duas notas, de 0 a 10, para cada uma dessas áreas da sua vida: uma nota atual (como você percebe esse momento na sua vida hoje) e uma nota meta (como você entende que pode chegar a atingir melhorias nessa determinada área, uma nota que seja boa o suficiente para os seus parâmetros). Essa análise é fundamental para identificar as grandes lacunas predominantes em seu momento de vida e, o mais importante, identificar o que deve ser focado, tratado e melhorado de imediato para que, assim, você possa dar início a um processo de desenvolvimento e aprimoramento de suas habilidades, ações e comportamentos rumo ao atingimento dos seus objetivos. Vamos começar?

Recheamos esse artigo de perguntas poderosas e desafios com o intuito de despertar em você novas ambições, novas projeções de vida. Desenhar possibilidades, estabelecer plano de ação: Plano A, Plano B e até Plano C. Verificar e checar mudanças de comportamento, identificação de potencialidades e habilidades que, com certeza a levarão ao sucesso, esse termo tão amplo e muitas vezes de difícil definição que permeia nossas vidas. O sucesso está na liberdade de poder fazer escolhas e determinar os rumos de nossas vidas. Venha fazer sucesso com a gente!

34. A pessoa mais importante para o seu sucesso

> *Sucesso é um substantivo masculino que determina que algo foi finalizado com êxito ou resultou em um final feliz. A origem da palavra sucesso vem do latim "successuu", que significa aquilo que sucede, acontecimento, sucedimento, resultado feliz, alcançar grande êxito. Você já pensou em quem realmente pode fazê-lo alcançar o sucesso em sua vida?*

Marcos Rocha &
Sandra M. Zaparoli

Marcos Rocha
Graduado em Odontologia, pós-graduado em Administração de Empresas e Mestre em Odontologia pela USP. Adquiriu diversas certificações Nacionais e Internacionais pela Sociedade Brasileira de **Coaching**, pelo BCI – Behavioral Coaching Institute e ICC – International Coaching Council. Sócio da Maxxi Consultoria e Administração. Como **Coach** vem desenvolvendo trabalho direcionado a profissionais da área da saúde.

Contatos
www.maxxicoaching.com.br
marcosrochacoach@gmail.com
(11) 4605-6141

Sandra M. Zaparoli
Graduada em Ciências Contábeis, Sócia da Zapa Contabilidade. Mais de 30 anos de experiência na área com especialidade na área da saúde, tributações. Sócia da Maxxi Consultoria e Administração. Adquiriu diversas certificações Nacionais e Internacionais pela Sociedade Brasileira de Coaching, pelo BCI – Behavioral Coaching Institute e ICC – International Coaching Council. Atua na área de personal *coaching*.

Contatos
www.maxxicoaching.com.br
sandra@zapacontabilidade.com.br
(11) 2950-7441

Mas afinal, o que é ter sucesso? Onde encontrá-lo?

Todos os dias nos perguntamos: Onde está o sucesso? Por que tão poucos o encontram e outros tantos ficam parados em uma muralha que esconde esse tão falado sucesso? Em nosso entendimento a resposta está nas entrelinhas, na paixão, no sonho e na idealização. Para se chegar ao sucesso tem de haver resistência, persistência! Sucesso não é algo fácil de ser alcançado. Muitas serão as estradas, mas somente algumas levam ao destino de sucesso.

Não tenha medo do fracasso...

Na história vemos diversos casos de sucesso e aqui gostaríamos de discutir alguns tópicos que são percebidos em pessoas que obtêm sucesso e se destacaram na sociedade, mas é importante frisar que nem sempre, ou na verdade quase nunca, o sucesso acontece com facilidade. A regra é bem ilustrada por uma frase de Winston Churchill: "o sucesso é ir de fracasso em fracasso sem perder entusiasmo".

Fracasso e sucesso dependem muito do ponto de vista, veja o caso de Thomas Edison, um dos maiores inventores dos tempos modernos. Sua capacidade de se reinventar a cada derrota ou fracasso em suas experiências o levaram a mais de 1300 invenções. A lâmpada incandescente lhe custou duas mil tentativas e uma vez ele comentou a esse respeito: "Eu não falhei nem uma vez. Inventei a lâmpada incandescente, só que foi um processo com duas mil etapas".

Disso surge a pergunta: quantas etapas são necessárias para você desistir de seu sonho e, por que não dizer, do seu sucesso?

Logo, podemos dizer que fracassar em busca de um objetivo é algo que deve ser encarado como um marco em nossas trajetórias.

Viva de exemplos...

Um olhar atento sobre a trajetória de sucesso de grandes personalidades como Thomas Edison, Graham Bell, Oprah Winfrey, Steve Jobs, Walt Disney, Bill Gates e outros nos mostra como eles definiram seus objetivos e foram em busca do sucesso e nem sempre o obtiveram nas primeiras tentativas. Walt Disney, por mais absurdo que possa parecer, foi demitido de um jornal no qual trabalhava como ilustrador por sua "falta de imaginação e boas ideias". Steve Jobs foi demitido da empresa que fundou, a Apple, e depois de algum tempo voltou para tirá-la de enormes dificuldades financeiras e levá-la a despontar como uma das maiores empresas do setor de tecnologia do mundo.

Pense conosco: como teria sido escrita a história moderna se essas pessoas não tivessem continuado em suas trajetórias por causa desses primeiros percalços?

Sucesso é constituído de pequenas doses de sucesso ao longo de tempo, não é um ponto isolado em que a pessoa chega, finca sua bandeira e vai "se sentir" bem-sucedida e satisfeita para o resto de sua vida e acabou a história e todos viveram felizes para sempre.

Muitas pessoas miram o sucesso como algo impossível de ser alcançado, se frustram e desistem no primeiro tropeço, esse é o maior erro.

Sucesso é construído todos os dias com pequenas atitudes, gestos e palavras. Ele é criado a partir de você, de dentro para fora e não ao contrário, como muitos erroneamente acreditam.

Algumas pessoas creem que o sucesso vai vir de um novo emprego, de um novo carro, de um novo curso de pós-graduação, e, infelizmente, quando conseguem chegar nesses objetivos, elas se sentem frustradas por não conseguirem vislumbrar ali o brilho que elas atribuíam a "ter sucesso" ou "ser uma pessoa de sucesso".

Pequenas conquistas são marcos, que certamente contribuem para nosso sucesso. Elas nos mostram o caminho certo, qual a trilha é a mais adequada, mas nunca devem ser considerados como o sucesso em si, caso contrário, bloqueamos a estrada em busca do sucesso pleno.

O primeiro passo para o sucesso é sonhar, mas para se obter sucesso não se pode ficar sonhando e sonhando e... Se você tiver uma super ideia e não a colocar em prática, seu sonho não passará de um sonho, ponto.

Em *coaching* encorajamos nossos *coachees* a traçar objetivos bem definidos e partir para a ação. Lógico que você não pode simplesmente sonhar e sair executando, existem passos que devem ser seguidos, como adquirir conhecimento, desenvolver competências, praticar para estar habilitado a executar uma tarefa que vai conduzi-lo rumo ao seu sucesso, seja ele qual for. Mas acredite, depois de sonhar e fazer um planejamento, o mais importante é realmente "sair da arquibancada" e partir para a ação, seu sucesso com certeza vai depender disso em praticamente 90% dos casos.

Criar metas menores e comemorar quando conseguir cumpri-las vai dar a você uma dose extra de energia. É como nos videogames: o objetivo final do jogo fica sempre muito distante, mas a cada mudança de fase você se sente um pouco herói e é esse sentimento que você deve buscar. Pequenas doses de satisfação que vão impulsioná-lo a ir adiante e não desistir da busca de seu objetivo final. Ofereça *feedbacks* para você mesmo, compartilhe pequenas vitórias com pessoas importantes para você e aprenda a se premiar a cada nova etapa conquistada, isso vai fazer toda a diferença em sua caminhada.

Muitos, em busca do pseudosucesso descrito acima, esquecem-se de que o verdadeiro sucesso é criado com atitudes e gestos diários. Gestos e atitudes que fazem a diferença não somente em sua vida (sim também em sua vida), mas principalmente na vida de outras pessoas. Pessoas que estão ao seu redor, pessoas que convivem com você, pessoas que dependem de você de alguma forma, pessoas que amam você e são amadas por você, pessoas que acreditam em você, pessoas que de uma forma ou outra têm que suportá-lo e até mesmo pessoas que o odeiam.

Disso surge mais um questionamento, que o deixamos para você e sua consciência responder: Na sua vida atual qual o maior percentual de pessoas dos grupos descritos acima? Você acredita que conseguirá ter sucesso com esse percentual?

| Contribuição

Falando de gente ao seu redor, quanto você tem contribuído para o crescimento dessas pessoas? Quanto você tem impactado a vida delas de forma positiva? Pode acreditar, cada gesto e atitude sua que gere movimentos positivos na vida de outras pessoas vai refletir de forma avassaladora em sua vida. Impulsionar pessoas com certeza o impulsionará para o sucesso. É uma das leis universais que a Bíblia já ensinava há mais de dois mil anos.

".. porque tudo o que o homem semear, isso também ceifará." (Gálatas 6:7)

| Cair faz parte, levantar é imprescindível

Como já frisamos acima, o sucesso nem sempre vai vir da primeira tentativa. Para se chegar ao sucesso, muitas vezes temos que passar por inúmeras derrotas e até mesmo fracassos, mas pessoas bem-sucedidas não desistem nunca justamente por terem a certeza de que a vitória as está esperando em algum lugar do seu futuro, após alguma curva da estrada.

Importante frisar que para se chegar a esse determinado lugar no futuro é importante agir a partir de agora e não amanhã.

Muitos de nossos *coachees* nos trazem planos e mais planos, mas que no fim das contas acabam entrando em alguma gaveta e nunca mais são sequer lembrados. Quantos planos você tem guardado em suas gavetas?

Escolhas

Uma boa escolha é uma etapa fundamental para conseguir o sucesso. Encontre sua paixão, pois para ser bem-sucedido na vida você precisa seguir sua paixão. Procure fazer o que você gosta de fazer. Procure fazer o que você se acha bom em fazer. Só assim o dinheiro ganho terá o seu devido valor e será uma consequência do seu prazer.

É essencial ser confiável e conseguir julgar o que é sensato e relevante em uma ideia, ou seja, pessoas bem-sucedidas não usam o senso comum, conseguem ir direto ao ponto que realmente importa.

Autoconfiança, *marketing* pessoal e determinação

Atitude é tudo. Seja positivo, otimista, engajado e feliz. As pessoas gostam de estar perto de pessoas felizes. Então confie em você e em seus próprios recursos e habilidades.

Tenha coragem e faça com que o universo conspire ao seu favor. Não se sinta mal em ser requisitado. Pessoas satisfeitas consigo mesmas produzem os melhores resultados. Cuide de si. Sua saúde e vitalidade são essenciais para uma vida longa, feliz e bem-sucedida.

O bom e o ótimo

Um bom planejamento para o sucesso deve ser limitado por um prazo. Fazer planos sem determinar o prazo de conclusão leva você a procrastinar, ou seja, deixar passar o momento de agir, e vai fazer você perder o *timing*. Pessoas bem-sucedidas não esperam pelo ótimo para começar seus projetos, mas o perseguem com determinação. O comandante Rolin, fundador da TAM, dizia que em busca do ótimo sempre se conseguirá fazer no mínimo o bom. Tenha como meta buscar sempre o ótimo em sua vida e o sucesso chegará mais rápido.

Sim, você pode

Com certeza você já se sentiu bem-sucedido em algo. No dia de seu casamento, no fechamento de um grande negócio, na compra de um carro, no nascimento de um filho. Você se recorda da sensação? Aquele entusiasmo contagiante, esfuziante, sensação de poder tudo, de júbilo total, tipo um super-herói? Pois bem, que tal experimentar mais vezes essa sensação? Sim, você pode. O primeiro passo para a conquista de objetivos e para superar metas é sonhar, já falamos disso antes.

Sonhar é o primeiro passo para realizar, por isso é importante sonhar. Tire alguns minutos de seu dia para sonhar um pouco, faça alguns ensaios mentais de você daqui a cinco anos: onde você vai estar? Quem estará ao seu lado? O que você estará vestindo? Sonhe, materialize suas expectativas em seu sonho, seja detalhista. Grandes homens sonham antes de partir para a ação, Disney foi o maior exemplo disso. Divida seus sonhos com alguém que você confia, descreva detalhes, observe a reação da pessoa, sinta o poder que seu sonho exerce sobre ela, qual a sensação? Nesse momento você iniciará a pavimentação do caminho para seu sucesso pessoal.

Algumas pessoas não conseguem ter sucesso em suas vidas, simplesmente por não terem a mínima noção do que é o sucesso para elas. Como trilhar um caminho para algo que você não sabe exatamente o que é?

Se você não sabe para onde está indo, não vai fazer diferença a estrada que vai seguir, por isso é importante sonhar e delimitar seu sonho a algo "realizável", evitando assim a frustração. Estabelecer limites e prazos de execução com certeza vai ajudá-lo a alcançar o sucesso.

Por isso é importante que você sonhe com seu sucesso, mas é primordial que esse sonho seja a mola propulsora que leve você cada vez mais próximo de sua realização por meio de ações diárias. E lembre-se: agir é fundamental.

Invista em você

Seu sucesso em uma análise bastante objetiva depende 90% de você. Claro que haverá algumas situações em que "fazer dar certo" não estará totalmente a seu alcance, mas você deve ter as premissas descritas acima.

Conclusão

Para finalizar gostaríamos de deixar uma última diretiva que guiam pessoas de sucesso. **Acredite em você.** Jobs, Oprah, Thomas Edison, Disney, e tantos outros não teriam chegado ao sucesso se não acreditassem em seus próprios potenciais. **Não delegue a outras pessoas a responsabilidade de acreditar em você.** Você é o principal responsável pelo seu sucesso futuro, por isso comece hoje a agir e estabelecer aonde quer chegar num futuro próximo.

Referências
AMARO, Rolin Adolfo. *Cartas do comandante: encantando o cliente.* São Paulo: Negócio.
BLANCHARD, Kenneth H.; SPENCER, Johnson. *O gerente minuto.* 31. ed. Rio de Janeiro: Record, 2010.
COVEY, Stephen R. *Os sete hábitos das pessoas altamente eficazes: lições poderosas para a transformação pessoal.* 48. ed. Rio de Janeiro: Franklin Covey, 2013.
GEHRINGER, Max. *Superdicas para impulsionar sua carreira.* São Paulo: Saraiva, 2009.
ISAACSON, Walter. *Steve Jobs: a biografia.* São Paulo: Cia. das Letras, 2011.
MUYZENBERG, Laurens; LAMA, Dalai. *Liderança para um mundo melhor.* Rio de Janeiro: Sextante, 2009.
PIRES, Fabiana. *8 histórias que provam: o sucesso vem com derrotas.* Disponível em: <http://epocanegocios.globo.com/Inspiracao/Carreira/noticia/2013/06/nove-historias-que-provam-o-sucesso-vem-com-sacrificios.html>. Acesso em 16 fev. de 2014.
SILVA, Marina. *Habilidades para o sucesso: os experts mostram o caminho.* Disponível em: <http://www.unicap.br/marina/habil1.html>. Acesso em 26 fev. 2014.
SPENCE, John. John Spence. *Keys to Success in Business and Life* 2009. Disponível em: <http://blog.johnspence.com/2009/11/words-of-wis-dom/>. Acesso em: 25 fev. 2014.

35. Vire a flecha! O foco é você!

> *Ser uma pessoa de sucesso vai muito além de ter uma carreira, um relacionamento ou uma conta bancária de sucesso. O sucesso pessoal vem de dentro para fora e transcende a conquista de determinados objetivos. Por isso, ao invés de ter ou fazer sucesso, o foco é SER uma pessoa de sucesso. Desafie-se a despertar toda sua força interior e ultrapassar o nível mediano de felicidade.*

Mariana Lorenzetti Alves

Mariana Lorenzetti Alves
Coach pelo Método Vanessa Tobias Coaching, certificada pelo seminário internacional "Unleash the Power Within" do master coach Anthony Robbins, certificada pelo treinamento universal de Relações Humanas, Liderança e Comunicação Eficaz "Dale Carnegie Trainning". Participou do Congresso Nacional de Recursos Humanos - CONARH 2013, do evento "Coaching com Psicodrama" e de diversos workshops como "Mudança Profissional", "Coaching Executivo" e "Reinvente sua Carreira". Membro do Grupo de Estudos em Coaching da Associação Brasileira de Recursos Humanos de São Paulo – ABRH/SP, especialista em Marketing Estratégico pela Universidade do Sul de Santa Catarina – UNISUL e Designer Gráfico formada pela Universidade Federal de Santa Catarina – UFSC em 2007.

Contatos
www.marianalorenzetti.com
coach@marianalorenzetti.com
Facebook: Coach Mariana Lorenzetti
(11) 98757-2211 / (48) 3343-1060

Volte por um instante ao seu passado, quando era uma criança, e se lembre do que respondia quando lhe perguntavam *"o que você quer ser quando crescer?"* Talvez quisesse ser médico, bombeiro, bailarina, astronauta, detetive, Presidente da República... Cada um de nós trazia um sonho puro e sincero. Eram sonhos inteiros até serem tolhidos pela impiedosa dinâmica da sociedade. O engraçado é que a maioria de nós, já adultos e estabelecidos em uma determinada profissão, ainda não se deu conta da história que abandonou para viver a ilusão de uma carreira "sólida" e "reconhecida". No esforço de seguir à risca o ritmo que o mundo conduz, não paramos para olhar para trás e trazer a pessoa que éramos para habitar em nós. Tentando freneticamente atender às expectativas da família, dos professores, amigos e toda a sociedade, fazemos "o que tem de ser feito" e deixamos de ouvir a própria voz, desrespeitando aquilo que somos em nosso íntimo.

Passamos uma vida inteira na escola aprendendo de tabuada à elaboração de teses. Estudamos uma avalanche de fórmulas, métodos e teorias que sequer encontramos aplicação ao longo da vida. A família nos ensinou valores e princípios básicos para sermos pessoas íntegras e do bem, mas ninguém instruiu sobre algo elementar: como nos tornar pessoas de sucesso! Sim, porque o sucesso nada tem a ver com conhecimento acumulado, cargos ocupados, coisas ou pessoas conquistadas. Se você já percebeu isso, mesmo que tenha demorado algumas décadas, saiba que é um ser privilegiado em meio à imensidão de pessoas que permanecem correndo e esperando o sucesso através do mundo externo.

Dinheiro não traz felicidade. Ame a si próprio antes de amar alguém. Beleza não põe na mesa. É certo que alguns conselhos e ditados tentaram nos avisar desde cedo, mas, enquanto não se tornam experiências práticas em nossa vida, são tão vazios quanto óbvios. É como uma matéria nova que aprendemos no colégio: grande parte da teoria só fará sentido para nossa mente quando fizermos os exercícios. Por isso, a maioria de nós leva anos para absorver as grandes lições da vida e realmente compreender que o sucesso vem de dentro da gente. Em matéria de sucesso, o fato é que a professora nunca pediu dever de casa e você é quem terá de correr atrás para ser nota dez em autorrealização.

Quantas pessoas você conhece que fazem exatamente o que amam, estão em harmonia total consigo, são apaixonadas por cada segundo da vida e se sentem plenamente realizadas? Parece utópico e distante, não é? Ouço muitas pessoas afirmando que são felizes, sem noção do que realmente é felicidade. Na verdade, elas abafam suas frustrações interiores e se conformam com uma felicidade mediana. Para não se sentirem mais frustradas, negam a possibilidade de felicidade completa, o que as livra da responsabilidade de alcançá-la, e acaba afastando-as ainda mais do nível máximo de realização que poderiam experimentar.

Todos nós nascemos com um potencial incrível e extraordinário, embora um pequeno número de pessoas tenha consciência dele e procure explorá-lo. A maioria morrerá sem se dar conta do tamanho do seu poder. Não é preciso ir muito longe para encontrar pessoas que se limitam a viver toda sua vida exatamente como esta lhes foi apresentada. Nunca saíram da região onde nasceram; não ampliam o círculo de amizades, fazem as mesmas coisas, mantêm as mesmas queixas, hábitos e trabalhos. Encaram a vida como uma sequência de dias a preencher, sendo que, todas as manhãs, ao levantar da cama, decidem continuar a viver da mesma maneira. Essas pessoas não acordaram para as infinitas possibilidades que o universo oferece. São homens e mulheres que não vivem, apenas sobrevivem, respondendo às demandas da vida.

Um grupo ainda mais comum entre nós é o daqueles que fazem cursos, trocam de emprego, compram celulares modernos e até viajam para o exterior. No entanto, suas decisões são totalmente baseadas no mundo externo, conforme o que veem nos outros, nas revistas e na televisão. Essas pessoas deixam de olhar para dentro de si, não investigam sua natureza, seus desejos e aspirações, e seguem o que todos fazem, ao invés de fazer o que realmente nasceram para realizar.

Ser uma pessoa de sucesso vai muito além de ter uma carreira, um relacionamento ou uma conta bancária de sucesso, e tampouco é a união de tudo isso. Quantas vezes você já se surpreendeu com o caso de alguém super inteligente, rico e reconhecido, que tinha tudo para ser bem-sucedido, e um dia o descobriu drogado e deprimido? No fundo, tudo que esta pessoa tinha pertencia ao universo externo, enquanto no interno pairava um vazio que ela procurava preencher com remédios e drogas. Em contrapartida, você também deve conhecer pessoas que passam por sérias dificuldades financeiras ou enfrentam graves problemas de saúde e, ainda assim, esbanjam amor pela vida.

O sucesso *pessoal* envolve a integralidade do ser e vai além da conquista de determinados objetivos de vida. Considero uma pessoa de sucesso aquela que conhece e vive a verdade que traz na alma, age de acordo com os próprios valores e consegue viver em harmonia consigo, com o mundo e as pessoas à sua volta, independentemente das circunstâncias. Não há outra maneira de nos tornarmos pessoas de sucesso, senão explorando e trabalhando nosso interior. Isso nos apodera para alavancar qualquer projeto de vida; familiar, financeiro, social ou profissional, transformando-os em consequências. Portanto, ao invés de ter ou fazer sucesso, foque em SER uma pessoa de sucesso, porque o verdadeiro sucesso vem da sua força interior. Tudo que você precisa fazer é despertá-la!

Existem algumas chaves capazes de virar a nossa vida e abrir as portas do sucesso. No meu caso, o *coaching* foi esta chave, que eu procurava há anos. Aos 25 anos, era inteligente, bonita, saudável, amada e bem empregada. E me sentia incompleta. Quando entrei em uma palestra sobre *coaching*, eu não fazia ideia do que era isso. Saindo de lá, constatei que, até então, eu simplesmente não sabia o que era ser feliz. O processo de *coaching* me apresentou para mim mesma, promovendo um encontro com minha alma e plenitude. Por meio dele, desvendei uma pessoa forte, poderosa e cheia de luz para ir atrás do que quisesse.

O processo de despertar da mente é algo fantástico e revelador. Cada *insight* é um espaço a mais que conquistamos na consciência, como um território sendo ocupado. Por isso comemoro toda vez que tenho um desses *clicks* que me tornam cada vez mais consciente e próxima da realidade. Quando estamos devidamente abertos e conectados, eles podem funcionar como luzes capazes de iluminar todo o caminho à frente. Lembro perfeitamente de alguns "clarões" que tiveram o poder de mudar todo o rumo da minha história e que só surgiram porque eu criei as condições necessárias e o cenário favorável, através da prática do *coaching*.

Ao contrário do que muitos podem imaginar, o *coaching* não se baseia na busca incessante da realização de metas. Em primeiro lugar, nos faz enxergar que não é preciso motivos para sorrir e ser grato(a). O *coaching* sugere que sejamos cada vez melhores, ao invés de alcançar cada vez mais. Ele resgata o valor incalculável dos sonhos e pontua que devem ser legítimos, ou seja, não importa se o desejo é comprar uma casinha de bonecas para a sua filha ou uma mansão à beira-mar. O importante é que o sonho faça sentido para você.

Sonhos autênticos marcam o ponto de partida na jornada do sucesso. A pessoa que encontrou sonhos verdadeiros possui o combustível básico para viver apaixonada, focada e com propósito. Já quem assume sonhos alheios e desconexos, provavelmente não terá energia e foco para persistir. Esta é a razão de milhares de pessoas sentirem-se desapontadas depois de grandes conquistas. E elas seguirão aglomerando decepções enquanto não voltarem para dentro de si, e fizerem desabrochar sonhos fidedignos.

Falar sobre sonhos não é nada comum, exceto na infância e em um processo de desenvolvimento humano, como o coaching. Inserida nesta atividade e analisando os sonhos que são compartilhados comigo, percebo os tipos mais diversos. São muitos os sonhos relacionados com finanças. Por exemplo: "juntar 1 milhão de reais até os 30 anos de idade". Apesar de ser uma meta bem definida, desafiadora e que envolve uma quantidade relevante de dinheiro, ela não tem valor algum enquanto não estiver associada aos ganhos efetivos que vai trazer para quem a deseja. Eu pergunto:

- Então, se você morrer aos 30 anos, com 1 milhão na sua conta, morrerá realizado(a)?

Como o dinheiro é um "valor-meio" de se conseguir algo, para validar o sonho, a pessoa deve encontrar o verdadeiro motivo por trás deste desejo. "Por que você quer 1 milhão de reais até os 30 anos?" Cada resposta origina novos "porquês" e, assim, chegamos aos "valores-fins" que a pessoa está almejando, que muitas vezes são segurança, reconhecimento, conforto, diversão ou até amor.

Outro sonho que se ouve com muita frequência é o de "ser feliz". Se pararmos para refletir, esta resposta é vazia e redundante, pois é o mesmo que dizer "Meu sonho é realizar o meu sonho", afinal a realização de qualquer sonho prenuncia o sentimento de felicidade. A questão é o que de fato trará felicidade para você. O que você gostaria de conquistar para se sentir mais realizado(a)? Um grande amor, uma vaga na universidade, parar de fumar, ser mãe, escrever um livro...

Também é recorrente as pessoas vincularem seus sonhos aos de outras pessoas, como os filhos ou os pais. Elas projetam sua felicidade no bem-estar do próximo e se colocam em segundo plano. Um exemplo é "eu sonho que o meu filho se encaminhe na vida", evidência de que esta pessoa é quem não encontrou seu caminho. Que tipo de exemplo de felicidade ela pode ser para o filho, se sequer possui um sonho próprio?

O caminho da felicidade que todos procuramos nada mais é do que uma trajetória particular em busca das emoções mais positivas que desejamos ter ao longo da vida. Quando você encontra esse caminho, passa a compreender o sentido da sua vida e percebe que a linha de chegada não importa, aliás, ela nem existe. Ou alguém acredita que ao chegar no auge, vai ficar parado lá? Ao dizer que o sentido da vida é para a frente, entendemos que a evolução é que lhe dá significado. Repare que cada um tem a própria "frente" e escolhe o curso que vai tomar.

Identificar o que nos move e tudo aquilo que traz vida para nossa existência é um grande desafio e exige que pensemos de forma sistêmica. Se você quer enxergar além da linha dos olhos e do que vê do corpo para fora, é preciso sair do piloto automático e encarar uma nova perspectiva. Quando comecei a fazer *coaching*, foi como subir no alto de uma montanha e ver minha vida inteira de cima. Foi quando a cortina dos meus olhos se abriu para a história que eu não estava vivendo. Eu percebi que até então, atuava nos bastidores e não assumia o papel de protagonista da minha própria vida. Foi o *start* para entrar em ação, assumir quem sou, tomar coragem para arriscar, desafiar meus limites e fazer tudo valer a pena.

Ser uma pessoa de sucesso, definitivamente, pressupõe uma vida além de razoável. Pode parecer contraditório, mas, para ultrapassar a superfície em que você se encontra hoje e voar mais alto, primeiro é necessário mirar em você. Desafie-se a mergulhar fundo em seu interior e resgatar os sonhos da criança que abandonou lá atrás. Ela o representa na essência e pode trazer as respostas que está buscando, bem como apontar o norte da sua vida, desviando-o de objetivos infundados.

Um processo de autoconhecimento como o *coaching*, focado na autorrealização, requer disposição para quebrar paradigmas e romper padrões sustentados por anos. É necessário estar aberto a mudanças, ter vontade de ser o melhor possível e valentia para encarar a vida com total lucidez.

Através da desconstrução de crenças limitantes, do equilíbrio de todas as áreas da vida, da descoberta de nossa missão e do questionamento de comportamentos, pensamentos e sentimentos, o *coaching* ergue uma base sólida de crescimento. E se o sucesso e a felicidade estão alicerçados no crescimento contínuo, hoje uma boa resposta para a pergunta "O que você quer ser quando crescer?" seria:

Continuar crescendo!

36. Comunicação para interação

"Recorremos ao contexto quando queremos informar sobre acontecimentos passados. Entretanto, se nos comunicarmos com o intuito de interagir, estaremos contextualizando as nossas experiências, construindo sentidos comuns em tempo real, mesmo que aconteçam variáveis interpretativas durante o processo. A leitura deste texto sugere algumas estratégias sobre a percepção do contexto comunicativo dos quais participamos."

Mariza Reis

Mariza Reis

Pesquisa e publicação de temas na área de comunicação com foco na eficácia da interação comunicativa quando a proposta é compartilhar sentidos. Vivência em diferentes contextos de ensino e aprendizagem universitário de uso de linguagens, em cursos de Letras; Tradução; Publicidade e Propaganda. MBA Liderança e Coaching. Gestão de Departamento de internacionalização universitária e Centro de Línguas com desenvolvimento de programas de língua e cultura brasileiras para empresas e universidades estrangeiras. Experiência de curso sobre Comunicação e Sustentabilidade na Universidade de Peking. Orientação, com abordagem de Coach ISOR, de trabalhos de conclusão de Graduação e Pós-Graduação na área de Criação e Comunicação integrada ao Marketing.

Contato
marizafreis@gmail.com

Sucesso pessoal

O ato de descrever fórmulas para alcançar sucesso por si só evidencia o aspecto subjetivo da tarefa. Somos pessoas diferentes com expectativas únicas perante a vida. Ter saúde, fazer parte de uma família estruturada, estar empregada e consequentemente poder adquirir bens materiais são alguns dos indicadores de sucesso, ao mesmo tempo que demonstram a abrangência do sentido da expressão sucesso pessoal.

Optei por compartilhar a abordagem de comunicação para interação que tenho utilizado em programação de cursos há quase três décadas em São Paulo, pois novos estudos mostram como a capacidade de lidar com outras pessoas e entender os sentimentos alheios pode definir o sucesso no trabalho, em família e na vida afetiva.

Espero que o relato e a reflexão sobre algumas das minhas experiências profissionais nessa área lhe sejam úteis!

Contextualizando a prática

Em meados de 1980, comecei a utilizar a abordagem comunicativa como estratégia de aprendizagem ao criar e coordenar cursos customizados de língua inglesa para grupos de executivos em empresas nacionais e estrangeiras. Na década de 1990, o mapeamento de competências realizado durante esses projetos, no qual já se destacava a importância da contextualização, foi aproveitado em planejamentos de cursos universitários de graduação e pós-graduação nas áreas de letras e tradução com foco em abordagens comunicativas aplicadas ao ensino de língua estrangeira e de legendação de filmes. A partir de 2000, a implementação de Assessoria Internacional Universitária facilitou o desdobramento dessas vivências para projetos de cursos de língua e cultura brasileiras, tanto para alunos visitantes de universidades conveniadas como para executivos de empresas estrangeiras na cidade de São Paulo.

A partir desses resultados ficou evidente que o sucesso da interação em idioma estrangeiro era alcançado quando os participantes desenvolviam estratégias comunicativas e comportamentais que iam além dos conhecimentos gramaticais e culturais necessários para a manutenção dos diálogos. O processo demandava habilidades interpessoais que fossem capazes de motivar os participantes a continuar se comunicando durante o treinamento. A troca de significados em contexto, com objetivo de criação de sentido compartilhado pelo grupo, passou a ser a tônica para desenvolvimento de trabalhos em equipe. Ao trazer esta abordagem para programas de pós-graduação na área de gestão de pessoas e mais recentemente para a prática de coaching ISOR em empresas, percebi que contextualizar para comunicar justifica a minha hipótese de que comunicação bem-sucedida é aquela na qual comunicamos para interagir.

| Comunicar para interagir

Adotei essa abordagem para os programas a partir da hipótese de que negligenciamos um aspecto fundamental do ato comunicativo, que ele é processual e como tal dinâmico e dependente do contexto, tempo e espaço nos quais ele se realiza. Contextualizar a nossa prática comunicativa, independentemente do idioma utilizado, requer atenção sobre a forma e o conteúdo que damos às mensagens que transmitimos e recebemos.

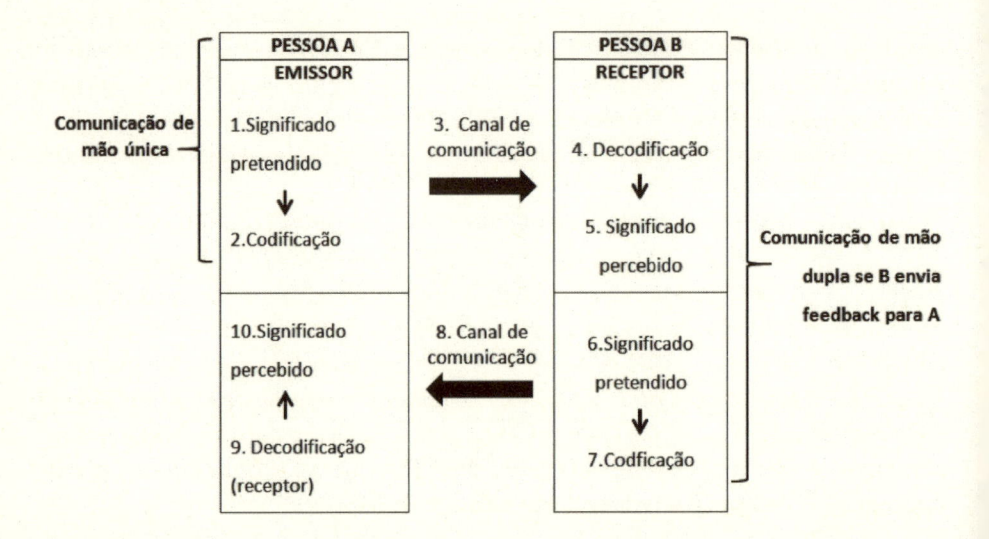

	PESSOA A EMISSOR		PESSOA B RECEPTOR	
Comunicação de mão única	1. Significado pretendido ↓ 2. Codificação	3. Canal de comunicação →	4. Decodificação ↓ 5. Significado percebido	Comunicação de mão dupla se B envia feedback para A
	10. Significado percebido ↑ 9. Decodificação (receptor)	8. Canal de comunicação ←	6. Significado pretendido ↓ 7. Codficação	

Portanto, se objetivamos a interação, devemos, acima de tudo, compreender e procurar sermos compreendidos. Para que isso aconteça, não é necessário apenas falarmos a mesma língua, pois um idioma comum não garante o compartilhamento dos sentidos que damos às palavras. Esse sentido se estabelece no contexto do ato comunicativo e pressupõe a percepção de vários elementos que o constituem.

É importante, independentemente de utilizarmos um idioma estrangeiro ou nativo, lembrarmos que qualquer processo de comunicação, por ser dinâmico, varia de acordo com as características de quem emite a mensagem, o tratamento que é dado ao seu conteúdo, a forma como as ideias são expressas e a compreensão de quem recebe a mensagem. Ter sucesso comunicativo depende, portanto, da validação que damos ao contexto que se caracteriza pelas pessoas que dele participam.

Provocamos ruído em nossas interações comunicativas justamente porque não conseguimos compartilhar sentidos, o que nos faz, por vezes, distorcer o que o outro disse. Frequentemente, estamos apressados e começamos uma conversa já com conclusões formuladas. Em vez de ouvirmos o que está sendo dito, escutamos somente o que nos interessa. Essas atitudes representam-se na comunicação de uma forma negativa para a continuidade do processo.

O tema do filme *Patch Adams, o amor é contagiante*, que se tornou modelo de prática comunicativa em hospitais no Brasil e no exterior por intermédio de ações de grupos tais como Os Doutores da Alegria e Fábrica do Riso, comprova a hipótese de que quando escutamos atentamente nossos interlocutores e objetivamos a criação de um sentido comum, no caso o bem-estar dos pacientes, tendemos a interagir mais empaticamente em nossas práticas.

Dinâmicas de comunicação em grupo potencializam não só a linguagem verbal por intermédio das palavras que escolhemos, como evidencia nosso tom de voz, nossa linguagem corporal e gestual. Apesar da importância dada às palavras ditas, a expressão corporal representava 65% da comunicação. A face é o principal sistema da fala do corpo. Braços, pernas, postura e até os pés dão o seu recado. Dessa forma, é importante percebermos que as linguagens não verbais também fazem parte do processo e podem tanto facilitar como dificultar a interação.

Nascemos desconhecendo qualquer tipo de significado. Contatamos e memorizamos os sentidos das palavras, comandos, pedidos, entre outros, durante os processos de interação que vivenciamos em nossa infância. Esse aprendizado é feito por condicionamento de estímulos, aos quais a princípio respondemos internamente, pois eles vêm acompanhados da tonalidade, dos gestos e comportamento das pessoas com as quais nos comunicávamos em determinados contextos. As experiências acumuladas assumem o papel de regras que trazemos para os jogos de linguagens e nos fazem interagir de acordo com nossas crenças.

Desenvolvemos uma lógica subjetiva a partir dos modelos mentais que construímos, o que acaba por influenciar nossas interações, pois é no ciclo que se estabelece entre produção, transmissão e recepção de mensagens que as regras dos modelos se representam em nossos comportamentos. Deixamos, em muitas ocasiões, de perceber que nossos códigos dizem respeito às nossas vivências, os quais nem sempre se aplicam ao contexto. Agindo dessa forma, perdemos a oportunidade de dar os *feedbacks* que nos permitiriam participar positivamente no processo.

Somos responsáveis pela forma que significamos as nossas trocas comunicativas e pelos os comportamentos por elas representados. Berlo (1999), em sua publicação *Elementos do processo de comunicação*, afirma que:

> O preceito áureo que determina: "trata os outros como gostaria que te tratassem" é uma advertência egocêntrica. No trato com os semelhantes, especialmente os de cultura diferente, é mais útil dizer: "trate os outros como eles gostariam de ser tratados"— o que poderia ser muito diferente do modo como nós gostaríamos que nos tratassem. (p. 158)

É natural que achemos que nosso entendimento do contexto seja objetivo. Entretanto mulheres interpretam mensagens diferentemente dos homens, engenheiros enxergam uma realidade que não a dos médicos, sem mencionarmos países orientais e ocidentais e suas visões de mundo. Somos seres humanos e os modelos mentais que trazemos para nossas interações diferem potencialmente dos demais.

Primeiras conclusões

Competência é a capacidade de agir em direção a um objetivo. Se a meta é atingir consenso em grupo, temos que ter em mente que a abordagem de comunicação para interação torna-se fundamental para o processo. Portanto, estar dentro do contexto é ser capaz de receber e enviar mensagens que atendam aos interesses daquela relação em tempo real. A prática consciente da comunicação atende às características do tempo e espaço da ação e facilita a criação de sentidos comuns em trabalhos de equipe.

Vale a pena acrescentar que especialistas na área reforçam o conceito de processo dinâmico para a comunicação como proposto inicialmente ao estabelecerem seis habilidades que devem se trabalhadas pelos participantes: a linguagem verbal, a não verbal, assertividade, autoapresentação, *feedback* e empatia.

A otimização dessas habilidades tende a facilitar o compartilhamento do sentido de trabalho em equipe. Consequentemente, o treinamento do processo comunicativo motiva os participantes a estabelecer uma prática social comprometida com as inovações e mudanças necessárias para o entorno, e, portanto, é uma estratégia de sucesso pessoal.

Convido você, leitor, a refletir sobre a forma como interpreta as mensagens que recebe no seu cotidiano, procurando mapear as situações de trocas e as características de *feedbacks* que costuma dar aos seus pares. Esse treino vai problematizar aspectos de sensibilidade, empatia, resiliência, enfim, indicadores comportamentais, que seguramente você já deve ter constatado em textos sobre comunicação e gestão de pessoas.

Minha sugestão é de que ao constatar os ruídos do processo de interação, você perceba as regras subjetivas que costuma trazer para os jogos comunicativos. Proponha-se a contextualizar as interações comunicativas em grupo como se estivesse desligando *aquele* botão automático que caracteriza o seu mapa mental, que por algumas vezes deve tê-lo impedido de criar sentidos comuns. Boa sorte!

Referências
BERLO, D. *O processo de comunicação*. São Paulo: Martins Fontes, 1994.
REIS, F. M. *Patch Adams em contexto: um estudo de caso comunicativo*. In: SCHAUN, A & RIZZO. (orgs.). *Estratégias: comunicação e gestão*. São Paulo: Expressão e Arte, 2008.
SENGE, P. *The necessary revolution*. New York: Broadway Books, 2008.

37. Coaching — Uma rota para o sucesso

"*A descoberta mais fantástica do século XX, o coaching, permite a rápida localização e realização dos objetivos de um indivíduo. Um coach guia e motiva seu cliente, para que este concretize em tempo recorde as metas fixadas. Mas a eficácia desse trabalho será espetacularmente multiplicada, se a pessoa for levada à consciência de que é preciso realinhar as leis humanas com os princípios universais.*"

Marlene Monteiro

Marlene Monteiro

Psicóloga, psicoterapeuta, hipnoterapeuta, business coaching e homeopata. Master e Trainer em programação Neurolinguística (PNL) com certificação internacional, membro da Comunidade Mundial de PNL em Saúde, formação em psicossomática pela Universidade Federal de Minas Gerais (UFMG), trainer em oratória e PNL, trainer em formação de terapeutas. Formação em Constelação Familiar, Constelação nas Organizações, Constelação Sistêmica, Coaching em Constelação, business coaching cicle, integrative coaching, generative coaching e coaching sistêmico. Experiência de 20 anos em atendimento clínico na área emocional e 20 anos como palestrante e trainer em Oratória e PNL – programação neurolinguística.

Contatos

www.marlenemonteiro.com.br
cursos@marlenemonteiro.com.br
marlenemoguimaraes@hotmail.com
www.facebook.com/marlenemonteiro.cursos
(31) 3491-5122 / (31) 3491-2866
WhatsApp (31) 8471-6944 / (31) 8213-2328

O mundo em que vivemos caracteriza-se pelo conflito entre as leis universais e aquelas criadas pela consciência humana, entre a abundância e a escassez, a energia e a matéria, a essência e o corpo. Se, de um lado, o Universo nos programou, desde a concepção, para uma vida de fartura e saúde em todos os sentidos, de outro, as regras humanas, a educação voltada para a proteção do mercado e o princípio da competição como regra geral estabeleceram as limitações sem conta, as "normas", que entram em choque com a verdade universal.

Este encontro das duas tendências opostas resulta em total desarmonia, e a consequência é visível para todos: fome, guerras, desencontros de toda sorte, levando a sociedade ao desespero de um suposto fim dos tempos, que chega a ser desejado por muitos para dar um basta a tamanho sofrimento.

Em todos os recantos do planeta procuram-se soluções para que a coletividade tenha uma vida melhor, mais produtiva, solidária e feliz, enfim. Um consenso, porém, tem de ser admitido: os problemas do todo somente se resolverão com a melhoria das condições de vida das partes. Não se mencionam aqui tais condições apenas como meios materiais, mas sim como total realização do ser, visto que a riqueza — seja ela material, mental, moral ou espiritual — só se obtém quando se adquire a consciência das leis universais.

Na verdade, cada um de nós vive como se fosse um riacho que, inicialmente, foi programado pela natureza para correr em direção a um fluxo maior de água, juntando-se a ele e encorpando-o para mais rapidamente atingir o objetivo principal: o oceano. Esses córregos encontram nas ditas "normas humanas", minúsculos, mas firmes represamentos e; assim, os ribeiros acabam se transformando em pequenos e estagnados lagos. Não há fluxo, a energia universal — dinâmica por natureza — não se locomove. Nada se transforma, nada se cria, obtém ou realiza. É claro que esse individual processo degenerativo reflete-se no grupo.

A solução que resultará no banimento da guerra, da fome e da maioria das doenças psíquicas, físicas ou mentais está em fazer com que as pessoas se regenerem, isto é, que abandonem seus desvios e retomem a prática da verdade cósmica. Esta retomada ou religação será mais facilmente obtida pelo indivíduo e, por consequência, acabará por atingir o todo.

É aqui que entra o papel do coaching, essa ciência pós-moderna, nascida no início deste século a partir de observações da prática esportiva.

O coach há muito deixou de ser um mero treinador de determinada modalidade do esporte. Ele é mais do que isso: é orientador, pai, companheiro e amigo do atleta. É um motivador e não tardou para se descobrir que tal papel de liderança não era exclusividade do esporte. Chegou-se à conclusão de que ele podia, aliás, pode melhorar o desempenho de qualquer indivíduo em todos os setores da atividade humana: surgiu, então, o coaching das organizações, saúde, negócios, carreira, vida, relacionamentos, estudos, entre tantos outros.

Ao perguntar o clássico: "O que o impede?", de par com outras indagações próprias do processo, o coach o incita a sacudir-se e a romper as barreiras das emoções limitadoras, fruto do conflito em que vive, e o cliente ficará, então, em condições de estabelecer contato com sua verdade interior e cumprir seus desígnios, permitindo-se recompor a união com outros fluxos que correm para o mar.

A pessoa constatará, por exemplo, a lei da atração, pela qual se sabe que as emoções determinam inevitavelmente a repetição de fatos análogos aos que as provocaram.

Os clientes sentirão a realidade da lei das hierarquias manifestada no respeito aos mais velhos, aos diretores, aos líderes e cumprida no louvor à sabedoria, à experiência e ao sacrifício dos ancestrais.

Eles se induzirão a reconhecer a lei do equilíbrio entre dar e receber na mesma medida, propiciando, assim, uma vida mais harmônica no trato com o dinheiro e outros bens espirituais, mentais, materiais; com a certeza de que não basta saber dar, mas é preciso também saber receber.

Os clientes, por si, buscarão aprimorar-se na execução rigorosa da lei de pertencer, cuja incompreensão conduz a condenação e consequente exclusão da pessoa; quando o que deveria ser condenado, excluído e até execrado não é ela, mas sim o ato. Com isso, irão adquirir o conhecimento de que na natureza tudo é somado, tudo se multiplica, tudo é inclusão.

Eles encontrarão, enfim, no acatamento da lei da aceitação, a única forma de unir energias opostas para concretizar a movimentação de todos os pequenos lagos, que voltarão a correr em afluência rumo aos grandes rios e, destes, para o oceano cósmico.

O papel do coach é liderar os clientes, incitando-os a rever a programação à qual foram submetidos; a aceitá-la, abençoá-la e dela se desfazer reprogramando-se para uma vida plena de realizações. São os coaches que, com as ferramentas adequadas a cada caso, provocarão nas pessoas a descoberta de que o Universo é regido por leis sábias, exatas, imutáveis e eternamente eficientes, como também lhes compete a delicada tarefa de fazer com que seus clientes decidam internalizar a consciência desta lei universal, levando-os a constatar que se encontram num estado perverso devido única e exclusivamente ao desencontro de seus princípios, práticas e comportamentos com as realidades cósmicas. Assim, a pessoa se localizará e, com o auxílio destes profissionais, conseguirá despolarizar seus caminhos, centrando-se em metas e rumando seguramente às próprias realizações.

Não será exagero, pois, concluir que a descoberta mais fantástica do século XXI é o reconhecimento de que todas as pessoas precisam de uma liderança eficiente para a caminhada eficaz em busca de seus objetivos. O coaching se apresenta, então, como o meio por excelência de se obter esse comando firme, seguro, decidido, propiciando ao homem da atualidade a condição de atingir, em tempo recorde, metas que se propõe.

Finalmente, aos coaches cabe despertar nos clientes a consciência de que vivemos num Universo que possui leis claras e irrevogáveis, cuja expressão permite qualquer realização que se venha a desejar. A partir daí, eles adquirem a capacidade de autoliderança e se transformam nos guias dos próprios passos.

Novos atributos lhes são conferidos e tornam-se planejadores, diretores e executores da própria rota traçada rumo a seus objetivos.

38. Palavras mágicas do mapa do sucesso

> *O sucesso, assim como o mar, está disponível para qualquer pessoa. Porém, há pessoas que só o contemplam, outras molham o pé e somente algumas mergulham fundo para descobrirem seus tesouros. Você quer mergulhar fundo para chegar aos seus tesouros? Então vou lhe sugerir três palavras mágicas: crença, treinador e propósito.*

Mileny Matos

Mileny Matos

Jornalista, especialista em Gestão Sustentável dos Municípios pelo Núcleo de Meio Ambiente da UFPA; Coach com certificação pela Sociedade Latino Americana de Coaching (SLAC), Practitioner em Programação Neurolinguística certificada pela Sociedade Latino Americana de Desenvolvimento Humano (SLADH). Instrutora credenciada pela Escola de Governo no Pará (EGPA). Ministra cursos na área desenvolvimento organizacional, desenvolvimento de equipes e lideranças. Atua com coaching de carreira. Idealizadora do Projeto Bússola de Carreira e colunista do portal Belém *By Hand*.

Contatos

www.bussoladecarreira.com.br
milenymatoscoach@gmail.com
facebook.com/bussoladecarreira

Quem assistiu ao filme Happy Feet, ganhador do Oscar de animação em 2006, certamente acumulou várias lições com a história de Mano, o pinguim que driblou o "destino" e, ao invés de ser cantor como era esperado por seus pais e toda a comunidade de pinguins imperadores, buscou aquilo que o realizava: expressar seu talento como dançarino.

Mano alcançou o sucesso pessoal quando mergulhou em busca daquilo que o realizava.

Minha percepção de sucesso é que ele, assim como o mar, está disponível para todos. Porém, há pessoas que só o contemplam, outras molham o pé e somente algumas mergulham fundo para descobrir seus tesouros.

Você quer mergulhar fundo para chegar aos seus tesouros, como fez Mano? Então vou sugerir um mapa contendo três palavras mágicas: crença, treinador e propósito.

De forma proposital, para aproveitarmos ao máximo o limite de caracteres deste artigo, escolhi falar menos das duas primeiras e me ater mais à última.

A primeira palavra mágica é crença. Acreditar. Simples assim. Se você não acredita que pode e merece o sucesso, certamente ele passará longe de você. Mano e tantos outros que alcançam o sucesso pessoal têm dentro de si a crença do sonho possível.

Como fazer para acreditar? Mude o foco, mude o pensamento. Primeiro, descarte as velhas e típicas crenças: não posso, não consigo, não dá, já passou, é difícil, é cansativo, o que vão pensar, sou ridículo(a), entre outras. Substitua por novas crenças: eu quero, eu mereço, eu consigo, eu me aperfeiçoo, eu me reinvento, eu supero, sou único(a), sou maravilhoso(a), se outros conseguem, por que não eu? Depois de substituir, escreva no papel, na mente, em seu coração e repita quantas vezes forem necessárias até ter convicção de que isso faz todo o sentido para você. Pode levar dias, semanas, meses, só pare quando sentir a afirmação vibrar em você.

A segunda palavra mágica é treinador. No jogo da vida, existe um adversário e um treinador para tudo que você quer alcançar, mas o detalhe é que eles não estão em nenhum ringue, quadra, campo, pista... Não! Eles estão dentro de você. São as duas vozes que escutamos o tempo todo:

Voz do treinador: - Vamos lá, força! Você consegue! Você merece! Só mais um pouco, isso, você está muito perto...

Voz do adversário: - Desista, você não vai conseguir, você é um fiasco, você é um fracasso, não há mais tempo, você envelheceu demais, você é feio(a) demais, as pessoas vão ridicularizá-lo..

A qual dessas vozes você dá mais ouvidos? A resposta vai fazer toda diferença para você saber se está perto ou longe do tesouro que é o sucesso pessoal.

Ouvir a voz do adversário tira sua energia, desanima, cansa e o faz sentir impotente. Escutar a voz do treinador ativa sua força de vontade, que é responsável por muito mais que desejo: é onde pulsa a energia criadora. Quanto mais vontade, maior a energia que dá velocidade para você chegar onde quer.

Agora vamos à terceira palavra: propósito

Qual dessas pessoas você marcaria como uma pessoa de sucesso?
a. Bill Gates
b. Silvio Santos
c. Seu Valdir, pipoqueiro empreendedor
d. Fábio, ex-office boy promovido a gerente de venda
e. Clara, dona de casa, que ao ver seu filho na formatura, percebeu o que ela possibilitou para que isso acontecesse.
f. Dona Linda, sobrevivente de um acidente de avião e de um assalto que a deixou cega, mas ainda capaz de cuidar de seis filhos adotivos.

Bem, você pode até não ter marcado 100% das alternativas, mas todas estas pessoas consideram-se bem-sucedidas, cada uma com seu diferente significado para a palavra sucesso.

A maioria das pessoas expressa sucesso como o alcance de algo desejado: chegar a um cargo top em seu trabalho; estruturar o seu próprio negócio; alcançar um relacionamento estável e feliz; obter liberdade financeira; fazer aquilo que adora; bater um recorde.

Agora, nem sempre o alcance de algo desejado proporciona o sentimento de realização. Dinheiro, conquistas, vitórias, bem-estar, superação, tudo isso pode ser sucesso desde que haja um significado, um valor para você.

Há pessoas que têm muito dinheiro, mas sucesso para elas significa sentirem-se amadas. Outras assim o sentem, mas querem ser reconhecidas publicamente, ou alcançar sua melhor performance e algumas querem simplesmente ver seus filhos felizes num caminho bom.

A questão é: o que evidencia se uma pessoa tem sucesso? É o sentimento de plenitude, de realização, é o significado, o que está por trás, aquilo que preenche o vazio, o que motiva a alcançar os objetivos que você deseja. Este significado tem a palavra mágica de propósito.

O propósito é a espinha dorsal que sustenta todos os seus sonhos, objetivos e metas. Por ele, você atravessa desertos, oceanos e escala montanhas. Mano enfrentou muitos obstáculos para viver seu propósito. Então, você vai cair, vai se machucar, se levantar, cair novamente, cambalear, até chegar onde quer.

O primeiro passo, portanto, para obter sucesso, é buscar o propósito. Será que você está vivendo seu propósito? Responda essas questões:

- Eu levanto da cama às segundas-feiras com disposição e feliz pela semana que se inicia?
- Ao dormir, sinto gratidão pelo meu dia?
- Tenho tempo para dedicar às pessoas que amo?
- Uso meus talentos para fazer algo positivo pelas pessoas?
- Sinto prazer em meu trabalho?

Como é viver o propósito? É preciso identificá-lo. O que faço de melhor? Qual é o meu dom? Quais são os meus talentos? De que forma posso expressar meus dons e talentos? A técnica mais simples que já encontrei para começar a descobrir o propósito foi descrita por Laut (1997). Tenho usado com meus clientes e sempre funciona, pode ser um bom começo para você também:

1) Faça uma lista de 10 ou 20 características de sua personalidade que mais o agradam, por exemplo, sua determinação, sua lealdade, bom humor, criatividade, transmissão de conhecimento, etc.
2) Dentre tais características, selecione três ou quatro que mais o agradam.
3) Agora faça uma lista de 10 a 20 modos pelos quais você gostaria de expressar essas características, por exemplo: escrevendo, falando, cuidando, cantando, dançando, etc. Esse modo tem a ver com seus dons e talentos.
4) Então, dessa segunda lista, escolha quatro ou cinco favoritas. Escreva um pequeno resumo sobre a sua visão de mundo ideal no tempo presente e sobre como você desejaria que esse mundo fosse. Forme uma sentença completa seguindo o exemplo:

O propósito da minha vida é usar minha (coloque itens favoritos da parte dois), para (coloque aqui itens favoritos, parte quatro, incluindo aqui sua ideia de mundo ideal).

Você pode destacar como características favoritas cuidar do outro, ser leal e amoroso(a). Você pode expressar essas caraterísticas através do exercício da medicina, advocacia, psicologia, enfermagem, prática missionária, sendo Clow, uma mãe dedicada, enfim; de muitos e muitos modos. Escolha o melhor modo pelo qual possa expressar seus dons, talentos e características favoritas.

Vou dar meu exemplo:

Meu propósito de vida é usar minha comunicação, criatividade, percepção e empatia para difundir conhecimentos que contribuam para provocar mudanças na vida das pessoas, desvelando seu potencial, favorecendo seu desenvolvimento para que elas façam sua diferença no mundo, tornando-o melhor para se viver.

Seus dons e talentos são o que o motiva. Segundo Leider (2000) quando há consciência de quais são seus dons e talentos, você tem o poder do propósito. Mano descobriu seu talento e por isso foi capaz de intervir e transformar uma ameaça à sua comunidade.

Os dons e talentos representam o que você faz melhor, em qualquer circunstância, por prazer e que faria mesmo se não recebesse dinheiro por isso. Você faz por uma necessidade interior de realização. Você conhece a história da professora que atravessa rios para alfabetizar crianças em lugarejos que nada se parecem com salas de aula, e sente-se feliz com esta escolha? Pessoas como ela estão vivendo seu propósito.

Você sente que seu trabalho é uma obra ou um fardo? Para Cortella (2010), culturalmente a maioria das pessoas percebe trabalho como algo que não dá prazer, algo penoso, um castigo. Aqueles que o percebem como uma obra, certamente já estão vivendo seu propósito porque constroem, tornando-os criadores, lhes dando orgulho... É o seu legado.

Lembre-se: o resultado de seu trabalho deve representar muito mais que um contracheque ao final do mês. Deve motivar e permitir a expressão dos talentos.

Se não tiver a chance de expressar seus dons e talentos, dificilmente sentirá a realização.

| Algumas histórias sobre propósito

Uma história que me chama atenção é do para-atleta paraense Alan Fonteles. Aos 21 anos, conquistou três medalhas de ouro no mundial paralímpico de Lyon, na França e também ouro nos 200 metros nas paralimpíadas de Londres, em 2012. Alan fez história no mundial de Lyon quando bateu o recorde mundial de 200m na categoria T43 (biamputado das pernas), superando a marca do sul-africano Oscar Pistorius. Ele nasceu com uma doença congênita e usa prótese nas duas pernas desde um ano de idade. Vindo de uma humilde família de Belém, usava prótese de madeira e vivenciava condições muito adversas para seguir a carreira de atleta. Ainda assim, por que ele escolheu esse caminho? Porque o modo de expressar os dons e talentos o fazia sentir-se realizado.

Viver o propósito não significa que você não terá dificuldades, barreiras, obstáculos. É bem provável que você os terá sim, e muitos, mas é justamente estar alinhado ao seu propósito que garante fôlego para a superação.

Propósito é muito mais que um objetivo. Geralmente, é a razão de ser de seus objetivos, por exemplo, se meu propósito é difundir conhecimento para a mudança e desenvolvimento das pessoas, meus objetivos são direcionados para que o realize, então fazer cursos, participar de intercâmbios, estudar, atender pessoas são metas de jornada que vão responder ao meu propósito.

O propósito é a energia que move, impulsiona, motiva, renova, o faz levantar quantas vezes forem necessárias. Você vive por ele, está presente em tudo que fizer e quiser alcançar.

Certo dia, um cliente me disse: "meu propósito de vida foi dar o melhor para minha mãe". –Foi? – Sim, ela já faleceu – Então este foi um objetivo de sua vida e não o propósito, uma vez que se você vive por ele, o propósito o acompanha até seu último suspiro. Ele refletiu sobre seus talentos e percebeu o que lhe trazia realização: contribuir para resolver os problemas das pessoas. A partir daí, identificou exatamente o modo pelo qual podia, afinal, viver seu propósito.

Acredite, nunca é tarde demais para viver o propósito. Não depende de idade. Não caia na armadilha de que "meu tempo já passou", isso é muito perigoso e pode fazê-lo muito infeliz.

Durante um treinamento que realizei em certa ocasião, ouvi o relato de um homem que entregou os pontos aos 47 anos:

"Sempre quis ser músico, na adolescência cheguei a ter uma banda, mas meu pai disse que música não dava dinheiro e fiz concurso público. Onde estou, sei que não posso esperar muito. As pessoas são difíceis, os interesses políticos e o poder de influência prevalecem. O sistema não muda". Perguntei: hoje que você já tem uma estabilidade financeira, o que o impede de sair deste trabalho?

– "Não dá mais, há 20 anos tomo remédio para depressão, meu tempo passou".

Em contraponto, dona Onete, considerada a "diva do carimbó", aos 71 incorporou a carreira de cantora e está vivendo seu propósito através da música. Nascida em Cachoeira do Arari, na ilha de Marajó, Ionete Gama foi professora de história antes de ser conhecida como a Dona Onete. O Pará presenciou vários shows dela, assim como várias outras cidades do Brasil. Ela gravou ainda um CD em 2012 e ganhou em 2013 sua biografia publicada em livro.

O que aprendemos com essas histórias?

O sucesso vem da vivência de seu propósito. Viver o propósito não tem a ver com idade, nem com ausência de dificuldade, tem a ver com força de vontade necessária para preencher o vazio e saber exatamente o que o realiza. Isso é muito importante para que você não tenha sucesso com efeitos colaterais. Ou seja, o risco de alcançar os objetivos e não sentir a realização, a lacuna preenchida. É o caso de muitos que alcançaram a fama (que não significa sucesso), dinheiro, reconhecimento público, mas não preencheram este vazio, o que lhes custou a vida.

Agora que você já tem as palavras mágicas, ative o poder do seu propósito de vida, acredite em você e siga a voz do treinador. Preparando-se deste modo, o convido a mergulhar sem medo para chegar aos tesouros e emergir com o sucesso nas mãos.

Referências
CORTELLA, Mario Sergio – *Qual é a tua obra? Inquietações propositivas sobre ética, liderança e gestão*; São Paulo, Editora Vozes, 2010.
YOGANANDA, Paramhansa – *Como alcançar o sucesso: a sabedoria de Yogananda*, São Paulo, Ed. Pensamento, 2011.
LAUT, Phil, *O Dinheiro é meu amigo* (Money is my friend), São Paulo, Ed. Pensamento, 1997.
LEIDER, Richard J. – *O Poder do Propósito*, São Paulo, Ed. Mercuryo, 2000.

39. Alta performance na vida

> *Normalmente, o sucesso está relacionado ao glamour, à fama, ao poder e ao dinheiro, porém existem outras questões que muitas vezes não percebemos, talvez por conta de um padrão socialmente criado para defini-lo. Desse modo, o propósito deste texto é ampliar a sua percepção e fornecer estratégias de performance para que você obtenha uma vida bem-sucedida e, sobretudo, feliz fazendo o que gosta.*

Nelson Vieira

Nelson Vieira

Certified Advanced Master Coach sênior pela Graduate School of Master Coaches (EUA/UK/Austrália); ICI – International Association of Coaching-Institutes (EUA), Associate Certified Coach junto ao ICF – International Coach Federation. Treinado por Tim Gallwey (um dos precursores do coaching no mundo) em West Lake-CA. Professor convidado para ministrar a disciplina Coaching e Mentoring no MBA Executivo do IMED – Universidade de Passo Fundo-RS e pela Universidade São Caetano do Sul em São Paulo-SP. Empresário, Master Coach Trainer pela Cia. Brasileira de Coaching, escritor, diretor executivo da Quantum Solutions, Psicólogo clínico e organizacional especializado em gestão de pessoas pela FGV, conferencista e palestrante em diversos eventos empresariais, congressos e seminários realizados pelo Brasil.

Contatos

www.nelsonvieira.com.br
www.cibracoaching.com.br
contato@nelsonvieira.com.br
(21) 4062-7504/ (11) 4063-7017

Normalmente, em minhas palestras, ao perguntar: "Quem aqui se considera uma pessoa de sucesso?", é inevitável, quase todos levantam o braço em sinal afirmativo. No entanto, seguindo a mesma linha de raciocínio, aprofundo um pouco mais a pergunta: "Onde você faz sucesso?", aí as pessoas já começam a se entreolhar, meio desconfiadas, esboçando um sutil sorriso de surpresa, mas com uma interrogação no olhar, do tipo: "Como assim!?". Isso ocorre porque as pessoas, em geral, alimentam uma ideia-padrão muitas vezes incompatível à sua realidade, levando-as a estabelecer parâmetros de comparação com os demais e desconsiderar a pessoa que foram, em quem se tornaram e em quem gostariam de se tornar, ou seja, falta-lhes um propósito maior.

Assim, as pessoas são livres para fazer as suas escolhas e viverem de acordo com o que acreditam, deixando a sua marca neste mundo, em vez de viver uma expectativa alheia e viverem frustradas apesar de suas conquistas pessoais e materiais. Por exemplo: de quantas pessoas ouvimos falar que conquistaram tudo o que alguém gostaria, mas sentem-se infelizes? Quantos anônimos sonharam em conquistar a fama, mas depois, ao ter sua privacidade invadida, desejaram voltar ao anonimato? Quantas pessoas sonham em alcançar o topo nas organizações e trabalham duro pra isso sem perceber o preço que têm a pagar e quando se dão conta, os filhos já são adultos, já fizeram suas escolhas na vida e então vem aquela crise nostálgica do tempo que passou e ele não viveu, sobretudo, quando ocorre um desequilíbrio no contexto familiar originado pela sua "oniausência" (afinal, ele estava muito ocupado para lidar com "problemas menores")? E, por fim, quantos políticos que sonham e fazem de tudo para alcançar o poder e então veem toda a sua vida pregressa devassada pelos seus adversários, colocando à prova toda a sua ideologia, sua integridade e o seu caráter? Você já parou para pensar que o sucesso pode ser mais simples? Perceba:

Pessoas que escolhem fazer sucesso na **vida**, procuram realizar seus sonhos, dar sentido à sua existência, conquistar coisas novas, visitar lugares distantes ou dedicar-se à complexa arte de educar os filhos e cuidar do lar, um aspecto normalmente negligenciado pelo padrão social quando se fala em sucesso.

Outras escolhem fazer sucesso no **amor** mudando de vida, viajando para lugares remotos para viver uma linda história junto à pessoa amada. Mas não me

---

Nota - Texto de abertura do capítulo inspirado na palestra Sucesso, de Luís Carlos Campos (in memoriam) em evento promovido pela ABRH-PA em Fev/2004.

refiro somente a esse tipo de amor, provavelmente você conhece alguém que tenha se dedicado a um amor fraternal, como os inúmeros anônimos que se dedicam a fazer obras de caridade, como doação de roupas, agasalhos e alimento para os mais necessitados ou mesmo aqueles que se dedicam com amor a causas humanitárias.

Há ainda aqueles que escolhem fazer sucesso no **trabalho**, em que o dinheiro, o reconhecimento, os benefícios sociais e o clima organizacional nem sempre são o mais importante, pois eles geralmente curtem muito o que fazem e enquanto trabalham se divertem. Agradam-se em ver o resultado final de um trabalho e já ficam pensando no próximo, pois gostam mesmo é de desafios. Apenas precisam tomar cuidado para não se tornarem tão obcecados pelo trabalho e pelos seus resultados a ponto de ignorar a realidade que está a sua volta, como: as pessoas de seu convívio, os amigos e principalmente a família, tornando-se um *workaholic* – quando o trabalho se torna patológico – vindo a necessitar de um tratamento com intervenção profissional.

Há também quem escolha fazer sucesso nas relações. Esses estão sempre mandando e-mails para os amigos, postando nas redes sociais e curtindo o que os demais postam também. Quando alguém próximo adoece, são os primeiros a visitar e estão sempre prontos a ajudar quando necessário.

E num nível mais profundo e consistente e para a qual todas as demais acabam convergindo, eu pergunto: Você acredita que faz sucesso com você mesmo? Esse é, talvez, o mais incrível e pleno estágio de satisfação pessoal, quando há um perfeito alinhamento das suas ações com tudo aquilo em que acredita, gerando um sentimento de plenitude, paz e felicidade.

Performance

É impossível falar em sucesso sem falar de performance, pois em todos os casos somos julgados e avaliados pelos resultados produzidos onde quer que estejamos.

Assim, entendemos performance como a relação entre o trabalho empreendido e os resultados obtidos dentro de um espaço de tempo. No entanto, para performar bem, de acordo com Gallwey, é necessário considerar dois aspectos fundamentais: aprendizado e diversão. Uma pessoa performa um tanto melhor quanto mais ela aprende e assim diverte-se com cada etapa do trabalho, em perfeito estado de *flow*, sem olhar para o fim em si, mas apreciando e curtindo a trajetória. A sensação mais próxima que consigo descrever é como se estivéssemos levitando no momento da execução de uma atividade a qual chamarei de: sublime inspiração!

O Ayrton Senna, em ocasião de uma performance espetacular num GP em Mônaco, no qual ele imprimia uma velocidade e uma perfeição no traçado impressionantes, relatou em uma entrevista que era como se ele não estivesse mais ali no *cockpit* do carro, era como se ele e o carro tivessem se fundido e se tornado um só, até que ao receber uma mensagem por rádio do seu engenheiro para reduzir, ele se desconcentrou e bateu. Resumo: ele estava apreciando e curtindo a trajetória, o momento, atento a cada detalhe da corrida, de tal maneira que a vitória se tornaria uma mera consequência se ele não tivesse batido.

Desse modo, considerando-se a relação entre o trabalho empreendido e os resultados obtidos, podemos fazer a seguinte reflexão:

Binômio: trabalho x resultado

Pobre — Dor e sofrimento

É aquela pessoa que faz as coisas pela metade; que não se dedica o suficiente para melhorar o seu desempenho; que pouco ou nada se preocupa com as necessidades do cliente. Ele até atende, mas uma vez só!

Bom — Pobre

Infelizmente ou felizmente, não há mais lugar para o bom. As empresas buscam pessoas que se empenhem em resolver um problema, que promovam bons resultados. Portanto, sabe aquele profissional que recebe o cliente com atenção, cortesia, mas não atende às suas necessidades e ao final, despede-se com aquele texto ensaiado: "Obrigado, volte sempre!" e, só pra agravar um pouco mais, ainda recita a frase clichê já de costas? Já era!

Ótimo — Bom

Quantos artistas você conhece que foram sucesso de uma música só? Na fórmula 1, quantos pilotos medianos você conhece que só fazem o papel de escudeiro para os pilotos principais das equipes? Quantos jogadores de futebol chegam a uma copa do mundo ou mesmo a uma seleção para representar o seu país? Quantos atletas são privilegiados e disputam uma olimpíada? Destes, quantos são os felizardos em obter uma medalha ou um título? Repare que num universo de milhões de artistas, pilotos e atletas, os que conseguiram se destacar fazem parte de um seleto grupo com bons resultados.

Excelente — Extraordinário

Eis a luta pela existência travada entre aqueles que chegaram ao seleto grupo citado acima, a busca cada vez maior por resultados extraordinários. Para tanto, é preciso transcender, ousar, permitir-se, ir além, é preciso muita dedicação. Veja:

Dos artistas maravilhosos que encantaram os jovens na década de 1960 com o movimento da jovem guarda, qual é o mais bem-sucedido? Roberto Carlos? Pois bem, você acha que ele se acomodou apenas com um sucesso? Você acredita mesmo que ele se contentou com o que tinha? E hoje? Quem é o Roberto Carlos? Além de ser chamado de Rei, é talvez o artista mais bem pago e com mais discos vendidos no Brasil e, talvez, no mundo.

Provavelmente, ele apresenta: persistência; ousadia; criatividade; dá o máximo de si para superar qualquer expectativa; e, lida bem com o medo e com os desafios, aprendendo continuamente.

Assim, pelo menos seis aspectos devem ser considerados em nossa performance quando se trata de enfrentar desafios. Vejamos:

1- Visão

É importante desenvolver uma visão de futuro consistente e coerente com a sua missão de vida, para que você tenha um foco, aja em função dele e, sobretudo, alcance muito mais do que o resultado que procura: a felicidade! Portanto:

- Quais os seus sonhos?
- Aonde você deseja chegar? Você sabe realmente onde está indo?
- Qual o seu maior objetivo?
- Qual o seu propósito de vida?
- Que legado você quer deixar para as próximas gerações?
- Como você quer que as pessoas se lembrem de você quando não estiver mais aqui?

2- Iniciativa

Sabe que algo precisa ser feito? Então simplesmente faça!

A proatividade, a capacidade de antever os problemas e agir para evitar que eles ocorram são características imprescindíveis de uma pessoa de alta-performance.

Mas, e quando os problemas são inevitáveis? Você tem a opção de aceitá-los e ficar paralisado diante das circunstâncias ou agir de modo a resolvê-lo de maneira ágil e com raciocínio lógico. Sendo assim, faça!

3- Acabativa

Já parou para pensar em quantas pessoas nós conhecemos que começam alguma coisa mas não terminam?

É uma forma sutil de autossabotagem em que elas se dedicam a várias coisas simultaneamente sem, contudo, dar foco a nenhuma delas, assim, quando um resultado não acontece, elas responsabilizam as outras ações como um álibi de modo a aliviar a culpa que sentem por não terem se dedicado integralmente àquela atividade.

E isso acontece porque elas inconscientemente evitam o sucesso, uma vez que com ele vem a responsabilidade, que traz um peso por si só e é o que temem na realidade. Afinal, é muito mais fácil empurrar a responsabilidade para o outro ou culpar as circunstâncias do que assumi-la, por isso chegar ao sucesso não é o mais difícil, se manter nele, sim! E isso exige grande esforço, muito trabalho, energia e vigilância constante.

4- Garra

Normalmente as pessoas confundem garra com o quase literalmente dar o sangue trabalhando de manhã, de tarde, de noite, de madrugada, sábados, domingos e feriados ou como verdadeiros gladiadores em campo de batalha, que resolvem as coisas de forma truculenta, perseguindo resultados a qualquer custo. E não é bem por aí!

Garra é acima de tudo fazer apesar: das circunstâncias, das condições impostas pelo meio, das frustrações, do medo, das barreiras e limitações internas de cada um, além das inúmeras outras dificuldades que se interpõem entre o ponto de partida e o seu objetivo final. Desse modo, ela está ligada a algumas questões importantes:

a) **Como você lida com as frustrações?**

Você se considera uma pessoa persistente (não desiste do seu objetivo facilmente), insistente (força a barra, faz de tudo para alcançar o seu objetivo a qualquer custo) ou teimosa (mesmo sabendo que está errado, vai até as últimas consequências pelo simples fato de não querer ser contrariado)?

É importante compreender que as frustrações virão, o que fará a diferença é o quão forte é o seu propósito para superar as adversidades de modo a alcançar os seus melhores resultados.

b) **Como você lida com o medo?**

Quem nunca sentiu medo? Durante a minha vida ouvi que temos de enfrentar o medo, mas me questiono: quantos já o venceram? Se fosse assim, então jamais voltaríamos a senti-lo, uma vez que o teríamos derrotado. Na realidade, sou adepto da ideia de Robbins, quando ele afirma que não devemos ver o medo como um adversário, mas, sim, como um aliado, pois ele nos alerta que há uma situação de perigo iminente.

É certo que o medo pode nos paralisar ou servir como um sinal de alerta. Contudo, toda vez que o enfrentarmos, fatalmente perderemos, porque ele vai crescer como um monstro assustador e passa a tomar conta da nossa consciência. Portanto, foque naquilo que você quer e não no que lhe dá medo!

c) **Como você lida com os problemas?**

Diante dos problemas, as pessoas tendem a culpar o outro, fingem que não existem ou procuram aprender algo com eles. Logo, reconhecer que por trás de todo grande problema existe uma grande oportunidade e que, quanto mais difícil, mais doce é a recompensa é fundamental.

É impossível conseguir algo de valor na vida sem um bom desafio que faça valer a pena, afinal, o que é dado não é valorizado, mas o que é conquistado tem um enorme significado, sobretudo, para o autor da obra, que ganha em: confiança, autoestima, sabedoria, coragem, plenitude e felicidade.

5- Resultado

Pessoas têm necessidades específicas, como: acumular dinheiro e patrimônio, sustentar a família, abraçar uma causa, estudar, viajar, fazer intercâmbio, dentre outros, porém, alimentam um objetivo comum: a felicidade, com todas as suas nuances e sentimentos: Alegria, tristeza, raiva, medo e afeto. E qual é o maior ingrediente para que nos sintamos, de fato, felizes? Amar aquilo que fazemos.

6- Amor

Pessoas que amam o que fazem e fazem aquilo que amam levam a vida de maneira mais leve, não carregam o trabalho nas costas como se fosse um peso, mas o fazem como lazer, elas se divertem em seu trabalho, tomam os desafios diários como se fosse um jogo de tabuleiro; têm verdadeira paixão pelo seu trabalho.

Assim, encontre algo que ame fazer, dê o melhor de si, divirta-se enquanto trabalha, aprecie cada etapa, cultive sempre o bom humor e surpreenda-se com os seus resultados.

Em homenagem a Luis Carlos Campos (In Memorian), por ter me inspirado em vários momentos da vida, mas especialmente em uma emocionante palestra proferida na ABRH-PA em Fev/2004.

Referências

CSIKSZENTMIHALYI, Mihaly. *Flow*. Harper Collins, 2009.
Gallwey, W. Timothy. *The inner game - a essência do jogo interior*. Newbook, 2013.
ROBBINS, Anthony. *Desperte o gigante interior*. Trad. de Haroldo Netto e A. B. Pinheiro de Lemos. 3a. ed. Rio de Janeiro: Record, 1993.
CAMOS, L. C. *Palestra Sucesso*, realizada na ABRH-PA em fev/2004.

40. O processo de coaching em bem-estar e saúde como forte aliado da medicina integrativa

> *'A tarefa da medicina no século XXI será a descoberta da pessoa ...' (Cassel /1991)*
> *Este artigo visa refletir sobre as semelhanças existentes nos conceitos relacionados à saúde e doença, que sustentam o processo de coaching em bem-estar e saúde, ancoram a medicina integrativa, possibilitando o diálogo e a parceria entre médicos/profissionais de saúde e o(a) coach.*

Neusa Léo Koberstein

Neusa Léo Koberstein
Psicóloga, Sócia Diretora da Empresa Tríade Gestão – Desenvolvimento Profissional. Certificação Internacional em Wellness e Health Coaching, pela Global Wellness Services. Especialista em Medicina Integrativa, pelo Hospital Albert Einstein, em Saúde da Família, em Gestão de Pessoas e Administração de Empresas. Formação em Psicodrama Clínico. Capacitação pela Secretaria Nacional de Políticas sobre Drogas – SENAD para atuação na comunidade como conselheira e líder na prevenção ao uso indevido de álcool e outras drogas. Facilitadora em Programas de Abordagem Intensiva do Fumante para Cessação de Fumar, certificada pelo INCA. Certificação em Gerenciamento e Controle de Stress pela Associação Brasileira de Qualidade de Vida – ABQV. Consultora para implantação de programas corporativos de saúde e qualidade de vida. Atendimento clínico e em coaching em bem-estar e saúde pessoal e corporativo.

Contatos
www.triadegestao.com.br
neusaleo@triadegestao.com.br
neusaleo7@gmail.com
(11) 95313-6095 / (11) 2924-0390
(11) 5032-2631 / (11) 4016-4395

A expressão *"coach"* significa ensinar, treinar, dar dicas e preparar. No entanto, ao realizar estas ações não necessariamente se realiza *coaching*, pois este processo se refere especificamente ao "modo peculiar" de como estas ações são realizadas e não somente ao que é feito. Seus resultados são alcançados principalmente pela relação de apoio entre *"coach"* - pessoa que coordena o processo e *coachee* ou cliente, que estimulado(a) pelos *coaches*, obtém seus resultados.

O processo de *coaching* acelera mudanças e progressos para os clientes, na medida em que propicia foco e consciência em suas escolhas. Concentra-se no presente, onde os clientes **estão agora** e no que desejam fazer já para chegar aonde **desejam estar no futuro.**

O *coaching* parte da premissa de que os clientes têm a capacidade de encontrar a melhor resposta aos seus questionamentos, já que possui todos os recursos internos necessários para o autodesenvolvimento, pode atingir e melhorar seus resultados.

Como uma parte especial do *coaching* de vida (*life coaching*), o *coaching* em bem-estar e saúde (*wellness* e *health coaching*) é um forte aliado dos provedores de saúde, empresas públicas, privadas e pessoas que visam mudar comportamentos em busca de um estilo de vida mais saudável, que traga mais saúde e qualidade de vida.

De forma geral, **o coaching em bem-estar e saúde** surge com os avanços das concepções de medicina e saúde, cujo entendimento cada vez mais se direciona sobre as escolhas que a pessoa faz ao longo de sua vida, que influenciam diretamente sua saúde. Visa ajudar as pessoas a mudarem seus estilos de vida, utilizando os princípios, processos e ferramentas dos processos de *coaching* executivo e de vida.

Especificamente, **o coaching em bem-estar** tem por objetivo a prevenção e a promoção da saúde, acelerando mudanças de comportamento em prol de maior bem-estar. O **coaching em saúde** visa o apoio aos clientes ou profissionais da saúde envolvidos, para que em parceria possam ajudar a pessoa na apropriação de sua saúde, a acompanhar e aderir ao tratamento, ou mesmo a enfrentar desafios e agravos de saúde, como um diagnóstico ou uma situação de doença. Provedores de saúde, empresas e pessoas em geral podem se beneficiar de seu processo.

Em qualquer processo de *coaching*, as bases de sustentação são as mesmas:
- Foco no presente;
- Apoio aos clientes no gerenciamento de sua vida, no desenvolvimento de estratégias e planos de ação para realizar as metas e sonhos, na superação de seus limites, obstáculos e desafios;
- Potencialização de seus talentos e habilidades;
- Reforço da autoestima e motivação para a mudança.

Estes focos também fazem parte do novo olhar da medicina sobre a pessoa e o processo de saúde, aliando-se assim ao processo de *coaching*. A relação entre *coaching* em bem-estar e saúde com a **medicina integrativa – MI** se articula nos conceitos subjacentes ao processo de saúde-doença, que embasam os diferentes modelos de cuidado. Tais modelos de cuidado, no entanto, são complexos, pois sofrem influências da dimensão histórica, social, econômica e cultural de cada sociedade e época, a exemplo das grandes transformações que vivenciamos atualmente.

O modelo convencional/biomédico de saúde trouxe grandes avanços e soluções para os problemas de saúde. No entanto, fragmentou o cuidado, "superespecializou" diversas áreas da medicina, reduziu as dimensões ética, política, antropológica e psicológica do sujeito, tendo sido nos últimos anos, alvo de grande insatisfação, levando pessoas a procurar formas alternativas de tratamento e expandindo, com isso, o número e a qualificação de profissionais que praticam outros modelos de cuidado e cura.

O momento atual também tem se caracterizado cada vez mais pela diminuição de doenças infectocontagiosas e pelo aumento de doenças crônico-degenerativas; maior expectativa de vida; crítica da relação de poder estabelecida entre médicos e pacientes; maior consciência das pessoas sobre a limitação na resolução de problemas de saúde, em especial a doenças crônicas; insatisfação em relação ao atual sistema de saúde, favorecendo o surgimento de novos modelos de cuidado.

É neste sentido que o processo de *coaching* em bem-estar e saúde torna-se um forte aliado da MI, que surgiu como novo paradigma e modelo de saúde, a partir das décadas de 60/70, inicialmente denominada como medicina alternativa. Ganhou força nos anos 70, quando a OMS - Organização Mundial da Saúde estimulou a utilização da medicina tradicional. Nos anos 80, nos EUA e no Reino Unido, passou a ser denominada como medicina complementar, com a visão associativa dos dois modelos, convencional e alternativo. No final da década de 90 e início deste século, surge o termo medicina integrativa, para descrever este novo modelo de saúde, superando a visão de complementar e integrar os dois modelos, por meio de um cuidado integral da pessoa.

O conceito deste novo modelo de cuidado encontra-se em construção, contudo; está ancorado em uma visão positiva e ampliada da saúde, com um consenso estabelecido sobre seus focos, que são:
- Visão da saúde e não da doença;
- Visão do ser humano como um todo (dimensões física, mental, social, emocional e espiritual) não apenas do sintoma;
- Foco na prevenção, no estilo de vida, nos fatores ambientais, em suas relações e não apenas no diagnóstico, na explicação biológica da doença e no tratamento;
- Busca pela transformação da atitude pessoal sobre o estilo de vida e o adoecimento, transcendendo apenas a recuperação de fora para dentro;
- Busca da participação ativa da pessoa e sua respectiva corresponsabilidade na cura;
- Foco na relação terapêutica, como fator essencial para o sucesso terapêutico.

Neste novo modelo, o processo de saúde/doença passa a ser entendido como consequência das relações produzidas entre as pessoas e seu meio físico, social, cultural... Nesta visão subjetiva de saúde, nenhum ser humano pode ser considerado totalmente saudável ou doente, pois depende de seu potencial, suas condições de vida e interação com elas. A saúde passa a ser entendida como a luta pela ampliação do uso das potencialidades individuais e da sociedade, refletindo a capacidade de defender a vida, a vitalidade física, mental e social, frente às transformações pessoais, sociais, desafios e conflitos da pessoa. Esta nova concepção do processo saúde-doença, coloca em diálogo o **coaching em bem-estar e saúde e a medicina integrativa.**

Enquanto o modelo convencional visa intervenção e tem foco no tratamento da doença por meio do diagnóstico de sinais, sintomas e incapacidade, o modelo da MI tem foco na promoção da saúde, no conhecimento do cliente sobre suas atitudes e comportamentos diante das escolhas. Seu foco, portanto, está na pessoa, em sua conscientização e no seu poder de cura, ou de plena saúde. O *coaching* em bem-estar e saúde busca levar a pessoa do ponto neutro à saúde total.

Na MI, o termo saúde - *healing* - tem sua origem em inglês: *health* (saúde) relacionada a *Whole* (inteiro e integrado), implicando em um processo que aborda a pessoa como um todo.

Na medicinal convencional, a cura se caracteriza com o desaparecimento dos sintomas, enquanto na MI o conceito de cura (*healing*) é dinâmico e envolve uma melhor harmonia entre a doença e a vida da pessoa, em suas diferentes dimensões, propondo uma mudança de perspectiva, tanto ao adoecer como na recuperação da saúde, pois a busca vai além do desaparecimento de sintomas; é uma transformação na atitude individual, diante do adoecer e do seu fortalecimento emocional.

Na medicina convencional, o paciente é vitima e não responsável por sua doença ou terapêutica, se submetendo ao tratamento. Na MI, no entanto, o paciente é parceiro, agente ativo, responsável e complementar ao tratamento, na medida em que é orientado e reconhece comportamentos prejudiciais à sua saúde.

Enquanto na medicina convencional, a recuperação da saúde ocorre de fora para dentro, pois é percebida como algo dado ao paciente, e, portanto, fora do contexto mente-corpo, na MI, a recuperação ocorre de dentro para fora, de forma integrada entre corpo-mente, requerendo a participação ativa do paciente.

A MI combina de forma sistêmica o novo e o tradicional conhecimento, assim como agrega profissionais de saúde, para que todos trabalhem em direção à saúde do paciente. Sua atenção se volta principalmente para a relação médico-paciente.

Em relação ao conceito de MI, por encontrar-se ainda em construção, possui vários conceitos, alguns citados abaixo:

"É a medicina orientada para a saúde, que leva em conta a pessoa como um todo (corpo, mente, espírito), incluindo os aspectos do estilo de vida. Enfatiza a relação médico-paciente e faz uso de todos os recursos terapêuticos apropriados, tanto convencionais, como alternativos". *Barros, NF, Otani MA, Lima, PT*

"É a prática da medicina que reafirma a importância da relação entre paciente e profissional de saúde, com foco na pessoa em seu todo, baseada em evidências e faz uso de todas as abordagens terapêuticas adequadas, profissionais de saúde e disciplinas, para obter o melhor da saúde e da cura". *(Arizona Center for Integrative Medicine)*

"Nova abordagem da medicina com foco no poder inato de cura do corpo, sendo que a cura é facilitada pela integração do médico-paciente e da interação de terapias. Seu foco é na saúde e cura e no indivíduo como um todo e na interação mente-corpo e espírito. O paciente participa ativamente da cura. A relação do médico-paciente é o aspecto central". *(Maizes V, Kofler MD, Fleishman S.)*

Considerando os conceitos citados, observa-se que os elementos: visão voltada para a saúde, foco na pessoa como um todo, participação ativa do paciente, estilo de vida, relação médico-paciente, uso de abordagens e recursos diversos que visam a cura, compõem este novo olhar sobre o processo de saúde e doença, se articulando diretamente com os conceitos que dão base para a prática do *coaching* em bem-estar e saúde. Se os profissionais de saúde abarcarem também o papel de *coaches*, sua meta com foco na MI deverá ser:

- Conhecer a pessoa, seus importantes relacionamentos, eventos de sua vida e condições médicas atuais;
- Permitir ao paciente/cliente tomar a direção de seu tratamento e orientá-los quanto aos possíveis resultados;
- Validar as escolhas e esclarecer ao paciente/cliente;
- Reconhecer o paciente/cliente como sujeito ativo no processo de melhoria da sua saúde;
- Estabelecer uma forte parceria com o paciente/cliente, por meio de uma relação de afeto e segurança; de empatia em relação aos sentimentos expressos, de comunicação com o cliente e especialmente, de respeito, aceitação e compreensão do cliente e de sua história de vida, que se efetiva por uma escuta ativa e sensível.

A escuta ativa e *sensível* é um 'tipo particular de escuta', que envolve participação, ação e se apoia na empatia. A escuta ativa e sensível propicia aos *coaches* em bem-estar e saúde que sintam o universo afetivo, imaginário e cognitivo do cliente para compreender *de dentro* suas atitudes, comportamentos e sistema de crenças, de ideias, valores, símbolos e mitos. A escuta ativa e sensível tanto reconhece como aceita de forma incondicional os clientes. Tomando emprestadas as concepções de Carl Rogers: não julga, não avalia, não compara, não interpreta os fatos, mas compreende o que o cliente está sentindo e vivenciando, pois antes de *situar o cliente* em "seu lugar", inicia-se por reconhecê-lo em "seu ser", considerando-se toda a complexidade, enquanto pessoa dotada de liberdade e imaginação criadora.

Com isso, necessita-se de profissionais *coaches*, altamente conscientes de seu papel e da importância de se reconhecer na relação com seus clientes, ter consciência de suas limitações e possíveis contratransferências freudianas com o(a) *coachee*. Um trabalho constante sobre o "eu-mesmo" se torna fundamental.

Se não desempenharem simultaneamente o papel de fornecedores de tratamento, médicos ou profissionais da saúde podem buscar apoio nos *coaches* de bem-estar e saúde, com o estabelecimento de parceria.

Assim, saúde e bem-estar são conceitos subjetivos que não podem ser criados por terceiros, pois é algo sentido pela pessoa, envolve diversas e complexas dimensões. O diferencial dos dois extremos no processo saúde-doença está na forma como se gerencia. Seu gerenciamento deve englobar autoconhecimento, clareza de propósitos, atitude positiva perante a vida, metas pessoais e escolhas feitas pela pessoa, avaliação e acompanhamento, elementos que compõem a metodologia do *coaching* em bem-estar e saúde.

É neste contexto que o processo de *coaching* em bem-estar e saúde se articula com a visão ampla e moderna da saúde, agregando valor e prática à medicina integrativa.

Referências
Bloise P. (Org.) *Saúde Integral: A medicina do corpo, da mente e o papel da espiritualidade*, Senac: São Paulo, 2011.
Barros NF, Otani MAP, Lima PT. *Medicina alternativa, complementar e integrativa: problema, dilema e desafio para o campo da saúde.*
Iglesias, A, Araujo, MD. *As concepções de promoção da saúde e suas implicações.* Cad. De Saúde Coletiva: Rio de Janeiro, 2011.
Czeresnia, D. *Promoção de Saúde: Conceitos, reflexões, tendências.* Ed. Fiocruz: Rio de Janeiro, 2003.
Escuta sensível na formação de profissionais de saúde. Disponível em <http://www.saude.df.gov.br/>, FEPECS, 2002.
Gomes, AMNA, Nations MK, Sampaio JJC, Alves MSCF. *Cuidar e ser cuidado: Relação terapêutica interativa profissional-paciente na humanização da saúde.* Rev. APS. 2011; 14(4).
Ogata, A. Simurro, S. *Guia Prático de Qualidade de Vida: Como planejar e gerenciar o melhor programa para a sua empresa.* Ed. Especial Sesi. Elsevier: Rio de Janeiro, 2009.

41. Liderando equipes e encorajando corações

> *Mais que influenciar pessoas, a liderança é um valioso atributo no contexto das competências comportamentais, algo que deve ser trabalhado a cada dia para inspirar pessoas e obter delas a confiança necessária para realizar objetivos comuns, mediante parceria, cocriação e aplicação dos demais princípios de coaching.*

Orlando Rodrigues

Orlando Rodrigues

É formado em Administração de Empresas com especialização em Recursos Humanos e mestrado em Ciências da Educação. É empregado de carreira da Caixa Econômica Federal e proprietário da empresa OR COACH ORLANDO RODRIGUES, Coach, cursos, treinamentos, EIRELI - ME. Tem experiência na área de Administração, com ênfase em Administração Geral, atuando principalmente nos seguintes temas: educação, ensino, aprendizagem, prática pedagógica, currículo dos cursos de administração; formação de sociedade, educação e trabalho. Consultor formado pela FGV e Professional & Self Coaching formado pelo IBC - Instituto Brasileiro de Coaching. É professor, palestrante e autor de livros e artigos sobre administração.

Contatos

www.orcoaching.com.br
orcoaching@orcoaching.com.br
(61) 9966-6378

Nos tempos atuais, muito se fala e escreve a respeito de liderança, sobre o novo perfil desejado para líderes e, não menos importante, sobre como devem conduzir seus liderados, bem como o que esperar deles em termos de comprometimento e dedicação.

É um fato que a figura dos líderes por vezes é superestimada, tal qual aquele indivíduo com superpoderes, detentor da solução de todos os males da organização e até numa visão mais romântica, o amigo, companheiro, aquele em quem se pode confiar, diferente; por quem assim o percebe, da figura tradicionalista do chefe.

Segundo Lacombe (2005), líder é aquele indivíduo que conduz o grupo, cuja característica de comportamento é originária de suas qualidades pessoais, embora exista uma enormidade de interpretações em relação ao seu papel diante das situações em que sua participação é desejada.

Há de se considerar, entretanto, que líderes são mais necessários em situações que geralmente fogem ao curso normal, tornando-se indispensáveis em cenários de mudança, pela capacidade de inspirar coragem e confiança aos seus seguidores.

Os líderes legítimos detêm o poder de influenciar as pessoas, ora em função da chancela conferida pelo nível hierárquico que ocupa dentro de uma organização; ora pelo exemplo que serve de referência aos seus seguidores e ainda em função do conhecimento acumulado, seja ele tácito ou explícito.

Dimensionando a liderança

Um aspecto importante a ser observado na caracterização dos líderes passa necessariamente pela visão que se deve ter do indivíduo imbuído da tarefa ou, melhor dizendo, do poder de influenciar as pessoas que lhe conferem confiança e aceitação.

Trata-se de um ser humano e assim como todos, tem momentos de fragilidade, ansiedade, dúvidas e insegurança.

Neste aspecto, é preciso que se compreenda o líder como uma pessoa dotada da capacidade de autogerir; conhecedora de seus verdadeiros talentos e, sobretudo, limitações, sempre disposta a receber *feedback* e determinada a agir conforme seus propósitos.

Os líderes são, por definição, dotados de competência necessária para obter resultados através das pessoas, gerindo equipes e oferecendo estímulos suficientes para que todos se sintam motivados e focados em torno de objetivos comuns.

A motivação do líder não é condição suficiente para obter êxito, mas é o melhor ponto de partida[1].

Segundo Araujo (2011) as empresas são o que os líderes fazem dela, podendo afirmar também, a partir daí, que uma equipe é o reflexo de seu líder, cujas ações repercutem no âmbito da organização.

O líder gestor de pessoas

É muito comum estabelecer comparações entre chefe, líder e gestor de pessoas. Particularmente, não vejo diferença e esta percepção me coloca muitas vezes em sentido antagônico ao que se publica relacionado ao tema.

De modo geral, os autores afirmam que liderar é diferente de administrar e, por conseguinte, diferente de gerir ou gerenciar, mas são ações que se complementam e necessárias para o alcance dos objetivos organizacionais e o sucesso nos negócios.

Enquanto o gestor, o chefe, administrador ou gerente estão focados em sistemas e estruturas o líder, na visão de muitos autores, focaliza as pessoas. Todavia, em minha visão, a máquina organizacional só funciona por intermédio das pessoas e neste sentido não vejo como dissociá-las.

É fato, porém, que no contexto organizacional, a estrutura de uma empresa delimita as ações dos indivíduos em função de seus processos e mediante o estabelecimento de uma salutar ordem hierárquica, ou seja, o poder atrelado ao cargo de cada pessoa que ocupa uma função de comando (liderança).

Logo, é comum observarmos gestores sem a mínima noção de como conduzir e comandar pessoas, embora eles sejam exímios conhecedores de todo o sistema organizacional.

---

1. ARAUJO, Ane. *Coach: um parceiro para o seu sucesso.* Rio de Janeiro: Elsevier, 2011.

Do mesmo modo, é visível a presença de indivíduos não contemplados com as insígnias de comando que sabem conduzir com grande maestria as pessoas do grupo ao qual está vinculado e conseguem obter delas a confiança e o comprometimento necessário para o alcance dos resultados desejados por todos.

Autoridade, obediência, liderança, disciplina e autonomia são ingredientes que se combinam em várias dosagens para influenciar o comportamento das pessoas nas famílias, grupos, organizações e sociedades. Em todos os grupos sociais, esses ingredientes estão sempre presentes, em maior ou menor proporção[2].

Segundo Carli & Marques (2012) as pessoas que ocupam cargos de liderança, ou seja, os superiores que exercem a função de coordenar equipes e os gestores de pessoas têm como missão atuar como intermediários no sentido de estabelecer um elo entre os objetivos estabelecidos pela direção da organização e a totalidade da força de trabalho ali existente.

Quando entendemos os líderes como efetivos gestores de pessoas, esperamos deles a capacidade de distinguir em seus seguidores as competências e potenciais existentes no sentido de se obter o máximo de cada um.

Empowerment: O poder de cada um é a responsabilidade de todos[3]

Dentre as grandes tendências em termos de ferramentas de gestão organizacional, tem sido praticado o *empowerment*, também entendido como o fortalecimento do poder decisório dos colaboradores da empresa.

Pode-se afirmar que as ferramentas de gestão organizacional consideram, quanto ao estabelecimento dos processos de mudança, que cada pessoa merece

---

2. FRANÇA, Ana Cristina Limongi. *Práticas de Recursos Humanos: conceitos, ferramentas e procedimentos.* São Paulo: Atlas, 2009.

3. RODRIGUES, Orlando Barbosa. *Administração para iniciantes: a evolução do pensamento administrativo.* Brasília: Ilape, 2008.

tratamento especial. Afinal, toda e qualquer mudança trará reflexos profundos na capacidade produtiva individual.

Evidentemente, os reflexos das mudanças apontam para sentimentos de incerteza, intranquilidade, medos e frustrações, que acabam redundando em resistência natural a qualquer possibilidade de alteração no *status quo*, ou, em outros termos, ponto de conforto de cada pessoa, cada colaborador(a).

Por conta disso, presume-se que o cuidado extremo com as pessoas da organização deve ser refletido no seu dia a dia, sem maiores surpresas, impactos ou novidades.

O potencial criativo, aliado ao capital intelectual dos indivíduos, constitui uma das grandes forças das empresas na busca por melhores oportunidades de mercado.

Por meio do *empowerment*, é dado algum poder às pessoas, a partir de um quadro de referências definido e limitado, cujos resultados dependem do apoio da alta administração.

O capital intelectual e o potencial criativo das pessoas devem ser aproveitados pela empresa e o *empowerment* possibilita esta condição, sem, contudo, abster-se da aplicação de regras e regulamentos; da definição de metas e objetivos e do conhecimento da missão.

Praticar *empowerment* não se limita a constituir uma equipe. Ao contrário, empoderar é, sobretudo, entender a equipe como força e com poder para agir, mudar e transformar, ajudando os superiores na gestão de sua própria organização.

| O líder coaching

No contexto organizacional contemporâneo, observa-se uma busca incessante pela quebra de paradigmas em torno do novo papel da liderança, que deve estar dotada de visão sistêmica, senso crítico e flexibilidade.

Com isso, a noção de trabalho sofre modificações para se adequar à realidade mercadológica, hoje direcionada para a questão das competências.

As organizações esperam que seus líderes saibam produzir riquezas e mobilizar pessoas em um ambiente de hipermudanças. Para prosperar nesse cenário, líderes precisam transformar seu modo de pensar, sentir e agir diante do mundo.

O êxito da empreitada deriva da habilidade de conhecer seu cliente e o que ele deseja, sendo necessária para isso a formação de uma equipe em contínuo aperfeiçoamento, que garanta vantagem competitiva.

A organização do trabalho descentralizada e as tarefas de trabalho integradas, horizontalmente são características essenciais dos novos conceitos de produção, que exigem um comportamento independente na solução de problemas, além de uma melhor capacidade de trabalho em grupo; de pensar e agir em sistemas interligados e de assumir a responsabilidade no grupo de trabalho.

O espaço de ação dos trabalhadores é ampliado, ganha importância nas qualificações intelectuais e sociais, através de uma maior necessidade de comunicação e cooperação.

Os processos de modernização nas empresas favorecem também o desenvolvimento de estruturas de trabalho integral e de potenciais de ação subjetivos. O que se busca é uma participação efetiva dos trabalhadores no planejamento e organização, focada nos objetivos estratégicos.

Decorre daí a perspectiva de se trabalhar com pessoas para torná-las mais competentes e realizadas, por meio de métodos e técnicas de liderança *coaching*.

Para entender o processo de *coaching*, o primeiro passo é a oportunidade por ele gerada, para que as pessoas desenvolvam em si o comprometimento, no sentido de obter resultados, ou seja, sair de uma situação atual para uma desejada, a partir do estabelecimento de foco para o resultado que se espera e da ação que irá garantir o alcance do resultado pretendido.

Coaching pode ser entendido como um processo estruturado para aumento do desempenho individual, em grupo ou empresa, mediante a utilização sistematizada de uma série de metodologias, ferramentas e técnicas conduzidas por um profissional (*coach*) em parceria com o cliente (*coachee*).

A parceria ou pacto firmado entre *coach* e *coachee* proporciona a criação de um ambiente sinérgico, o local seguro onde ambos se comprometem a dar o melhor de si para a aceleração das metas e objetivos desejados.

O processo de *coaching* possibilita o desenvolvimento da arte de cocriar. O *coach* desenvolve o papel de apoiador, compartilhador e, sobretudo, incentivador do *coachee* para o alcance dos resultados, tal qual uma âncora, uma alavanca, por meio de uma conexão com o outro.

Parceria, amor incondicional, ouvir na essência... Estes são os termos que caracterizam o processo de *coaching*. É parceria no sentido de ajudar o outro a obter um resultado desejado em determinado período de tempo, num processo contínuo de sinergia, visando melhoria no desempenho para obter resultados cada vez melhores, ou ainda, sair do estado atual para o estado desejado.

Tais assertivas transcendem as concepções tradicionais de liderança, personificadas na figura do chefe. Os líderes verdadeiros conhecem seu poder pessoal e o utilizam em favor dos objetivos organizacionais e do bem-estar de sua equipe.

O líder *coach* proporciona a partir daí o movimento sinérgico em torno da arte de cocriar, encorajando corações e ativando o potencial das pessoas para serem ainda melhores; auxiliando no desenvolvimento e no aprimoramento de suas competências.

Referências

ARAUJO, Ane. *Coach: Um parceiro para seu sucesso*. RJ. Elsevier. 2011.

LACOMBE, Francisco. *Recursos Humanos: Princípios e Tendências*. São Paulo. Saraiva. 2005.

MARQUES & CARLI. *Coaching de carreira: construindo profissionais de sucesso*. São Paulo: Ser Mais, 2012.

RODRIGUES, Orlando Barbosa. *Administração para iniciantes: a evolução do processo administrativo*. Brasília. Ilape. 2008.

42. Assuma o controle da sua vida

> *Descubra neste artigo duas dicas valiosas para atingir seus resultados pessoais e profissionais. Entenda como a sua mente é a grande responsável pelo alcance do sucesso e mude as estratégias para alcançar o que deseja.*

Osmar Trindade

Osmar Trindade

Presidente do Imap e do Núcleo Brasileiro de Coaching. Trainer em PNL e Master Coach Firewalker Trainer (Caminhada sobre Brasas). Fornece formação em PNL, Coaching e treinamentos de Liderança focados em Aumento de Performance, Mudança de Comportamento e Atitude. Atua também no mundo corporativo com Palestras e Treinamentos In Company. Já treinou mais de 15.000 de pessoas acumulando mais de 4.000 horas de experiência em treinamentos e palestras.

Contatos

www.osmartrindade.com.br
www.imapbrasil.com.br
osmar.trindade@imapbrasil.com.br

Muitas pessoas me perguntam qual é o segredo para alguém atingir seus resultados pessoais e profissionais. Parece que existe um segredo para isso, mas, na realidade, eu considero "essa coisa de segredo para alcançar algo" apenas uma crença que a maioria das pessoas tem.

Infelizmente, pouquíssimas pessoas conseguem atingir seus objetivos e por conta disso, a grande maioria acha que existe um segredo escondido sob sete chaves. Em minha opinião, não existem segredos.

Milhares de livros já foram escritos, ensinando a desvendá-los. Centenas de sites possuem artigos, fornecendo estratégias e dicas valiosíssimas, que ajudam as pessoas a atingir seus resultados.

A totalidade, isso mesmo: 100% das pessoas no mundo aspira atingir seus sonhos e objetivos, porém pouquíssimas fazem algo para que isso aconteça. As pessoas estão jogando suas vidas na lata do lixo, pois utilizam seu tempo de forma irresponsável, passam horas na frente da televisão ou de um computador, se distraindo; sem se dar conta de que a vida está passando e cada vez mais os seus sonhos estão ficando distantes.

Eu afirmo tudo isso, pois acredito que para onde vai o nosso foco, vai a nossa energia e exatamente para onde vai a nossa energia; está indo a nossa vida.

As pessoas leem obras, artigos, assistem a filmes, participam de treinamentos e prometem que depois de tudo isso, a vida será diferente. Então, no dia seguinte, voltam a agir como antes, repetindo o padrão de comportamento e de escolhas.

Existem alguns passos que considero fundamentais para avançar na conquista de nossos objetivos e vou compartilhar com vocês apenas dois deles, que em minha opinião, irão fazer extraordinária diferença na sua vida.

O primeiro passo é mudar as suas estratégias. As pessoas não falham, mas sim suas estratégias, pois as escolhas não foram adequadas.

Mudar a sua estratégia é essencial para o avanço na realização dos sonhos. Você já deve ter ouvido algumas vezes a frase "quem faz as mesmas coisas, obtém os mesmo resultados".

Uma das mais importantes decisões que tomei na vida foi justamente mudar o jeito que fazia as coisas. Você também precisa fazer de outra maneira, agir e escolher de forma diferente para mudar seus resultados.

Imagine tudo que você tentou e fez até este exato momento... Foi o suficiente para torná-lo a pessoa que é; por isso lhe ofereço um alerta: o padrão de comportamento e pensamento precisa mudar para que seja capaz de conduzi-lo aonde deseja chegar.

Neste exato momento, defina novas estratégias, faça novas escolhas, decida por novos comportamentos e passos que farão você se aproximar dos sonhos.

O segundo passo que vou compartilhar com você, é muito valioso!

O grande diferencial entre as pessoas que triunfam e aquelas que fracassam é a diferença entre a dor e prazer. Todos os dias, ao se levantar, você deve escolher as emoções que vai experimentar ao longo do dia.

Todos os resultados são frutos dos comportamentos, que são reflexos das nossas emoções. Escolher a emoção que iremos sentir faz com que estejamos no controle da vida. Caso contrário, seremos reféns do ambiente ou das circunstâncias; ou seja, se o ambiente estiver tenso, você também ficará. Se o ambiente estiver harmonioso, você sentirá paz.

Ao receber amor e carinho das pessoas que ama, evidentemente se sentirá valorizado(a), assim como a ausência desta demonstração de afeto talvez gere um enorme vazio interior.

Se você não definir as emoções que deseja sentir, se tornará refém das circunstâncias.

Talvez já tenha percebido que quando o seu dia começa bem, a tendência é que ele termine da mesma forma e o inverso também é verdadeiro. Quando o dia começa ruim, termina igual ou pior.

Escolha as emoções que irão levar aos objetivos. Reflita neste momento sobre quais delas tem experimentado diariamente.

Imagine, por exemplo, a influência do medo e da preguiça. Experimentados com muita frequência, que tipo de vida haverão de lhe gerar?

Com raiva e intolerância, que tipo de relacionamento você terá?

Todas essas emoções que citei não produzirão energia suficiente para superar seus obstáculos e barreiras. Por isso, considero fundamental escolher nossas emoções. Vou repetir mais uma vez para ficar bem claro em sua mente: são as emoções que definem os resultados.

Tome a decisão de definir as emoções mais importantes para os seus relacionamentos e o alcance dos objetivos.

Escolha, ao se levantar, sentir entusiasmo, determinação, coragem, alegria, amor e disposição.

Quando você decide o que vai sentir, adquire uma invisível "roupa blindada" contra os estímulos negativos do ambiente e das pessoas.

Decidir as emoções fará com que assuma o controle de sua vida e você poderá levá-la para o lugar em que sempre deveria estar:

O topo do mundo, lugar dos triunfadores e onde nos encontraremos.

Até breve!

43. Metáforas para curar e encantar crianças

> *Preparei este artigo com muito amor, pois meu sucesso se deu através dele e com certeza irá agregar valor, trazendo o sucesso que almeja para tornar seu trabalho eficaz e sua vida pessoal mais encantadora. Por que não encantar crianças e adultos com uma história? Boa leitura!*

Raquel Mazera Poffo

Raquel Mazera Poffo
Formação acadêmica em Pedagogia nas Séries Iniciais e Educação Infantil pela Universidade Regional de Blumenau - SC, Pós-graduação em Psicopedagogia pelas Faculdades Integradas "Espírita" do Paraná, Parapsicologia pelo Instituto e Potencial Psíquico – IPAPPI de Florianópolis - SC, Programação Neurolinguística – Practitioner e Coaching pelo Internacional Association of NLP – Intitutes In Association With. Palestrante e contadora de histórias. Colunista do Jornal do Valle do município de São João Batista - SC, Autora do livro: Pedrinho e sua Grande Descoberta e do CD Técnicas de Relaxamento Mental para crianças: Educando o filho da Paz pela Editora Sistema Grisa – Volta Redonda - RJ. Cursando MASTER em PNL pelo Internacional Association of NLP – Intitutes In Association With.

Contatos
raquelmazera@yahoo.com.br
face: Raquel Mazera Poffo
(48) 32652016

Venho trabalhando há mais de 25 anos com crianças e como professora alfabetizadora, sempre utilizei histórias em meu trabalho, ora para divertir os pequenos, ora para trabalhar um conteúdo. Nesta caminhada, observei que as histórias geravam momentos de alegria e prazer. Procurei diversas maneiras de contá-las: lendo um livro, dramatizando, através de vídeos, criando fantoches ou mesmo apenas narrando histórias que ouvira quando criança.

Enquanto adquiria experiências como pedagoga, me inquietavam as dificuldades de aprendizagem e principalmente emocionais, que afetavam muitas crianças e suas famílias. Foi através dos estudos sobre comportamento humano que pude me aperfeiçoar para não ser apenas uma contadora de histórias, mas também utilizá-las de forma terapêutica e criar metáforas para os casos que surgiam durante o meu trabalho.

O que me angustiava é que quanto mais eu tentava ajudar a criança e a família, maior parecia a lacuna sobre a forma de contribuir com o processo terapêutico da criança.

Conversando com outros terapeutas, constatei também que alguns não queriam atender crianças, havia algo diferente em trabalhar com elas. As metáforas são usadas com todas as pessoas, mas quando narramos para crianças, é fundamental o uso de uma linguagem diferente, a forma de contar, as palavras, o modo de se expressar...

Quero também salientar que o sucesso pessoal ou profissional só é alcançado quando se faz com amor. O amor por nós mesmos, pelo outro e por tudo que nos rodeia. O amor para mim foi uma inquietação. Precisei resolvê-la com muito empenho e dedicação através de cursos, livros, experiências com outras pessoas, palestras, debates, criando e recriando minhas histórias, contando outras e principalmente acolhendo a criança e sua família com mazelas, sem julgamento.

Amor é trabalho, empenho, é a habilidade de dizer o não e o sim, abraçar e olhar nos olhos, impor limites, mostrar o caminho, sugerir mudanças e criar esperanças. É surpreender, fazer sempre de forma diferente, encantar, escutar e não apenas ouvir. O amor é a alavanca para o sucesso e ter o meu como contadora de histórias me fez ser "mais gente", viver uma vida cheia de possibilidades e aventuras, de criar, ousar e ter coragem para me arriscar a fazer algo novo.

Contar uma história já é algo surpreendente. As crianças adoram ouvir, participar e nos conferem a grande oportunidade de utilizar este recurso benéfico ao processo terapêutico. Elas se encantam com os contadores, que propõem este momento lúdico de fantasias e aprendizagens. A criança, através das histórias, aguça suas emoções. Isso ajuda a vivenciar e resolver os conflitos psíquicos programados no subconsciente por nossas gerações passadas, mas que ainda surtem efeitos na criança de hoje; como medo, insegurança, raiva, tristeza e angústia, levando o corpo a várias doenças.

A função de contar história existe desde os povos mais primitivos. Esta arte lhes ajudava a suportar noites de inverno. Nossos antepassados viam contadores de história como uma pessoa de autoridade e ficavam horas em volta da fogueira para ouvir suas narrações. A partir do século XIX, dá-se a criação da família nuclear e a invenção da infância tal como a conhecemos. É neste período que surgem as primeiras histórias infantis.

O ser humano traz programações milenares de seus antepassados, das civilizações, da abundância e da carência. Com elas, podemos compreender o nosso modo de agir e reagir perante a vida, atraindo doenças ou outras dificuldades factuais.

Hoje, vivemos na Era Tecnológica e mesmo com diversos recursos utilizados para ouvir ou contar uma história, a capacidade dos contadores faz com que a "contação" de histórias sobreviva, o que é maravilhoso e encantador.

Estas histórias ajudam as crianças enfrentar o mundo cruel que imaginam fora de casa e terminam com uma volta para casa diferente, já que enfrentaram uma aventura e não são mais as mesmas, agora conhecem o mundo.

Para utilizar as metáforas como terapia voltada a crianças, antes de tudo é preciso conhecer um pouco do universo delas. Como foi seu desenvolvimento, ambiente familiar, educação e quais desafios as perturbam. Em seguida, criar um espaço onde você irá trabalhar com as metáforas como cura para seus conflitos, para ajudá-las a ter uma vida mais feliz e saudável.

A influência da PNL para contadores de histórias

A programação neurolinguística dá essencial suporte para quem aspira ser bom contador(a) de histórias e ainda mais para usá-las em um processo terapêutico.

A PNL estuda como funciona o cérebro, como criamos nossos pensamentos, sentimentos, estados emocionais e comportamentais. Além disso, podemos direcionar e aperfeiçoar o processo.

Se a criança que vem para a terapia está passando por alguma dificuldade emocional ou física, é preciso saber como interferir através de uma história, para que se possa conduzi-la a melhorar o processo que está vivenciando.

Começar com a modelagem é bom investimento, pois nas histórias sempre haverá um personagem que faz algo muito bem e assim podemos fazer igual. A criança irá imitar o personagem que enfrenta os desafios e vai buscar recursos para vencer e sair com sucesso.

Dentro de uma história, a criança vivencia através do personagem o que ela está sentindo, busca recursos e infinitas possibilidades, assim, aos poucos assume o controle de sua mente e obtém o sucesso desejado.

Os contadores de histórias usarão suas capacidades e habilidades, tornando-se comunicadores de excelência e mudança pessoal. Eles devem ter muita confiança no que fazem, para conseguir mudanças, o que envolve descobrir recursos suficientes para criar suas histórias ou escolher de outros autores, ter curiosidade e um enorme desejo de mudar o estado em que a criança se encontra.

Pressupostos da programação neurolinguística

Pressupostos sobre o processo mental

- "Mapa não é território";
- O significado opera dependente do contexto;
- Nós respeitamos o modelo de mundo de cada pessoa;
- As pessoas respondem de acordo com seus mapas internos;
- Mente e corpo inevitavelmente e inescapavelmente afetam um ao outro;
- As habilidades individuais funcionam com o desenvolvimento e sequenciamento dos sistemas representacionais.

Pressupostos sobre o comportamento e as respostas humanas
- Cada comportamento tem utilidade e funcionalidade;

- Pessoa e comportamento descrevem diferentes fenômenos. Nós somos mais que nossos comportamentos.

Pressupostos de comunicação

- Não há fracassos, só *feedback*;
- É impossível não se comunicar;
- Resistência indica falta de *rapport*;
- O significado da comunicação está na resposta que se obtém;
- A forma como comunicamos afeta nossa percepção e recepção;
- A pessoa com mais flexibilidade exerce a maior influência no sistema;
- Aquele que estabelece o enquadramento da comunicação controla as ações.

Pressupostos sobre aprendizagem, escolhas e mudanças

- Todas as comunicações devem aumentar as escolhas;
- Humanos têm habilidade para aprender em uma única tentativa;
- As pessoas fazem as melhores escolhas que podem quando agem;
- As pessoas têm todos os recursos dos quais precisam para ter sucesso;
- Sendo pessoas com responsabilidade (habilidade para responder) podemos lidar com o próprio cérebro e controlar os resultados;

A mente funcionando para a cura através das metáforas

Alguns temas observados e estudados pela programação neurolinguística, coaching e parapsicologia, ajudarão no alcance de seus objetivos, através da contação de histórias.

Rapport: a criança adapta-se facilmente a um ambiente ou pessoa. Para isso, é preciso criar *rapport*, uma harmonia na comunicação, permitindo que a criança e você estabeleçam uma vibração na mesma sintonia. Você pode espelhar qualquer parte do comportamento da criança e ir ajustando ao seu comportamento verbal e não verbal. Coloque alguns objetos de interesse da criança a vista dela e interaja com eles durante o primeiro contato, tornando o ambiente agradável e aconchegante. Converse naturalmente, de forma carinhosa, mostre interesse em ouvi-la e desperte o desejo de aprender com ela.

Sistemas representacionais primários: visual, auditivo, sinestésico, olfativo e gustativo. O sistema representacional que usamos é visível através de nosso corpo e irá contribuir para a definição do tipo de personalidade. A melhor maneira de identificar qual sistema representacional a criança está usando é escutar sua linguagem, as frases que gera e a partir do sistema representacional preferido pela criança, você adaptará com as histórias que criar.

Telepatia: A telepatia não funciona em palavras, mas em imagens, portanto é universal. O universo pensa em percepções. Assim como o cão sabe quando seu dono está chegando, mesmo em horários diferentes e a uma distância não visível, as crianças também possuem esta percepção aguçada. Os contadores têm de gostar da história e do trabalho, pois a criança irá captar telepaticamente sua intenção.

Relaxamento: propicie um lugar calmo e tranquilo, poderá até usar música. Quando sentir mais intimidade, toque na criança e diga que ela vai se sentir muito bem, aproveite este momento para que ela relaxe o corpo e experimente tranquilidade. Quando a criança gosta da história, ela pede para contar novamente.

Submodalidades: durante as histórias, use as submodalidades em que o personagem está sentindo, vendo, ouvindo ou cheirando, pois a criança irá considerar como verdadeiro para ela em suas experiências e reagirá da mesma forma, já que contém uma experiência interna dela. Podemos ir alterando as submodalidades, conforme o objetivo da história.

Ponto ápice: toda história tem um ponto ápice, aquele momento de maior suspense. Ao chegar lá, pare por alguns segundos. Observe a postura corporal da criança, sua expressão facial, respiração, acompanhe o desfecho da história e as alterações fisiológicas que vão acontecendo no corpo.

Âncora: as âncoras são estímulos ligados a um estado fisiológico (PNL), que dá acesso a um estado emocional. Elas são criadas por repetição, sendo assim pode-se, através das histórias, no momento certo, quando a emoção estiver mais elevada, criar uma âncora visual, auditiva ou sinestésica.

Hipnose: A criança tem maior facilidade de entrar e sair em estado de hipnose, por isso as metáforas funcionam tão bem. As histórias devem ser curtas, com 15 minutos, no máximo. Ao observar o exato momento em que a criança entrou na história, ela já está hipnotizada. Aproveite para fazer novas programações através dos Métodos da repetição e imaginação. Use uma linguagem hipnótica, altere e baixe sua voz, modifique o ritmo e a intensidade.

Perdão: a criança pode trazer consigo sentimentos de raiva ou ressentimento de alguém, principalmente de seus familiares. É preciso lidar com esta dor, abrindo espaço para o perdão, a fim de que ela possa se sentir segura e confiante.

A metáfora pode trazer este comportamento e recursos como a compaixão, reconhecimento de limites e autoestima.

Gratidão: agradecer por tudo que somos, fazemos e temos é a maneira mais prática para perdoar e atrair o que queremos em nossa vida, por isso trabalhar com a criança o agradecimento é uma das formas de ajudá-la a alcançar o objetivo da terapia. Lembrar-se do passado com gratidão e alegrar-se com o futuro sem medo. Olhar os benefícios, expressando através das palavras e atitudes; a criança se sentirá conectada ao universo e programará a sua mente para criar a própria história.

Valores: o trabalho de coaching trata os valores. As pessoas se tornam mais motivadas quando os benefícios de investir em uma tarefa superam não fazê-lo e está relacionado aos valores. Sendo assim, a criança irá conectar valores dela com a mudança desejada. Os contadores de história deverão pesquisar o que é importante para ela e ajudá-la, motivando-a para a mudança.

Ponte ao futuro: crie uma ponte ao futuro, utilizando várias estratégias para que a criança se lembre da história e os benefícios. Utilize objetos concretos na hora de contar histórias e sugira a ela que use outros recursos como um diário, uma folhinha, pedrinha, boneco, que irá ajudá-la a caminhar com sucesso.

Seja contador(a) de histórias!
Invista em sua capacidade, em sua família e no próximo...
Tenha muito sucesso!

Muito obrigada!

44. Um pouco mais de tempo, por favor

> *Falta de tempo é desculpa daqueles que perdem tempo por falta de métodos. (Albert Einstein)*

Rogério Cunha

Rogério Cunha

Business e Executive Coach na SBCoaching, com especialização em liderança e aumento de resultados corporativos por meio de estratégias vencedoras. Engenheiro da Computação com MBA em Coaching. Experiência internacional em liderança, gestão de de projetos, gestão de conflitos, desenvolvimento de equipes e em processos de mentoring e coaching aplicados ao ambiente corporativo.

Contatos

www.empresas.sbcoaching.com.br
rogerio.cunha@empresas.sbcoaching.com.br
(11) 98202-6562

Quantas vezes você deixou de fazer ou finalizar muitas tarefas que possuía, por falta de tempo? Quantas vezes já não desejou que o dia tivesse mais de 24 horas? Atualmente, um grande número de pessoas não consegue conciliar o número de tarefas com o tempo disponível no seu dia a dia. Segundo o estudo Jogo do Tempo[1], realizado pelo IBOPE Inteligência durante o ano de 2013, 35% dos brasileiros sentem-se escravos do tempo, estão insatisfeitos com a forma como o gastam e, por consequência, gostariam de ter mais tempo em seu dia.

Com a evolução da tecnologia, meios de comunicação e solidificação das redes sociais, as informações são transmitidas e atualizadas constantemente. O desejo em estar conectado com todas elas e, principalmente ativo(a), faz com que percamos continuamente o foco sobre os assuntos importantes do cotidiano; nossas responsabilidades reais e até mesmo a interação com os indivíduos ao redor. Lembro-me de uma situação ocorrida durante o almoço em um restaurante próximo à sede do cliente. Alguns instantes após todos os integrantes da equipe se sentarem para iniciar suas refeições, o silêncio tomou conta de nossa mesa. Entre uma garfada e outra, reparei que o silêncio se dava não exclusivamente pela fome destas pessoas, mas pela necessidade que as consumia em checar e-mails pessoais e do trabalho, verificar notícias atualizadas e interagir através das redes sociais. O fato de possuírem tantas coisas para fazer em seu dia as faz utilizar todo o tempo disponível em qualquer momento, para não perder nenhuma informação supostamente importante, mesmo que esta comprometa a interação em uma mesa de restaurante.

---

1. O estudo Jogo do Tempo foi realizado durante o ano de 2013 e contou com a participação de clientes do IBOPE Inteligência em sua concepção e discussão de resultados. O estudo se baseou em análises antroposemióticas sobre o tempo, realizou 16 vivências etnográficas com moradores de capitais e cidades do interior do país, quatro tríades geracionais e dez entrevistas em profundidade com especialistas nas áreas da saúde e bem-estar, tecnologia da informação, urbanismo e mobilidade, espiritualidade, psicologia e sociologia. Por meio do Bus (www.ibope.com.br/bus/) também foi realizada uma pesquisa quantitativa de 2.002 entrevistas pessoais com homens e mulheres a partir dos 16 anos em todas as classes socioeconômicas, em 143 municípios brasileiros de todas as regiões. Além disso, cerca 1.100 internautas membros do painel online CONECTAí (br.conecta-i.com) também participaram do estudo, mediante entrevistas via web.

O grande volume de informações a serem acompanhadas e tarefas a serem executadas diariamente, somadas à ausência de recursos que nos permitam gerir melhor o tempo, faz com que terminemos os dias com a sensação de frustração e acúmulo de assuntos para mais tarde. É fato que muitas vezes, para fugir destas sensações, se prorrogam muitas destas tarefas, e talvez seja um dos maiores erros, já que invariavelmente continuarão existindo. Acabamos por não perceber a criação de um ciclo de assuntos e tarefas acumuladas e sem resolução. Em uma analogia, é como um túnel aparentemente sem fim.

Por trás desta "necessidade de mais" que existe dentro de todos nós, há um grande fator, do qual poucos têm conhecimento, que é o modo como gerenciamos o tempo.

Como profissional de Gestão de Projetos de TI (Tecnologia da Informação), onde o tempo é valioso em função dos curtos prazos para todas as entregas previstas, comecei a buscar melhor entendimento sobre o assunto e respostas para uma pergunta que permanecia sempre em minha cabeça: "Como fazer mais coisas com o menor esforço possível, mantendo o padrão de qualidade?". Afinal, estava trabalhando em média doze horas por dia para atender as demandas, sem contar as diárias tarefas pessoais que inevitavelmente acumulavam-se para os finais de semana.

Antes de entrar com profundidade sobre como realizar mais com menos esforço, peço alguns minutos de sua atenção e reflexão diante de algumas perguntas:

- *Por que preciso de mais tempo?*
- *Qual é a importância do tempo hoje em minha vida?*
- *Quais os ganhos que obtenho, ao possuir mais tempo?*
- *Quais as perdas por não conseguir efetuar mais atualmente?*

Aumentar a percepção, identificar a importância, elencar os pontos positivos e negativos é imprescindível para que durante o processo de reeducação do uso do tempo, como em qualquer aprendizado que se permita ao longo da vida, não seja sabotado pelo maior de todos os vilões: seu pensamento.

Quando agimos a esmo, tendemos a ocupar rapidamente o tempo com situações habituais e corriqueiras, permanecendo em nossa zona de conforto. Logo, assim que tivermos em nossas mentes, com clareza, cada uma destas perguntas, o nível de comprometimento será maior e os resultados serão alcançados rapidamente.

A seguir, listo os cinco passos que auxiliarão no melhor uso de seu tempo, priorizando atividades e identificando os pontos de mudança. Espero que aproveite cada um dos pontos propostos.

Passo 1 – Conhecendo sua agenda

Para que você saiba como utilizar melhor seu tempo e consiga realizar todas as atividades habituais, o primeiro passo é entender como é composta sua agenda e, para isso, pegue agora mesmo papel e caneta, elenque todas as atividades que compõem seu dia, ou até mesmo seu mês. Não poupe informações. Faça com que ela contemple todos os itens: o despertar, o tempo gasto com higiene pessoal, alimentação, trabalho, afazeres domésticos, transporte para o trabalho e a volta para casa, mídias sociais, até a hora de dormir. Para facilitar, organize-se por grupo de atividades ou macroatividades.

Talvez, após ter gerado sua lista, tenha ficado surpreso(a) com o número de atividades que realiza e não tinha percebido até agora, não é mesmo? Pois não se assuste, somos indivíduos multitarefas, capazes de realizar inúmeras atividades em paralelo. A grande questão é quantas destas atividades mantemos foco para realizar até sua conclusão. Veremos isso mais adiante...

Definida a lista, escreva ao lado de cada atividade quanto tempo você precisará para fazê-la a cada semana ou, em alguns casos, a cada mês. Talvez esta atividade pareça simples, mas façamos um exercício para melhor elucidar esta parte do processo. Por exemplo: durante o seu dia, você entra em redes sociais algumas vezes para ver se alguém lhe deixou uma mensagem ou se os amigos postaram as fotos daquela festa, no final de semana. Quanto tempo você acredita que gastou? Pouco? Quase nada? Em média, gastamos por volta de dois a três minutos cada vez que entramos em redes sociais (sem considerar o tempo de interação escrita). Considerando que ao longo do dia você entre em torno de vinte vezes, esta atividade que você acreditava não impactar no dia, tomou aproximadamente de quarenta a sessenta minutos. Se você utiliza várias redes sociais, basta multiplicar a média que ofereci pela quantidade de redes frequentadas. Surpreso(a)?

Passo 2 – Definindo o grau de importância ou prioridade de cada atividade

Um dos grandes problemas identificados na administração do tempo é não saber a diferença entre importância e prioridade. Pois bem, importância é quanto uma determinada atividade irá agregar para atingir seus objetivos profissionais ou pessoais. A prioridade está diretamente ligada ao grau de urgência e consequente importância. Uma atividade importante não necessariamente é prioritária e não necessita ser executada de imediato, pois ela pode não estar diretamente ligada à urgência da ação. Porém, uma atividade prioritária é mais urgente e menos importante e, por isso, deve ser executada em primeira instância.

Agora que temos clara a diferença entre atividades importante e prioritária, o próximo passo deve ser classificar cada uma. Pode-se, por exemplo, utilizar números de zero a dez para elencar a prioridade de suas atividades, sendo 0 a inadiável, bem como níveis para identificar a importância (muito importante, importante, pouco importante, etc.). O principal objetivo é aumentar a percepção para a quantidade de atividades consideradas importantes, porém não prioritárias.

Convido você a reservar um tempo agora, completar os passos propostos e refletir um pouco sobre o seu dia e a real dinâmica dele. Aproveite, não espere um minuto sequer para fazê-lo, pois mais tarde pode não sobrar tempo suficiente. Mas, se você prefere seguir com a busca pelo conhecimento e não deseja parar neste momento, vamos em frente!

Passo 3 – Identificando possíveis mudanças

Recapitulando, definimos sua lista de atividades, tempo de duração, e respectivo nível de prioridade ou importância. Você talvez já esteja consciente de que falta tempo em sua agenda para tantas atividades. Pois bem, vamos analisar com ainda mais meticulosidade o dia a dia, identificar possíveis melhorias que maximizem sua performance em cada atividade.

Primeiramente sugiro que distribua sua agenda por atividades e assuntos que sejam comuns ou relacionados. Por exemplo: em sua profissão você necessita realizar inúmeras reuniões de trabalho com a equipe, clientes ou fornecedores. Avalie o tempo gasto nestas atividades e em quais momentos da semana, por exemplo, elas ocorrem. É possível distribuí-las de modo mais eficiente, realizando-as em um mesmo dia ou horário? Lembre-se de que você conhece sua agenda melhor que ninguém, mas o ideal é direcionar esforços e liberar lacunas de tempo, para a execução de outras atividades comuns.

Além de distribuí-las de modo mais eficaz, avalie quais necessitam, impreterivelmente, ser executadas por você. Conforme falamos anteriormente, somos indivíduos multitarefas. O desafio é avaliar quais atividades somente você seja capaz de realizar e mais ninguém, ou até mesmo, quais delas, executadas por você, terão um valor agregado **único**? Aparentemente este é um passo simples, mas não se engane; delegação de atividades exige esforço de supervisão e suporte, menor que o tempo de execução, desde que você consiga transmitir a mensagem de forma única e assertiva.

Pode-se dizer que a distribuição e delegação de tarefas é uma arte. Com treino diário e muita disciplina, é possível dominá-la e ter um maior controle. Este é notoriamente o maior desafio de grandes executivos, que permanecem no ambiente de trabalho por mais de 12 horas, pelo alto volume de responsabilidade e prazos agressivos.

Adote a estratégia de se perguntar, diariamente, antes da execução de atividades, o que realmente precisa fazer e o que pode repassar para outras pessoas que, com baixa supervisão, terão o mesmo resultado alcançado. Em pouco tempo, você vai liberar espaços fundamentais na agenda e melhorar a qualidade de vida, reduzindo o stress, insatisfação e ansiedade por não atingir os objetivos.

Passo 4 – Removendo excessos

Deixemos sua lista um pouco de lado neste momento e criemos uma nova. Esta conterá todas as tarefas já listadas anteriormente, mas que possam ser removidas de seu planejamento, pois talvez nunca sejam executadas. Novamente, não poupe esforços!

Neste ponto você já é capaz de perceber que muitas atividades listadas, porventura não serão ou até mesmo não precisam ser executadas. A melhor alternativa é removê-las.

Para facilitar o entendimento e remoção das "gorduras" presentes em sua agenda, repita o passo 2, dando importância e prioridade para cada atividade.

Se mesmo assim, acreditar que muitas destas atividades talvez precisem ser executadas, reflita um pouco sobre os ganhos e perdas. "Quais são os ganhos, realizando esta atividade em curto ou médio espaço de tempo?", "Quais são as perdas que poderão ser evitadas ao realizar tais atividades?" ou "Que tipo de problemas ou perdas eu terei por não realizar estas atividades?". São exemplos de perguntas que podem auxiliar em suas decisões e na identificação dos impactos no dia a dia.

Passo 5 – Reescrevendo sua nova agenda

Remonte a sua agenda, estude-a, avalie se atende todas as perguntas definidas antes de iniciarmos a leitura destes passos e estabeleça uma data para a implementação no cotidiano. Ao longo do processo de execução das novas tarefas, você identificará pontos de melhoria. Não retroceda, ajuste aqueles que precisam, avalie ganhos, perdas e inicie todo o processo, pois somente com constante aprendizado você conseguirá atingir os objetivos na vida, sejam quais forem.

O sucesso da administração do tempo não está somente no entendimento e execução de passos, ele parte do nível de empenho que você decidirá dispor para obtenção. Defina neste momento o seu grau de comprometimento para que, uma vez tomado o caminho do sucesso, o tempo não seja mais a causa de frustrações, ansiedade, stress e problemas identificados na maioria das pessoas. Parabéns pela decisão, mãos à obra!

45. Reflexões para o sucesso poderoso

"Trago oportunidades de reflexão para a mudança de ações, posturas profissionais e pessoais. Este texto é bem leve, contudo poderoso, para que os leitores possam invocar o poder pessoal. O conteúdo ressalta ainda que para ser poderoso(a) e ter sucesso, é muito simples e fácil. Depende exclusivamente de cada um, de como aproveita o seu tempo, do que entende como valor e de como trabalha isso."

Prof. Jamisson Linhares

Prof. Jamisson Linhares
Palestrante motivacional, treinador comportamental, consultor, perito judicial trabalhista. Escritor, especialista em segurança do trabalho e empreendedor. Autor do livro: Todos os dias, seja poderoso! - Gráfica e Editora Umuarama - PR. Coautor dos livros: Antologia O futuro nos pertence - Info Graphics - Gráfica e Editora – SE e Antologia seleta - Info Graphics - Gráfica e Editora – SE.

Contatos
(79) 9967-3476 / (79) 9152-5662
contato@jamissonlinhares.com.br

Saiba quem você é e conheça seu potencial

Para que os objetivos de nossas vidas comecem no mínimo a entrar no rumo do sucesso, é preciso gostarmos de nós mesmos e do que fazemos, com orgulho disso.

Deus nos deu dois olhos para ver mais, dois ouvidos para escutar melhor, uma boca para falar menos e o necessário cérebro (bônus) para processar as informações, aprender e ter discernimento do que é certo e errado. Além da sabedoria para identificar do que somos capazes.

Esse saber tem de ser considerado para descobrir o nosso potencial com todos os defeitos e as qualidades, os pontos fortes e fracos. Isso bem definido, teremos o nosso equilíbrio e saberemos quem somos.

Ao se encontrar, se valorize, não permita que diminuam seu potencial e o que é capaz de realizar. Afinal, quem tem boca fala o que quer e poderá ouvir o que não quer. Entretanto, o importante é não se deixar contaminar por qualquer veneno que possa ser lançado sobre você.

Temos de ser seletivos com o que escutamos, para não deixarmos tudo armazenado. Use sempre um filtro para neutralizar as coisas ruins, diante das palavras que entrarem na mente e no coração. Selecione as palavras boas, pois o que o fez chegar onde está foi o seu esforço e dedicação. Ninguém tirará a sua conquista, a não ser você. Por isso, confie em si, mesmo que alguém diga que não; prove que sim com seu empenho, trabalho e dedicação.

É fundamental também termos a convicção da capacidade de alcance que tem o nosso braço. Contudo, se você deseja aumentar este alcance, saiba claramente os pontos que deve melhorar e o que deve focar para a potencialização. Gaste sua energia com a evolução pessoal e profissional; não com intrigas. Importe-se com a vida de quem não pagará suas contas e não fará as suas pessoas queridas sorrirem, ou seja, as que são a sua vida!

Prepare sua marca para que o mundo se lembre de você todos os dias

Quer ser notado(a) pelo mercado? Quer ser acolhido(a) pelas pessoas a sua volta? Já se perguntou o que tem feito para demarcar seu espaço no universo? Qual o seu diferencial competitivo? Tudo poderá ser bem simples se não perder a viagem e fizer a experiência valer a pena!

Precisamos entender que estamos no mundo com uma missão e devemos descobrir por que viemos. Precisamos demarcar o nosso território, a fim de que as pessoas saibam quem somos somente porque escutaram nosso nome. Por isso, quando se apresentar para alguém, seja sorridente, assim vai fluir uma boa energia. Dê um aperto de mão firme, para que o cumprimento seja inigualável, diga o seu nome e sobrenome, para que a mente de todos, ao escutar seu nome, já visualizem você.

Faça o que ninguém faz, na hora em que ninguém faz e com o entusiasmo que ninguém faz. Assim, perceberá que faz a diferença. Seja bom ouvinte e verá: tudo que precisa para ser respeitado(a); fechar bons negócios e aumentar o sucesso será um pouco de gentileza e constante disposição para escutar as necessidades dos outros antes das suas.

Não fique pensando no que ganhará com aquela pessoa de quem recebeu a oportunidade de aprender algo. Pense sempre nas outras possibilidades que surgirão com o aumento de seus contatos.

Esteja sempre à disposição para fazer de cada pessoa com quem se relaciona única. Se conseguir isso, ela se sentirá realmente especial, acreditará que você também é. Com isso, grandes oportunidades chegarão até sua vida.

Seja raro(a) no que faz

Algumas pessoas queixam-se de não ganhar o suficiente pelo serviço que prestam. Quem escolheu se candidatar àquela vaga de emprego? VOCÊ! Quem aceitou o salário que recebe? VOCÊ! Quem aceitou as regras do jogo para o seu emprego? VOCÊ! Então, pare de se comportar como coitado(a) e tenha postura profissional de respeito.

Quer ser reconhecido(a) pelo seu trabalho? Faça o que poucos fazem, esteja vários passos à frente dos demais. Procure aprender, todo dia, além do que seu cargo exige; seja diferenciado(a), fique sempre acima da média. Pessoas assim sempre são observadas por bons líderes ou pela concorrência. Não espere por ninguém para capacitar e aprimorar seus conhecimentos. Lembre-se de que o conhecimento é seu e não da empresa em que trabalha. Quando tiver a oportunidade de alçar outros voos, o seu intelecto irá com você e fará a diferença.

Procure sempre saber o que está acontecendo no mundo e ao seu redor. Mesmo que não goste de ler ou assistir ao jornal, dedique um tempo a isso. Caso tenha dificuldade em ler, comece lendo uma página de livro por dia, de preferência na área em que atua. Sem perceber, terá lido muito e armazenado em um ano bastante conhecimento para iniciar uma boa conversa e fechar excelentes negócios. As pessoas gostam de escutar indivíduos que tenham conhecimento a oferecer ou que possam proporcionar bom diálogo.

Desperte o leão que vive em você

Assim como os dedos das mãos são diferentes, seria muita ignorância de nossa parte querer que as pessoas tenham o mesmo desempenho, mesmo com um treinamento recebido de forma igual. Portanto, existem vários tipos de profissionais. O diferencial está no foco que cada um direciona para alcançar a meta e como insere nela seu ingrediente pessoal.

Existem funcionários focas; grandes, intimidam, mas são ingênuos e desistem muito fácil quando aparecem os problemas, quando veem as dificuldades. Não se esforçam para superar os obstáculos e somente são bons em bater palmas para os outros.

Já para o funcionário leão, quanto mais desafio, melhor. Corre para cima dos obstáculos e não desiste por pouca coisa. É bravo, luta até o final, toma conta do pedaço e coloca ordem na casa. Usa sua força, garra e liderança para alcançar as metas, não se intimida com facilidade e encara todos os desafios.

Em seu ambiente familiar ou profissional, não importa. Defenda seu grupo, esteja sempre à frente para mostrar o caminho da sobrevivência. Trace uma estratégia que todos aprovem, mire o objetivo e mostre como deverá ser feito, pois a liderança pelo exemplo vale mais que qualquer coisa para ser respeitado e seguido(a).

Caberá a cada um a escolha de ser profissional foca ou leão: aplaudir ou ser aplaudido, ser seguido ou abandonado, ser respeitado ou ser um fracasso e ser exemplo positivo ou negativo. Afinal, as pessoas precisam de referência do que ser e não ser. Seu respeito será sempre proporcional à sua postura e ações.

Respeite o bolso de seu patrão

Tudo o que utilizamos para desenvolver a atividade possui um custo, como: o papel, o café, a água mineral, o sabonete do banheiro, a luz da sala, a impressão do computador, etc. O que você ainda não percebeu é que esse custo influencia muito nos lucros da empresa e, consequentemente, o seu salário, os bônus, as comemorações da empresa, os presentes de final de ano, uma melhor estrutura de trabalho, enfim; as coisas que interferem na sua vida profissional, às vezes, de maneira sutil, e, talvez, nem tenha percebido.

As empresas precisam de colaboradores muito bons que, psicologicamente, não apenas saibam lidar com conflitos, trabalhar em equipe, cumprir as missões com habilidade, mas que também utilizem toda estrutura de trabalho oferecida de forma consciente, ajudando a reduzir os custos e ampliar os lucros. Profissionais diferenciados refletem que suas ações diárias sempre influenciarão e contribuirão com o sucesso ou fracasso da empresa.

Devemos pensar da seguinte maneira: se eu não contribuir para gerar lucro e otimizar custos, haverá cortes, que poderão ser barreiras para o crescimento profissional. Poderá haver demissões, redução da verba de treinamento, redução ou eliminação dos bônus mensais e controle de insumos básicos, imprescindíveis para o dia a dia.

Respeite o bolso do patrão, a fim de que ele o respeite como profissional qualificado(a) e perceba que você merece um salário diferenciado por ser um colaborador especial.

O bom profissional é completo, em todos os aspectos.

Como ser feliz?

Uma das nossas buscas na vida é a felicidade. Porém, o que é e como ser feliz? Depende de seus conceitos e o que considera como valor (aquilo que consideramos importante e não abrimos mão). O seu valor poderá ser moral, financeiro, pessoal ou qualquer outro que considere importante.

Para sermos plenamente felizes, primeiro, temos de gostar de nós; segundo, fazer aquilo que gostamos e sentir prazer nessa ação. Os nossos olhos têm de brilhar quando fizermos algo bem feito e digno de orgulho.

Ser feliz é estar sempre de bem com a vida, ainda que ela não seja como planejou. Afinal, você está vivo.

Ser feliz é poder ter para quem voltar, para onde voltar e saber que é amado(a) por alguém.

Ser feliz é dormir o sono dos anjos e dos justos, pois conseguiu ser correto(a), conquistando a paz, agindo com justiça diante das outras pessoas.

Ser feliz é saber que, quando ajudar, o fez sem almejar nada em troca e, mesmo que não receba reconhecimento, satisfazer-se com o crescimento do outro.

Ser feliz é saber que, mesmo não querendo, disse algumas verdades ao outro que eram necessárias, a fim de que ele crescesse e errasse menos, sendo que este, evoluindo, entendeu sua boa vontade.

Enfim, ser feliz é saber que você é boa gente, com todos os erros, qualidades e falhas. Procure sempre melhorar, potencialize* suas qualidades e compartilhe-as com os outros. Ser feliz é ser autêntico, único e real.

| Como ser poderoso(a)!

Para ser poderoso(a), é preciso preparar-se para a vida, acreditar plenamente em si, ter valores marcantes, fazer os olhos dos outros brilharem por você.

É fazer o que gosta, de maneira prazerosa, sentir-se todo dia muito feliz e fazer as pessoas, ao seu redor, felizes*.

É emitir luz para todos em qualquer momento, irradiar as pessoas com toda sua felicidade, repartir conhecimento sem medo de que a outra pessoa seja melhor, porque olhou para onde você nunca havia olhado e fez melhor.

Ser poderoso(a) é ser generoso(a), ser justo(a) consigo e com os outros, pois todos no mínimo querem que os outros lhe sejam justos, sabendo que cumpriu sua missão do dia.

É sentir-se útil, amado(a), querido(a) e receber na hora que quiser, abraços de urso e beijos levemente molhados para que seu astral esteja sempre em alta.

Enfim, é sentir-se bem com tudo que faz, sem perder sua essência, autenticidade e valores. É ser você, ser real e estar sempre alegre. Por isso, entenda: você nasceu poderoso(a).

Basta invocar o seu poder quando quiser, para emitir boas energias e todo o sucesso que desejar!

46. Os pilares da competência para o sucesso

> *Agora, em pleno século XXI, o mercado de trabalho procura cada vez mais por candidatos capacitados e devidamente preparados e que, fundamentalmente, poderão contribuir decisivamente em suas respectivas operações.*

Profº Pedro Carlos de Carvalho

Profº Pedro Carlos de Carvalho
Mestre em Administração pelo UNISAL, Pós-graduado em Formação em Ensino a Distância pela UNIP e Graduado em Administração de Empresas pela ESAN – Escola Superior de Administração de Negócios. Supervisor dos Cursos de Pós-graduação em Gestão do UNISAL Campinas. Professor de Ensino Superior em cursos de Tecnólogos, Graduação, MBA e Pós-Graduação. Autor dos livros: Empregabilidade – a competência necessária para o sucesso no novo milênio (7 ed.); Administração Mercadológica (3. ed.); Recursos Humanos (1. ed.). O Programa 5 S e a Qualidade Total (5. ed.); A trajetória do Sindicalismo (1. ed.) e Administração de Pessoal (1. ed.) (Ed. Alínea de Campinas). Coautor dos livros: Ser+ Inovador em RH; Ser+ com Motivação; Ser+ com Coaching; Manual Completo de Coaching; Ser+ em Gestão de Pessoas; Capital Intelectual, Coaching & Mentoring; Tecnologia em Recursos Humanos; Talentos Brasileiros do Secretariado Executivo; Manual do Secretariado Executivo e E-talentos humanos, múltiplos olhares na construção do Conhecimento - vols. III e IV. Palestrante em Seminários, Conferências, etc., promovidas pela UNISAL, UNIP, FATEP - Faculdade de Tecnologia de Piracicaba, Metrocamp, FACP – Faculdade de Paulínia, Felcom Comunicação, Junior Consultoria, Empresas. Profissional de Recursos Humanos na Ericsson, Philco, Sony, Singer, Alcatel, Ferronorte e Colocar RH. Diretor da AARC - Associação dos Administradores da Região de Campinas e da ANEFAC – Associação Nacional de Executivos de Finanças, Administração e Contabilidade.

Contatos
www.pedro.pro.br
pedrocarvalhorh@yahoo.com.br

A globalização trouxe consigo uma infinidade de mudanças para a vida das pessoas e as atividades empresariais.

As empresas, envolvidas pela imensa onda de mudanças que continuam acontecendo, aceleram seus trabalhos, planejamentos, estratégias, pesquisas, sistemas e métodos para a devida sobrevivência neste mercado tão competitivo.

Os profissionais, de forma célere, tiveram de buscar forças para entender as transformações que eram introduzidas, para a permanência em seu trabalho e até mesmo para a procura de novas oportunidades no mercado.

De conformidade com Carvalho (2011, p. 12) durante o século XX, as empresas sofreram mudanças constantes, resultantes de influências externas, que afetaram e ainda interferem em seu planejamento, métodos, processos e estratégias, assim como redundaram no desenvolvimento e determinação de novas exigências e requisitos para a contratação de profissionais. Agora, em pleno século XXI, cada vez mais, o mercado procura candidatos capacitados, devidamente preparados, que, fundamental e decisivamente, possam contribuir em suas respectivas operações.

Dentro deste panorama, ciente do rigor que o mercado apresenta, é possível elencar algumas características que integram os pilares da competência e são imprescindíveis para o sucesso.

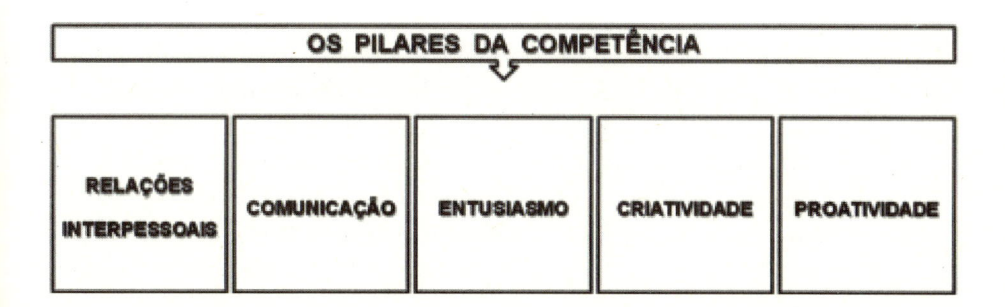

OS PILARES DA COMPETÊNCIA				
RELAÇÕES INTERPESSOAIS	COMUNICAÇÃO	ENTUSIASMO	CRIATIVIDADE	PROATIVIDADE

O primeiro pilar é sobre **relações interpessoais**, que representa um complexo combinado de grandes responsabilidades.

É um fator relevante. Todos os profissionais precisam revisar, aperfeiçoar, demonstrar o grau de atenção e observação aos relacionamentos interpessoais, tanto na empresa como em suas conexões e ligações com o público externo à organização.

Nunca se discutiu e enfatizou tanto as questões relacionadas à ética e moral como agora. Tornou-se extremamente importante e essencial que os profissionais procurassem ficar atentos, praticando e enfatizando o respeito e a forma de convivência, independentemente do nível ou cargo ocupado nos múltiplos ambientes profissionais.

Nunca se discutiu e enfatizou tanto as questões relacionadas à ética e moral como agora. É extremamente importante e essencial que os profissionais fiquem atentos, praticando e enfatizando o respeito e a forma de convivência, independentemente do nível ou cargo ocupado nos múltiplos ambientes profissionais.

É muito importante constatar, avaliar e reconhecer o nível de excelência e a forma como a pessoa trata os outros, a forma como desenvolve e mantém contatos, de preferência amistosos e saudáveis, sem demonstração de orgulho, preconceito, discriminação ou falta de educação.

O segundo pilar da competência apresenta a **comunicação,** também indispensável para o sucesso.

Coerentemente com Gebin de Carvalho (2013, p. 293), a palavra comunicar vem do latim "comunicare" que significa "por em comum". Seu principal objetivo é o entendimento entre as pessoas. Quem fala e quem ouve estão comprometidos com um processo cuja finalidade é a compreensão.

Ainda segundo Gebin de Carvalho, o sentido da palavra informar é distribuir, conscientizar, alertar, por em dia os novos acontecimentos, políticas, procedimentos e decisões diretivas, enquanto a análise da palavra comunicar leva à concepção clara de se fazer entender.

Desta forma, é lamentável perceber que existem pessoas desprovidas de uma comunicação eficiente e eficaz na condução de suas atividades profissionais. Deve haver cuidado ao emitir correspondências, e-mails e principalmente no jeito de falar com pessoas, em todos os níveis, dentro e fora da empresa.

A comunicação é o mecanismo pelo qual as relações humanas existem e se desenvolvem. É por meio dela que a sociedade interage e funciona.

A comunicação pode ser analisada, interpretada e definida como um processo indispensável para que todos os assuntos, planejamentos, objetivos e programações sejam transmitidas e compreendidas por outras pessoas. Seu enfoque principal é motivar e influenciar comportamentos. É possível afirmar também que uma boa comunicação reflete a excelência nas relações interpessoais.

Vale enfatizar e ressaltar a importância do terceiro pilar necessário ao sucesso, o **Entusiasmo**. É uma característica importante e muitas vezes esquecida pelas pessoas.

É fator claro e reconhecido que a motivação depende da empresa, de seus dirigentes, supervisores, mas também e principalmente, das próprias pessoas. O entusiasmo exacerbado provoca prejuízos consideráveis na carreira de muitos profissionais, mas a falta dele também promove desajustes e transtornos.

É muito complicado trabalhar com pessoas que reclamam e questionam tudo, desprestigiam e desvalorizam completamente o que acontece nas organizações.

O ambiente organizacional fica insustentável quando existem pessoas sem entusiasmo. Isso pode contagiar outros profissionais e dificultar ou até mesmo impossibilitar a consecução dos objetivos empresariais.

Vivemos uma fase de muita pressão nas empresas. O planejamento e estabelecimento de metas são intensos e direcionados, especificamente, para resultados. Os profissionais devem estar cientes de suas responsabilidades e procurar o desenvolvimento de suas atividades de forma racional, com dedicação e muita inspiração.

Se o entusiasmo não aparecer ou se os profissionais se deixarem abater pelos ventos do desânimo e pela insatisfação pessoal, poderão surgir prejuízos ou sérios obstáculos à obtenção dos resultados.

A evolução do pensamento sobre as pessoas resultou em novas e relevantes teorias, além de princípios que lhes atribuíam diferentes objetivos motivacionais em suas atividades profissionais. Cada uma poderia contribuir de maneira diferente para a obtenção dos resultados desejados e tinham dentro de si, de alguma forma, suas próprias motivações e diferentes objetivos.

As pessoas, em pleno século 21, necessitam manter o seu foco no binômio: qualidade e produtividade e também estar conscientes, preparadas para oferecer cooperação aos processos que conduzam à rentabilidade das empresas e ao sucesso em suas respectivas atividades profissionais.

Santo Agostinho (354 – 430 d.C.) escreveu: "O entusiasmo é o sol da alma".

O próximo pilar é importantíssimo também. Trata-se da **criatividade**, qualidade essencial e amplamente observada no mercado.

Com o advento da globalização, cada vez mais as empresas se voltam para a criatividade, com novas tecnologias, processos, métodos, estratégias, etc., que possam contribuir para a obtenção de inovação, qualidade, produtividade e, consequentemente, para a vantagem competitiva.

Os profissionais necessitam mostrar e oferecer novas ideias e sugestões para o desenvolvimento dos trabalhos nas empresas.

A criatividade pode e deve ser encarada como um fator de inserção ou eliminação no mercado. Todos os profissionais que se mantiverem atentos a esta possibilidade serão muito melhor avaliados nas empresas e nos processos de recrutamento.

O ato de criar, propor, sugerir e apresentar novas alternativas também pode representar a integração dos profissionais com a empresa onde atuam, transmitindo a todos sua perfeita adequação e satisfação com o ambiente organizacional.

Ideias são sempre bem-vindas e é por isso que todos precisam, realmente, demonstrar as competências, qualidades, capacitações e habilidades para ocupar apropriadamente o seu espaço, obter um justo reconhecimento e alcançar o sucesso em sua carreira.

O último pilar é o da **proatividade**.

Os profissionais devem aproveitar esses novos tempos e apresentar mais garra, vontade, iniciativa, decisão, dinamismo e determinação para desenvolver seus trabalhos de forma cada vez mais eficiente e eficaz.

Os desafios empresariais são constantes em um mercado globalizado. A concorrência agora é total, envolvendo países e pessoas de diferentes regiões ou culturas. É importante reconhecer que os profissionais que apresentam proatividade são muito mais valorizados, pois nunca param de refletir e buscar novas alternativas para melhorar o desempenho e a qualidade de seu trabalho. Estudam, se atualizam sempre e se preocupam com o desenrolar adequado das operações empresariais.

Geralmente, transmitem uma imagem de lealdade, dedicação e positividade, são respeitados pelos superiores hierárquicos e demais colegas de trabalho. São atentos aos padrões éticos e se predispõem a sempre colaborar, cooperar e contribuir com eficiência e eficácia, para o sucesso das atividades da empresa.

É possível elencar algumas estratégias pessoais que podem contribuir para a identificação da proatividade:

- Nem sempre é viável aguardar as outras pessoas. A proatividade exige agilidade e imediato envolvimento nos compromissos organizacionais;
- A proatividade envolve iniciativa. Os profissionais precisam demonstrar sua habilidade, segurança e agilidade na execução das tarefas;
- A criatividade também integra o conjunto de qualidades observadas nos profissionais proativos.
- Eles sabem valorizar o que é necessário e se afastar de tudo que possa representar empecilhos para o desenvolvimento correto de suas responsabilidades;
- A proatividade exige planejamento e constante atualização;
- A proatividade requer autoconfiança para enfrentar as dificuldades e realizar os trabalhos da melhor forma, em busca dos resultados objetivados.

Para todos que almejam o sucesso nas atividades profissionais, os pilares da competência são importantíssimos. Devem ser estudados, avaliados e adotados de forma irreversível, para a adequação e sustentação das pessoas neste mercado repleto de tanta diversidade, culturas, exigências, capacitações e habilidades.

Referências

CARVALHO, Pedro Carlos de. *Empregabilidade – a competência necessária para o sucesso no novo milênio.* 7. ed. Campinas: Alínea, 2011.

CARVALHO, Tânia Maria Gebin de. *Coaching e comunicação – uma ligação essencial para o sucesso.* In: Wunderlich, Marcos e Sita, Mauricio. Coaching & Mentoring: Foco na Excelência. São Paulo: Ser Mais, 2013.

SACCONI, Luiz Antonio. *Minidicionário Sacconi da Língua Portuguesa.* São Paulo: Atual, 1996.

47. Para você, o que é sucesso pessoal?

> *Sucesso para alguns é a conquista de grandes coisas, para outros, pequenas realizações. E para você? O que é ter sucesso? O objetivo deste texto não é ensinar o significado de sucesso ou tampouco oferecer uma receita pronta de como alcançar o seu sucesso pessoal, mas sim, oferecer uma estratégia que o ajude a encontrar o seu caminho e significado, e consequentemente, alcançar o seu sucesso pessoal!*

Prof. Rafael Kudo

Prof. Rafael Kudo
Especialista e um dos pioneiros a desenvolver e ministrar cursos de Emagrecimento através da Programação Mental, autor do livro Emagreça pela Editora Ixtlan, Parapsicólogo, Psicopedagogo, PhD em Hipnose Clássica e Ericksoniana (ESP), Trainer, Master Practitioner em Programação Neurolinguística (USA), Master em Coach & Mentoring (BRA), Master em Alinhamento de Sistêmicos (BRA), Certificado Internacionalmente em Holomentoring (USA), Certificado Internacionalmente em Coach & Mentoring pelo ICT (USA), Trigger Points, Myofascial Terapy and Propceptive Training Professional (USA), Psicoterapeuta há mais de 10 anos através da PNL, Hipnose, e Regressão de Memória (CRTH-BR 0525). Há mais de 11 anos na área de Desenvolvimento Humano, já formou mais de 30mil pessoas através de seus cursos, palestras e treinamentos.

Contatos
http://www.ihpnl.com.br
ihpnl@ihpnl.com.br
(43) 4052-9698 / (11) 4063-6963
WhatsApp: (43) 9962-0660

Frequentemente, se fala a respeito do sucesso pessoal, o alcance de metas, sonhos, objetivos e sobre como se alcançar excelência. Diversos livros, artigos, revistas, propostas, receitas, promessas e fórmulas para chegar a este objetivo, uns muito bons e interessantes, e outros que até parecem mágica de tão fácil e rápido.

Contudo, o assunto é você, sua vida, individualidade, história, preferências e realidade, então eu prefiro iniciar nossa conversa perguntando:

Para você, o que é **ter** "sucesso pessoal"?

Para você, o que **significa** "sucesso pessoal"?

Particularmente, o termo "sucesso pessoal" é tão individual quanto o termo "felicidade". Na verdade, os dois termos muitas vezes são consequentes entre si e até mesmo, o significado um do outro.

Na medida em que estou feliz, me sinto realizado e bem sucedido. Da mesma maneira, quando sou bem sucedido, me sinto completamente feliz!

O sucesso é, portanto, algo tão íntimo que pode variar para cada pessoa, situação e momento, permitindo, assim, que tal caráter de individualidade se encaixe com o que a pessoa almeja.

Para alguns, o sucesso pessoal está em grandes feitos e realizações, como ganhar na loteria, possuir um negócio milionário, ser muito rico, ter muitos bens. Para outros, está em ganhar um sorriso, ter amigos ou o simples fato de ter um dia de sol na praia.

Quando olhamos para o sucesso como uma questão íntima, ele se torna mais acessível e facilmente alcançável, pois cada passo necessário para a conquista dependerá exclusivamente de você! Dependerá de seus anseios, preferências, gostos, motivações, possibilidades, habilidades, competências e também, de um importante fato: você é quem constrói o caminho!

Não apontarei "o caminho das pedras" a ninguém, afinal de contas, como já dito, cada pessoa constrói e segue o próprio caminho, assim como define o próprio significado de sucesso pessoal! O que podemos fazer juntos é analisar e entender um pouco mais sobre como chegar ao discernimento necessário, a fim de delinear e estruturar melhor sua estratégia e, consequentemente, iniciar a caminhada rumo ao seu sucesso pessoal! Será uma caminhada de muitas descobertas, reconhecimento e, principalmente, uma aventura saudável e motivadora!

Antes de definir e delinear nossas estratégias, é primordial saber o significado de sucesso para "nós mesmos", ou seja: **o que é sucesso para você?**

Sinta-se livre para definir esta palavra e seu significado. Neste estágio, não nos preocuparemos com o resultado final ou o que virá no futuro, apenas existirá a predefinição do que desejamos e aonde queremos chegar.

Você perceberá, no decorrer de nossa caminhada, que as questões podem mudar ou não, se aprimorar ou continuar as mesmas... É uma questão que requer análise individual. Assim, pare por alguns minutos ou horas (o que precisar) e defina: o que é sucesso para você?

Em qual local e tempo você se vê a alcançar sucesso pessoal? Como é esta experiência para você? Qual é a sensação de estar consigo em plena realização e satisfação? Extraia o máximo de detalhes possíveis e guarde com bastante carinho as respostas obtidas. Elas ajudarão a compor sua estratégia.

Além de saber o que queremos, antes de começar a caminhada, é importante conhecer o que faremos para chegar até o objetivo e quais comportamentos ou atitudes serão necessários para nos conduzir. Por exemplo, imaginemos que nosso objetivo é ir de Curitiba a São Paulo. Antes de sair com o carro, precisamos planejar o que é necessário para realizar uma viagem tranquila e bem sucedida: abastecimento, revisão de pneus, freios, motor, etc. Voltando a você, o que precisará para chegar ao objetivo? Quais as ações necessárias? Que atitudes e planos terá de adotar para a chegada?

De posse destas informações, o próximo passo é o estudo de como executar as ações que definimos anteriormente. Além do conhecimento acerca do que há a fazer, é preciso a criação de estratégias que nos conduzam, de forma segura e precisa, ao objetivo.

Usando aquele mesmo exemplo da viagem, vimos que será necessário abastecer o carro e encontrar a melhor saída da cidade que nos conduzirá até a estrada para São Paulo. Podemos também definir que talvez a melhor estratégia para que consigamos chegar a São Paulo rápida e tranquilamente, seja abastecer o carro em algum posto situado na saída da cidade ou logo no início da estrada. Feito isso, reflita e estude todas as possibilidades de como executar seu plano da melhor maneira possível. O que é necessário e como fará para chegar ao seu objetivo de maneira segura e eficiente? Quais estratégias você adotará para a conquista do sucesso pessoal?

Definidas as estratégias, é hora de fortalecer decisões, entendendo os motivos que nos conduzem a este objetivo. Em suma, por que buscar este sucesso? Por que você precisa chegar lá? Por que adotar estes comportamentos em busca de sua realização? No exemplo da viagem, a pergunta seria: por que ir até São Paulo? Por que fazer esta viagem? Por que atravessar este percurso? Estas respostas são, na verdade, a motivação que nos conduzirá e ajudará a manter o foco durante todo percurso, até o alcance de nosso objetivo. Tão importante quanto possuir um objetivo, talvez até mais importante, é ter razões que nos impulsionem e mantenham no caminho. Sendo assim, defina sua motivação e os porquês escolhidos na busca de seu sucesso!

Você já possui suas razões e motivações para ajudar na caminhada. O próximo questionamento é: Quem é você? Como você se vê, ao final da jornada, após ter alcançado os objetivos e o sucesso pessoal? Sabemos que de acordo com a situação ou momento, adotamos posturas e condutas diferentes. A cada experiência, adquirimos novos aprendizados e, assim, podemos mudar quem somos, o que pensamos e como agimos. Da mesma maneira, ao alcançar o sucesso pessoal, talvez alguns pensamentos e "formas de se pensar" mudem, bem como sua maneira de sentir e agir. Portanto, surge aquele questionamento: quem serei eu, quando chegar a São Paulo? Talvez uma pessoa mais tranquila, segura e descansada.

Ciente de todas as informações acima, cabe avaliar e ponderar as questões e suas respectivas respostas anteriores de maneira sistêmica: à quem mais este seu objetivo, razão do sucesso pessoal, afetará, beneficiará ou impactará? A princípio, pode até parecer dispensável pensar em outros, já que o assunto é tão íntimo e pessoal, porém, se algum comportamento não estiver de acordo com o bem comum, sobretudo com as pessoas que têm importância e fazem diferença em sua vida, muito provavelmente você terá grandes dificuldades em executar este comportamento. Questione-se:

Quem mais o meu sucesso vai impactar? Quem mais se beneficiará? Quais as pessoas que direta ou indiretamente se influenciarão ou serão envolvidas neste meu sucesso?

Estas perguntas trarão importantes respostas para que consiga desenvolver uma estratégia, acima de tudo, sustentável e de acordo com todos com quem se importa e convive. Utilizando o mesmo exemplo: quem mais se beneficiará com minha chegada, mais descansado, seguro e tranquilo? Como exemplo de resposta, podemos obter: minha família, pois conseguirei aproveitar melhor o tempo com meus filhos e esposa. Poderei, também, compartilhar minhas experiências com eles.

Até agora, delineamos e estruturamos o objetivo rumo ao sucesso pessoal, passando por cada etapa e nos questionando de maneiras diferentes. Em cada uma delas, pudemos analisar este objetivo sob as diversas ópticas, desde aquilo que é essencial para você, até o que é importante para o bem comum e pessoas que convivem contigo. Daqui por diante, voltaremos a analisar nossas estratégias em cada etapa, com o objetivo de refinar ou confirmar nossas respostas e, assim, definir melhor o caminho que se seguirá.

Resgate a sua última resposta, que questionava de maneira sistêmica e voltemos a indagar: "Quem sou eu agora?". Lembre-se, neste momento, que deve associar sua resposta sobre quem é você, com a resposta obtida no último estágio.

No exemplo anterior, a pergunta ficaria assim: "Quem sou eu, mais descansado(a), tranquilo(a), na presença da pessoa amada e filhos?" Como resposta: "Sou uma pessoa feliz e em paz". Note que as respostas podem sofrer alterações, ou não. Em nosso exemplo, a resposta mudou, porém isso não é uma regra!

Mudando ou não, invariavelmente a nova resposta será usada nos questionamentos a seguir. Tendo por base a última resposta, volte a se questionar: "Por que fazer isso?" Ou então: por que buscar este objetivo? Se preferir, questione apenas: Por quê? Utilizando nosso exemplo: Por que ser uma pessoa feliz e em paz? Como resposta, por exemplo: Porque assim consigo ser pai de família e esposo mais presente. Novamente pegaremos esta última resposta e seguiremos adiante!

A pergunta que há de ecoar: "Como fazer isso?".

Vamos então, através de todas as respostas já obtidas, delinear e, talvez, reestruturar uma estratégia para o alcance do sucesso pessoal. Em nosso exemplo, a pergunta ficaria assim: Como consigo ser um pai de família e um esposo mais presente? Talvez tenhamos a resposta: Dirigindo de maneira mais segura, com muita prudência, tranquilidade e sem pressa.

Na sequência, com sua última resposta, questione-se: "O que fazer? Quando? Onde?". Até aqui, talvez suas respostas tenham permanecido as mesmas, ou não, isso não determina se está fazendo certo ou errado, muito pelo contrário, estamos desenvolvendo sua estratégia rumo ao sucesso pessoal. No modelo utilizado, a pergunta ficaria assim: "O que fazer para dirigir de maneira mais segura, prudente e tranquila? Quando e onde fazer isso?". Como resposta: Dormir mais cedo, descansar bem durante a noite e sair sem pressa de chegar.

Como afirmei no início, o objetivo deste texto não era apenas oferecer uma receita pronta de como conquistar sucesso pessoal, mas sim, estratégias e ferramentas, de alto nível e eficácia, para que consiga delinear seu caminho com toda segurança, coragem e certeza de alcançar sua mais plena excelência e sucesso pessoal.

48. Sucesso sustentável Ética/caráter + paixão + talento +atitude + interdependência

> "O sucesso nos transcende, é algo além, verdadeiramente espiritual, pois mesmo que estejamos buscando a sobrevivência como primeiro objetivo, estamos evoluindo e nos conhecendo íntima e profundamente em todos os momentos. Nesta viagem passamos, às vezes sem perceber, da sobrevivência para a estabilidade e no final, do sucesso ao significado - nosso propósito maior, no qual percebemos que o que estamos construindo externamente atende plenamente aos nossos sentimentos internos."

Tais Neubern Zatz

Tais Neubern Zatz
Consultora e palestrante, formada em Administração de Empresas e Pós-Graduada em Marketing, com mais de 18 anos de experiência como empresária em vários segmentos e 15 anos como executiva na área financeira. CEO e Master Coach - 1st Floor Décor Concept Experience. Advanced Coaching Master - Center for Advanced Coaching. Life, Professional, Executive, Bussiness e Master Coach, formada pela Sociedade Brasileira de Coaching e MBA - Master Business Administration Coaching pela Faculdade Paulista de Pesquisa e Ensino Superior, licenciada pelo BCI - Behavioral Coaching Institute e reconhecida pelo ICC - International Coaching Council, possui Certificação Alpha Coach, Worth Ethic Corporation, EUA.

Contatos
ww.taiszatz.com.br
www.1stfoor.com.br
taiszatz@taiszatz.com.br
(11) 5041.5226
(11) 99923.6450

Acredito que os créditos de todo e qualquer sucesso são provenientes da soma dos comportamentos de ética/caráter, paixão, talento, atitude e de nossa capacidade de criar e manter relacionamentos. Tudo isso turbinado pelo esforço contínuo em sermos e fazermos o melhor que podemos, pela utilização e desenvolvimento constante de nossas habilidades e forças, acrescidos de uma incansável prática evolutiva.

Durante toda a vida passamos por estágios sequenciais de crescimento e desenvolvimento. Quando crianças, aprendemos a sentar, engatinhar, andar e correr. Todas as fases são importantes e cada uma delas demanda seu próprio tempo, sendo que nenhuma parte do processo deve ser negligenciada. Esse movimento de mudança e crescimento constante somado ao desenvolvimento de princípios básicos e caráter, tornam nossa vida proveitosa e logo experimentamos parte do princípio do sucesso.

Mas o que é o sucesso?

O sucesso é um destino aonde se chega ou será que na verdade é a própria jornada em buscá-lo a todo tempo? Sabemos que todos queremos ser felizes, ter amigos, ter paz de espírito, bons relacionamentos familiares e esperança. Todas estas coisas se movimentam diariamente influenciadas por nossas escolhas e situações que fogem a nosso controle. São conquistas que podemos atingir um padrão de sucesso num dia e o fracasso no segundo seguinte.

Será que a vida e o sucesso são tão volúveis assim? Você alcança o sucesso quando tem o que quer? Ou alcança quando quer o que tem? O sucesso é definido pela posição e pelo prestígio que você ocupa na comunidade em que vive? Você alcança o sucesso quando sabe exatamente quem você é e a quem pertence ou quando se torna rico, famoso, invejado e idolatrado por milhões de pessoas? Você consegue alcançar o sucesso sozinho ou precisa da ajuda de outros?

Nas definições de sucesso a exceção teima em se tornar a regra e as regras são desmentidas pelo acaso e este deixa de existir pela atitude. Há portanto vários questionamentos sobre o que é o sucesso, pois você pode ser rico, conhecido, bem-sucedido e respeitado na vida profissional, mas vive uma série de derrotas na vida pessoal e familiar. A vida pessoal e profissional podem ser separadas e os sentimentos de uma parte pode compensar a outra? Em outras palavras, você acha que desta forma alcançou o sucesso? Infelizmente muitas perguntas realmente não terão respostas. O que mais importa mesmo é o que definimos como padrão de sucesso e quando nos sentimos livres, fazendo tudo com muita paixão e que satisfazemos todos os quadrantes de nossa vida pessoal, espiritual, mental, profissional, familiar e ambiental. Quando atingimos o equilíbrio, a paz de espírito e a felicidade, obtendo as coisas que o dinheiro pode comprar associadas àquelas que o dinheiro não pode comprar.

Sabemos que não é preciso ser uma grande pessoa para começar, mas é preciso começar para se tornar uma grande pessoa e conquistar determinado padrão de sucesso. Precisamos agir, ter a coragem e a responsabilidade somados à oportunidade que consistem juntos, em encontrar as respostas para adotar comportamentos necessários a alcançar os resultados desejados.

Adoro a palavra entusiasmo - derivada de duas palavras gregas *em theus* - que significa literalmente ter Deus dentro de você. O entusiasmo é uma forma verdadeiramente otimista e dinâmica de encarar quase tudo na vida. É uma atitude que nos permite lidar com as tarefas mais difíceis e desafiadoras com a certeza e a alegria de que as cumpriremos muito bem (pois Deus está dentro de nós). Uma atitude positiva não substitui de forma alguma a competência e o trabalho árduo e focado, mas faz toda a diferença no resultado. O entusiasmo é uma evolução do otimismo. Com otimismo acreditamos que tudo dará certo, já com o entusiasmo fazemos tudo dar certo.

O nosso foco deve estar voltado para o presente, mantendo nosso entusiasmo em relação ao futuro, regado por uma dose generosa de fé, esperança, amor e muita responsabilidade para desenvolver as habilidades físicas, mentais e espirituais que nos foi concedida para o nosso bem ao mesmo tempo que contribuímos com o sucesso de todos aqueles que estão a nossa volta.

Ética

A ética está acima da moral, pois a rege e audita o que moralmente podemos fazer sem prejudicar o direito dos que estão a nossa volta. Quantos homens atingiram sucessos incomensuráveis em riquezas, posses e poder, ao preço terrível de massacrar a esperança e o direito de seus semelhantes. Filho da ética, o caráter vem de dentro para fora e se volta para eficácia pessoal e interpessoal. Significa começar o desenvolvimento e a mudança de paradigma no nosso íntimo, através de uma renovação baseada nas leis naturais que governam o crescimento e o progresso humano. Uma mudança precisa ter como motivação um objetivo nobre, que deixa um legado para o futuro. Este processo produz felicidade, valida o objetivo e a função de nossa existência.

O sucesso em qualquer empreendimento sempre resulta de agirmos em harmonia com os princípios aos quais o próprio sucesso está vinculado. Alguns desafios humanos mais comuns ao mundo moderno que enfrentamos no dia a dia, como medo, insegurança, culpa, necessidades, desesperança, ânsia de ser compreendido, conflitos, injustiças, corrupção, violência, parecem apontar para um salve-se quem puder. Parece que o certo é se fechar no próprio mundo e tentar salvar seu universo particular. Porém minha proposta é de eficiência e não de eficácia. A eficácia é a coisa certa a ser feita e a eficiência o jeito certo de fazer as coisas.

Stephen Covey definiu os princípios como faróis que constituem as leis naturais que não podem ser rompidas. Eles governam o progresso e a felicidade dos seres humanos e são muito maiores do que nossos valores pessoais. Quando valorizamos os princípios corretos, temos a verdade – Os princípios são guias para a conduta humana, nosso mapa é o nosso **caráter** escrito e formalizado, portanto é essencial para alcançarmos nosso padrão de sucesso. Tenho total convicção, baseada nos resultados de uma quantidade considerável de pesquisas, de que se tivermos uma atitude certa, combinada às habilidades certas guiadas pelo **caráter**, poderemos alcançar o **sucesso sustentável**.

Paixão

Paixão é a emoção mais forte, um amor ardente, uma grande inclinação ou predileção. A paixão é desejo, esperança e amor em forma plena e absoluta. Tenho observado que em cada empreendimento humano, homens e mulheres que alcançam sucesso na vida têm uma paixão que os leva a dar tudo de si e ser o melhor que podem ser.

Somente homens de fortes paixões são capazes de alcançar a grandeza, pois a felicidade de um homem não consiste na ausência e sim no domínio das suas paixões. Logo a paixão é algo positivo, controlável, que gera uma energia inesgotável e revigorante para tudo o que fazemos, trazendo um excelente desempenho e a superação dos resultados esperados. Uma paixão bem direcionada e fundamentada em valores éticos e morais permite que qualquer um possa utilizar seu potencial máximo para atingir resultados fantásticos. Santo Agostinho disse "Ame e faça o que quiser". Eu diria "Apaixone-se e conquiste o que quiser".

Talento

Talento é uma aptidão ou capacidade natural especial. É qualquer padrão recorrente de pensamento, sensação ou comportamento que possa ser usado produtivamente. Para falar de talento ousarei utilizar a parábola proferida por Jesus Cristo. Todos temos talentos, que são diferentes por seu grau de intensidade ou foco de habilidade, mas nunca estão ausentes. Então o que faz as pessoas, talentosas por natureza, terem graus tão diferentes para um mesmo padrão de sucesso? O **uso** dos talentos!

Há aqueles que recebem cinco talentos e de posse deles vão negociar seu sucesso com outras pessoas talentosas e logo ganham outros cinco para juntar aos seus. Os que receberam dois agirão da mesma forma e ganharão outros dois como prêmio da boa utilização dos iniciais. Mas o que recebeu apenas um talento poderá ficar com medo de perdê-lo e o enterrar numa cova para em tempo oportuno prestar conta do mesmo a sua própria vida.

Chega um certo momento em que a vida o cobra através da consciência o que foi feito dos talentos que a própria natureza lhe dotou. Qual resposta estará pronta a dar para si próprio? A felicidade de ter feito o melhor de seus talentos e poder repartir seus ganhos com quem ama ou a covardia de por medo de perder, não ter nem o suficiente para manter a dignidade de viver?

Atitude

Como já disse, a atitude certa com habilidades específicas somadas ao caráter é a combinação perfeita para a atitude ideal. A atitude é a força principal para determinar o nosso sucesso ou fracasso.

Atitude é a maneira como lidamos com nosso desejo pelo progresso. Suas raízes ficam no interior, mas seu fruto é exterior. Pode ser nossa amiga ou nossa pior inimiga, pois é mais honesta e mais consistente do que nossas palavras. É nossa visão de mundo com base em nossas experiências do passado. A nossa atitude faz podermos, com os mesmos tijolos, criar muros que nos separam ou pontes que nos aproximam das pessoas.

A nossa atitude tem elementos forjados na biblioteca de nosso passado, é porta-voz de nosso presente é a profetiza de nosso futuro. É incrível como o talento, a experiência e a disposição não contagiam tanto quanto uma boa atitude, pois ela é realmente o retrato falado do nosso jeito de ser, expressando comportamentos sem que uma palavra seja dita.

O símbolo da nossa atitude está no nosso livre arbítrio. Através do valor supremo da escolha, exercemos a força criativa da nossa vida e obtemos o equilíbrio e a paz de espírito. E o que vamos lucrar com isto? A direção de nossa própria vida. Quantos não vivem a vida como passageiros da direção de outras pessoas e ao final são apenas coadjuvantes do sucesso de outrem. Nada contra contribuir para o sucesso dos outros, porém devemos **prover o sucesso dos outros como o nosso mesmo.** O poder de escolher como agir está presente mesmo que o neguemos, afinal não querer agir já é por isso só uma ação. O nosso sucesso depende efetivamente da qualidade de nossas escolhas.

Interdependência

A nossa vida começa pela infância quando somos totalmente dependentes e sustentados pelos outros. Numa segunda fase passamos à independência física, mental, emocional e financeira gradativa, até chegarmos ao ponto em que conseguimos tomar conta de nós mesmos e nos tornamos confiantes e seguros. Por sermos os mamíferos que mais tempo necessitam para sermos independentes, cremos erroneamente que a independência é a fase áurea de nossas vidas.

A medida que prosseguimos em nosso crescimento e amadurecimento, tomamos a consciência, de que tudo na natureza é interdependente e de que existe um sistema ecológico que governa a natureza, os seres e as sociedades. Mais tarde, descobrimos que o ponto culminante de nossas vidas tem a ver com o nosso relacionamento com os outros, pois a vida humana se caracteriza e atinge a sublimação pela interdependência.

Claro que atingir a maturidade física total é algo a ser celebrado, porém não assegura automaticamente a maturidade emocional e intelectual, que só virá através da relação interdependente com outras pessoas. Michael Jordan, o melhor jogador de basquete de todos os tempos, revelou que "Um talento pode ganhar jogos, mas só uma equipe pode ganhar campeonatos."

Conclusão

Acredito que o sucesso além de tudo é quando temos acesso a uma força superior de inteligência, que nos possibilita a ver mais do mundo, antecipar tendências e reagir com rapidez e exatidão a qualquer circunstância. Nós a cultivamos quando mergulhamos profundamente no campo de estudo de como funciona o sistema em que vivemos e quando permanecemos fiéis ao nosso íntimo (valores), alinhado com princípios que garantam benefícios para todos os envolvidos. Por meio dessa imersão intensa ao longo de nossa existência, passamos a internalizar e a desenvolver uma sensibilidade intuitiva em relação aos componentes complexos de nossa área de atuação. Quando combinamos esse sentimento intuitivo com processos racionais, expandimos nossa mente para além dos limites mais amplos de nosso potencial. Nessas condições passamos a ter poderes que se aproximam da força intuitiva dos animais, com a vantagem extraordinária que a consciência humana nos proporciona, alcançando todo o potencial de nosso cérebro.

É bem verdade que desenvolvemos as qualidades para o sucesso quando escolhemos fazer o que for necessário para chegar onde queremos. Quando nossa motivação combinada com nossos sonhos, ideias criativas, caráter, compromisso, disciplina, responsabilidade, paixão, atitude, interdependência e as habilidades nos impulsionam para a direção do sucesso que nos realiza.

É deixar de perceber as coisas apenas através dos cinco sentidos, permitir que os sentimentos de nosso íntimo tomem conta e que nosso espírito nos leve e nos dirija para onde quiser, inspirados pelos pensamentos mais nobres, expandindo nossa mente para além dos limites do nosso potencial – de volta à essência!

Desfrutamos enfim do **sucesso completo** quando conseguimos equilibrar os aspectos físicos, mentais e espirituais da nossa vida aos aspectos pessoais, familiares e profissionais de nossa relação com o mundo em que vivemos.

Referências
COVEY, Stephen. *Os 7 Hábitos das Pessoas Altamente Eficazes*. São Paulo: Best Seller, 2004.
HILL, Napoleon. *A Lei do Triunfo*. São Paulo: José Olympio, 2004.
MAXWELL, John C. *Os 4 Segredos do Sucesso*. Rio de Janeiro: Thomas Nelson Brasil, 2008.
GREENE, Robert. *Maestria*. Sextante, 2012.

49. Aprendendo a liderança por meio do autoconhecimento

> *O ser humano aprende, em condições adequadas, não apenas a aceitar responsabilidades, mas a buscá-las.*
> McGregor

Tatiana Berta Otero

Tatiana Berta Otero

Psicóloga Clínica, Terapeuta Comportamental e Cognitiva, Pós-graduada pela Universidade de São Paulo (USP). Atende em consultório particular, localizado na Região da Avenida Paulista, em São Paulo, onde também realiza supervisão e assessoria de profissionais da Psicologia. Consultora e Palestrante para assuntos relacionados à saúde, é convidada com frequência pela mídia a participar de matérias ou quadros sobre comportamento e qualidade de vida. Escreve para seu website pessoal e de diferentes portais, além de jornais e revistas. Com grande experiência em treinamento e formação de líderes e certificada pela ICF (International Coach Federation) como Master Coach e Mentor ISOR®, acompanha pessoas e empresas por meio dos processos de Life & Professional Coaching.

Contatos

www.tatianabertapsicologa.com.br
psicologiaberta@yahoo.com.br
(11) 4116-0580
(11) 98254-6237

Identificar um líder potencial

Segundo Skinner (2003), o autoconhecimento tem valor especial para o indivíduo. Quando nos tornamos conscientes de nosso potencial, por meio do reconhecimento de nossos comportamentos (pensamentos, sentimentos e atitudes), torna-se mais fácil a tomada de decisão, necessária nos diferentes contextos.

Muito se fala em liderança e muitos a almejam. Neste mundo competitivo, em que as pessoas buscam incansavelmente diferenciais, a fim de receberem destaque, por vezes passa despercebido o fato de que a liderança é um processo natural. Todos nós somos potencialmente predispostos ao desenvolvimento como líderes. A compreensão deste processo é o primeiro passo para a evolução das habilidades necessárias.

Estudos indicam que a palavra "líder" tem seus primeiros registros no século XIV, referindo-se àquele que conduz. Em estudo (Santiago, 2007) realizado por uma universidade brasileira, os participantes, em consenso, afirmaram que a liderança é conquistada. Os pré-requisitos para um líder, de acordo com os entrevistados, são "exemplo" e "atitudes condizentes".

Aprendemos o tempo todo e um "terreno fértil" para o aprendizado está no enfrentamento das situações, nos permitindo experimentar as diferentes consequências para, enfim, selecioná-las. Para que consigamos viver em harmonia nos diferentes contextos, bem como obter confiança e confiar nas pessoas, é importante observar o respeito às próprias necessidades como um pré-requisito. Isto corresponderia a, sempre que necessário, emitir respostas condizentes com nossas necessidades, como saber "dizer sim ou não", enfrentar, solucionar problemas ou oferecer e receber ajuda, priorizando o respeito a si, sem desrespeitar ao outro. A coerência em atitudes condizentes com as próprias necessidades é, sem dúvida, o primeiro diferencial de um(a) líder.

Reconhecer a relação entre liderança e saúde

Para cuidarmos do outro, é necessário que nos cuidemos, em primeiro lugar. De acordo com a OMS (2007), o conceito de saúde mental não está relacionado à ausência de transtornos, mas ao estado de bem-estar, no qual o indivíduo, por meio de recursos próprios, é capaz de lidar com as dificuldades do cotidiano, trabalhando e contribuindo com sua comunidade. Quando pensamos em saúde, é importante reconhecer que é um somatório de diversos fatores, dentre os quais o autoconhecimento é fundamental. Quanto mais nos conhecemos, mais fácil fica a identificação dos sinais que apontam para o entendimento de que estamos (ou não) vivendo em harmonia com nossas necessidades: dores e preocupações constantes são indicativos de que nossa homeostase, ou seja: a capacidade de nosso organismo retomar o equilíbrio, diante das mudanças ambientais, pode estar comprometida.

Quando o medo ultrapassa o limite das reações adaptativas, podem surgir manifestações de ansiedade patológica, como ataques de pânico, fobia social ou estresse pós-traumático: transtornos que alteram o repertório comportamental da pessoa, frente às situações do cotidiano, colocando-a em condições desfavoráveis para desempenhar seu papel no mundo.

Transtornos de ordem emocional (ou de comportamento) causam dificuldades que podem ser comparadas àquelas provocadas por doenças físicas incapacitantes. Quando estamos com medo, entra em ação o poderoso mecanismo básico de sobrevivência: nosso sistema nervoso autônomo comanda a necessidade de defender-nos do perigo, enviando sinais corpóreos para que fiquemos mais fortes. São comuns sinais como taquicardia, sudorese, dilatação das pupilas, aceleração da respiração, dentre outros. Neste caso, toda a energia mobilizada está voltada para as ações de luta ou fuga – e nem sempre o perigo discriminado é real - daí a necessidade de aprendermos a identificar o que é perigoso, de fato, em nossas vidas.

Para algumas pessoas, que ocupam posições de líderes, sem o preparo necessário - como pode acontecer em alguns casos de lideranças herdadas ou indicadas - a ideia de "fracasso" pode ser interpretada como um "sinalizador de perigo", evocando os sintomas de defesa. A melhor forma de compreender este mecanismo é imaginar que sua função é nos trazer de volta ao equilíbrio, embora decodificado como "ameaça" por nosso poderoso sistema.

Respeitar os próprios limites (e os limites do outro)

Para Skinner (1989), o homem atua sobre o ambiente modificando-o, sendo também modificado por ele. Para lidar com as dificuldades, o ser humano, em constante adaptação, aprende novos comportamentos e leva a vida numa mistura de inovação e competitividade constantes. Mesmo sem compreender os porquês de tanta correria, da essencial busca por adaptação emergem dificuldades que, seguidas de reações exacerbadas e, portanto, não adaptativas, configuram o que denominamos de transtornos. Os transtornos de ansiedade são um exemplo, com suas diversas implicações na qualidade de vida do ser humano. Por isso, é importante saber para onde quer caminhar, antes de dar o primeiro passo. Mais importante que a velocidade é a direção.

Um(a) líder precisa reconhecer e aprender a lidar com seus sentimentos, a fim de que possa selecionar novas possibilidades de aprendizagem que, por consequência, promoverão fortalecimento e aumento da possibilidade de resultados positivos. Muito se busca em termos de cumprimento das expectativas e o sofrimento se torna inevitável, quando os resultados não são atingidos. Muitas vezes, mesmo atingindo os resultados "validados socialmente", pessoas continuam infelizes e, numa busca incessante da tão desejada felicidade. Para isso, continuam espelhando-se em padrões, quase sempre instituídos pela cultura e não necessariamente selecionados por elas próprias como modelos válidos. Por vezes, estes padrões dicotômicos e confusos, condicionam a felicidade como algo que está fora do indivíduo, como "assumir uma nova posição na empresa", "a aquisição de um novo carro ou imóvel", dentre outros. Estes padrões confusos acabam determinando socialmente o que seria "ideal", "certo e errado", "bom e ruim", "caro e barato", "chique ou comum", etc. Desta forma, instala-se um ciclo de criação de expectativas e grande desgaste de energia, sem garantia de resultados. Expectativas, num primeiro momento, podem ser interessantes, a fim de que nos movimentemos em busca de nossos ideais. No entanto, quando o resultado desejado passa a sinalizar obrigação, o sofrimento torna-se inevitável.

Aprendemos a nos dimensionar e colocar no mundo por meio de dois processos básicos: as instruções que recebemos e os exemplos (modelos) que observamos. Se a maior parte de nossas experiências sinalizarem consequências sofridas, provenientes de punição, é provável que tenhamos desenvolvido um repertório de comportamentos pouco assertivos no mundo, com a função de nos proteger de prováveis consequências semelhantes. Quando percebemos a repetição de situações e consequências não favoráveis, cabe o monitoramento das próprias atitudes. Muitas vezes, quando estamos obtendo as mesmas respostas, torna-se necessário reformularmos as perguntas.

Redimensionar e atualizar a própria função no mundo

Aprenda a reconhecer seus sentimentos e, então, se interesse verdadeiramente por conhecer as necessidades do outro. Lembre-se de como seus primeiros modelos influenciaram você, de forma positiva ou não.

Carnegie (1998), ao escrever sua mais famosa obra: "Como fazer amigos e influenciar pessoas", nos remete ao fato de que as abordagens humanas precisam ser apaziguadoras. Numa situação em que precisamos sinalizar que alguém está errado, muitas vezes é difícil fazê-lo sem nos indispor, e a consequência acaba sendo ferir o sentimento do outro. Segundo o autor, o respeito à opinião alheia (o que não significa necessariamente concordar com ela), é um grande passo para quem deseja aceitação.

Muitas vezes sentimos que mudamos de ideia sem qualquer resistência ou grande emoção, mas se nos dizem que estamos errados, magoamo-nos com tal imputação e endurecemos nossos corações. (Carnegie, 1998, p.167)

Um(a) líder se interessa pelo contexto em que está inserido e procura observar como as pessoas com quem convive se colocam. A partir daí, busca auxiliar na promoção de melhores condições para que se atinjam os objetivos, desde que estes sejam, de fato, um interesse comum. Assim, torna-se necessário o dimensionamento pessoal, ou seja: conhecer o espaço em que está atuando: o interno = próprio organismo e o externo = ambiente. Dentre as características do próprio organismo, incluem-se os pensamentos (visão de mundo), sentimentos e reações corporais. No ambiente, entendemos que o contexto deve ser estudado, observado e que toda modificação incidirá, de alguma forma, no comportamento (nosso e dos demais), como "ação e reação".

Assim, para que se conquiste naturalmente uma posição de aceitação por parte de seu semelhante, torna-se necessário lembrar que as pessoas também são líderes potenciais. Tal fato sinaliza a necessidade de aprendizado do posicionamento assertivo, ou seja: da ação coerente com as necessidades próprias, respeitando os direitos alheios.

Algumas "dicas", apontadas por entrevistados em estudo sobre liderança (Santiago, 2007), geram reflexões sobre a nossa postura no mundo e podem servir como ferramenta para que avaliemos nossa posição do mundo, ao assumirmos responsabilidades, em relação aos nossos semelhantes.

Diferenciais do líder
- Favorece o diálogo (compartilhamento de ideias e receptividade)
- Demonstra paixão e entusiasmo pelo trabalho

- Acredita em si
- Interessa-se pelas relações
- Possui controle para gerenciar a própria ansiedade e a dos outros
- Respeita as pessoas
- É ágil na tomada de decisões
- É proativo(a)
- Assume responsabilidades

(Baseada em estudo de Santiago, 2007)

A importância de um modelo se dá, na medida em que é capaz de influenciar seu semelhante, em promoção de melhoras. Um líder é aquele que nos ensina a sermos mais felizes.

Desejar o "ideal" e aprender a aceitar o "possível"

Depois de refletir sobre a necessidade de um melhor dimensionamento e colocação no mundo, o que fazer se nos sentirmos inseguros diante dos desafios?

Em primeiro lugar, é necessário começar a aceitar que dificilmente somos capazes de atingir o "ideal" porque este existe somente na imaginação de cada um. O que podemos é, de fato, realizar o "possível", dentro das condições individuais, lembrando que estas sempre podem ser modificadas, de acordo com a necessidade e a capacidade individual. A pessoa que treina o autoconhecimento encontra-se em vantagem, consegue selecionar melhor aquilo que pode trazer benefício próprio, bem como procura evitar o que traz sofrimento. Nem sempre é sinal de fracasso não alcançarmos o padrão de felicidade imposto culturalmente. Desde que se tenha consciência das próprias necessidades, é possível ser feliz, mesmo que não tenhamos a "família do comercial de margarina" ou o bem mais desejado do momento.

Você já reparou que, muitas vezes, ao procurarmos um amigo ou alguém para nos ouvir, esta pessoa acaba falando sobre seus próprios problemas e, às vezes, até mesmo sem intenção, minimizando o nosso sofrimento? Há ainda casos em que procuramos pessoas para nos aconselhar e, depois da "conversa" a sensação de piora aumenta, devido à "obrigação" de fazer o que foi dito.

Pois bem, muitas pessoas já pensaram em procurar auxílio profissional, mas acabam esbarrando em algumas questões como "o que vou fazer lá?" ou regras como "preciso dar conta de meus problemas". Infelizmente, ainda hoje existe preconceito em falar que foi necessária a busca por ajuda profissional, pois admitir significaria "fraqueza" ou atestar que realmente "há algo errado comigo". Na verdade, a falta de conhecimento sobre si é o que realmente causa conflitos que levam ao sofrimento e à estagnação, pois para que ocorram melhoras, é necessário que se permitam mudanças.

A partir do entendimento de que o comportamento humano se modifica pela constante interação organismo-meio, se torna possível pensar em promoção de qualidade de vida. Com relação ao processo psicoterapêutico como possibilidade de uma relação de ajuda mútua, Skinner (2006) esclarece que a terapia do comportamento é exclusivamente uma questão de idear contingências reforçadoras, porém também inclui, de forma bastante apropriada, a questão de dar avisos aos pacientes, conselhos, instruções e regras a serem seguidas.

Quando nos tornamos agentes de mudanças em nosso cotidiano, assumimos a responsabilidade por nossas escolhas e estas, por nossa felicidade!

Referências

American Psychiatric Association. (2003) DSM.IV: *Manual Diagnóstico Estatístico de Transtornos Mentais.* Porto Alegre: Artes Médicas.

BORBA, A. & Rangè B. (2008) V*encendo o Pânico: terapia integrativa para quem sofre de pânico e agorafobia.* Rio de Janeiro: Cognitiva.

CARNEGIE, D. (1998). *Como fazer amigos e influenciar pessoas.* São Paulo: Companhia Editora Nacional.

OMS. (1993). CID-10. *Classificação Internacional das Doenças, décima edição revisada, Manual e Glossário.* Porto Alegre: Artes Médicas.

SANTIAGO, F. Z. (2007) *Liderança – características e habilidades do líder: um estudo em organizações prestadoras de serviços em consultoria em seguros no estado de Minas Gerais.* Dissertação de Mestrado, Universidade FU-
MEC, Belo Horizonte, Brasil.

SKINNER, B. F. (2006). *Sobre o behaviorismo.* São Paulo: Cultrix. Tourinho, E. Z. (1999). *Consequências do externalismo behaviorista radical.* Psicologia:
Teoria e Pesquisa, 15, 2, 107-115.

SKINNER, B. F. (2003). *Ciência e comportamento humano.* São Paulo: Martins Fontes.

SKINNER, B. F. (1989). *Questões recentes na análise comportamental.* Campinas: EPU.

50. Vivendo com paixão e propósito: a alegria de viver e o prazer de realizar

> *O que vale na vida não é o ponto de partida e sim a caminhada. Caminhando e semeando, no fim terás o que colher.*

Cora Coralina

Vander Devidé

Vander Devidé
Psicanalista, Professor de Filosofia e Master Coach, com MBA em Gestão de Pessoas. Uma de suas palestras mais assistidas e procuradas é a Oficina do Perdão, realizada em diversas regiões do Brasil. Com quase duas décadas de experiência, um dos grandes diferenciais em suas palestras consiste em sua inconfundível habilidade em versar sobre os mais diversos temas, aliando técnica e sensibilidade, proporcionando a cada participante uma experiência realmente transformadora! Além de atendimento clínico em São Paulo, atua também como Master Coach, realizando Palestras e Treinamentos na área de Desenvolvimento Humano & Organizacional em Empresas, Escolas e Setor Público.

Contato
vanderdevide@gmail.com

Gostaria muito de iniciar essa nossa breve conversa convidando-lhe a avaliar o seu sucesso pessoal. E uma vez convidado a avaliar o seu *sucesso pessoal*, para que lado se sente tentado a olhar? Onde imagina reunir informações que sustentem a sua resposta? Em sua conta bancária? Patrimônio acumulado? Cargos e salários? Viagens? Formação acadêmica? Seriam essas ferramentas adequadas para a medição de seu sucesso pessoal?

Se confundirmos *sucesso* com *status*, e *ter* com *ser*, é bem provável que nosso grau de confiança nesses instrumentos de medição seja suficiente para acariciar o nosso ego. Mas eis que chega um tempo em que todas essas posses e conquistas parecem não preencher aquele certo espaço íntimo capaz de nos gerar plenitude e satisfação. E acredito que a música mais perfeita para descrever esse desafiador momento seja a canção Canteiros, escrita pelo cearense Raimundo Fagner: *"Tenho tido muitas coisas, menos a felicidade"*.

As maiores e mais dolorosas lamentações no leito de morte são sempre parecidas: *"devia ter amado mais..."*; *"devia ter vistos meus filhos crescerem..."*; *"devia ter sido menos tão dono da verdade..."*. E por aí vai. Dificilmente encontramos pessoas cujas lamentações sejam: *"devia ter ficado milionário..."*; *"devia ter concluído meu doutorado..."*; *"devia ter trabalhado mais..."*. E o interessante nesse momento de partida é a constatação de ter passado a vida inteira movimentando-se para um determinado lado, sendo que a felicidade e a satisfação estavam no lado oposto. É como se tivessem passado a vida toda dirigindo na contramão. Mas será que em nenhum momento da jornada perceberam sinais de que a rota era duvidosa? É muito provável que sim. Então, por que continuaram? Por medo? Por inversão de valores? Excesso de ambição?

Mas nós não precisamos estar no leito de morte para nos conscientizarmos de tudo aquilo que não tem contribuído para a nossa real satisfação pessoal. No exato momento em que me permito confeccionar um honesto inventário emocional sobre minha atuação pela vida, esse será o exato minuto para que eu assuma (ou reassuma) o comando de minha vida, imprimindo-lhe cores vibrantes e apaixonantes, orgulhoso por ser protagonista de minha própria história.

Nas poucas linhas que me restam para concluir esse nosso diálogo, gostaria de convidar-lhe a observar-se através de duas ferramentas que considero altamente poderosas em um processo do autoconhecimento: Tríade do Tempo e Roda da Vida.

| Tríade do Tempo

O mal do século parece ser a falta de tempo, quando tudo é para ontem. E se duvidar, por falta de tempo, esse livro não será totalmente lido...

Mas será que temos real consciência da maneira como administramos o nosso tempo? E seria de fato possível administrá-lo?

Sim! Graças a essa ferramenta sensacional, conseguimos identificar como aplicamos ou desperdiçamos o nosso tempo. São apenas nove perguntas, simples e objetivas, que distribuem nossa atuação em três esferas: **importante, urgente e circunstancial**.

Ao entrar em contato com o resultado de minha Tríade do Tempo pela primeira vez, me senti *arrasado*! Parece exagero, mas não é. Foi frustrante e humilhante perceber como eu tinha grandes sonhos e projetos indo para o ralo por conta da má administração do meu tempo. Percebi-me sempre resolvendo o urgente e o circunstancial, realizando o importante de forma precária. Compromissos essenciais sendo negligenciados. É impressionante como temos a ilusão de estarmos no controle, até nos submetermos a essa ferramenta de avaliação.

Um de meus clientes alimentava um intenso desejo de estudar língua inglesa. Mas, claro, não tinha tempo... Saía de casa em torno das 6h30 da manhã. Entrava no trabalho às 8h e encerrava seu turno às 18h. Dirigia de volta para a casa, com o trânsito mais pesado, chegando sempre por volta das 20h. Ou seja, que horas iria para a escola?

Essa é uma questão que considero importante para que reflitamos, pois estamos sempre à espera da condição ideal para realizar nossos sonhos e projetos. Se mantivermos uma postura passiva, talvez a condição ideal nunca aconteça, por inúmeras razões. Por isso a capacidade de adaptação e superação deve ser cultivada. Se não **encontramos** a condição ideal, então **criamos** a condição ideal.

Passou a fazer muito sentido para esse meu cliente que, enquanto não encontrasse tempo para ir de fato à escola, pelo menos daria o primeiro passo rumo ao seu projeto de aprender língua inglesa. Ficar parado no trânsito não dependia dele, mas escolher o que ouvir enquanto inevitavelmente encontrava-se no trânsito era escolha dele. Portanto, entre ouvir o rádio ou ouvir as lições de inglês, optou por começar a educar o seu ouvido.

Roda da Vida

Através de doze perguntas bem objetivas, divididas em quatro grandes áreas de nossa vida (pessoal, profissional, relacionamentos e qualidade de vida), é possível construir um gráfico que nos indique o ponto exato em que precisamos investir tempo, energia e foco visando um melhor equilíbrio do todo.

Um de meus clientes, ao entrar em contato com sua Roda da Vida, percebeu que precisava se dedicar mais à esposa. Mas de que forma? Ele reconheceu todo amor e apoio que recebia constantemente de sua esposa e sentiu que uma das tarefas que assumiria durante a semana seria retribuir toda dedicação recebida, levando a esposa para jantar fora, já que esse era um dos pedidos dela há algum tempo. Esse era um pedido que ele não conseguia atender não só pela falta de tempo, mas também porque a situação financeira não estava muito favorável. Foi então que em um rápido raciocínio bradou: *"Levar jantar fora eu realmente não posso no momento, mas eu assumo o compromisso de, nesse próximo domingo, sairmos somente eu e ela para comermos um cachorro-quente na praça"*. Com grau de comprometimento 10, saiu satisfeito da sala com sua lista de ações concretas para os próximos dias. Na semana seguinte, pude compartilhar de sua notável alegria ao relatar a reação da esposa, e o diálogo e as emoções proporcionadas a partir daquela simples e tão aguardada atitude.

Em minha modesta opinião, a melhor definição de sucesso pessoal consiste em ser admirado dentro de sua própria casa, pelo nosso esforço consciente e constante na construção diária de um lar feliz.

Entre tantos exemplos a serem partilhados, propositalmente escolhi esse como mais significativo para encerrar nosso diálogo, pois convida-nos a refletir sobre as coisas simples da vida, e que ser feliz e fazer alguém feliz é muito mais uma questão de atitude do que ter condições externas favoráveis. São esses momentos que justificam minha existência.

A Ser Mais é a editora com mais livros de Coaching publicados no Brasil!

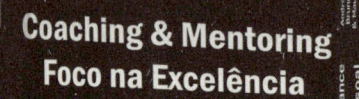

Confira alguns de nossos outros títulos:

Coaching & Mentoring Foco na Excelência
Saiba como ultrapassar a barreira do comum e vencer na vida pessoal e profissional
Marcos Wunderlich e Mauricio Sita
Coordenação Editorial
Holos
SER MAIS

Coaching para Alta Performance e Excelência na Vida Pessoal
Os melhores mestres demonstram como você poderá mudar a sua vida utilizando os princípios do Coaching
André Percia, Bruno Juliani & Mauricio Sita
Coordenação Editorial
SER MAIS

editora SER MAIS

Encontre nas melhores livrarias e pelo site:

COACHING MISSÃO E SUPERAÇÃO
DESENVOLVENDO E DESPERTANDO PESSOAS
André Percia

Formando Atletas de Futebol com Coahing
Ricardo Policarpo de Oliveira

www.editorasermais.com.br

editora SER MAIS